utb 5984

Eine Arbeitsgemeinschaft der Verlage

Brill | Schöningh – Fink · Paderborn
Brill | Vandenhoeck & Ruprecht · Göttingen – Böhlau · Wien · Köln
Verlag Barbara Budrich · Opladen · Toronto
facultas · Wien
Haupt Verlag · Bern
Verlag Julius Klinkhardt · Bad Heilbrunn
Mohr Siebeck · Tübingen
Narr Francke Attempto Verlag – expert verlag · Tübingen
Psychiatrie Verlag · Köln
Ernst Reinhardt Verlag · München
transcript Verlag · Bielefeld
Verlag Eugen Ulmer · Stuttgart
UVK Verlag · München
Waxmann · Münster · New York
wbv Publikation · Bielefeld
Wochenschau Verlag · Frankfurt am Main

Ursula Ulrike Kaiser

Neutestamentliche Exegese kompakt

Eine Einführung in die wichtigsten
Methoden und Hilfsmittel

Mohr Siebeck

Ursula Ulrike Kaiser, geboren 1971; Studium der Ev. Theologie und der Neueren deutschen Literatur in Berlin und Bern; 2005 Promotion; 2016 Habilitation; 2016–2018 Akademische Rätin am Institut für Ev. Theologie der Universität Duisburg-Essen; seit 2019 Professorin für Biblische Theologie und ihre Didaktik am Institut für Ev. Theologie und Religionspädagogik der TU Braunschweig.

ISBN 978-3-8252-5984-6 (UTB Band 5984)

Online-Angebote oder elektronische Ausgaben sind erhältlich unter *www.utb-shop.de*.

Die Deutsche Nationalbibliothek verzeichnet diese Publikation in der Deutschen Nationalbibliographie; detaillierte bibliographische Daten sind im Internet über *http://dnb.dnb.de* abrufbar.

© 2022 Mohr Siebeck, Tübingen. www.mohrsiebeck.com

Das Werk einschließlich aller seiner Teile ist urheberrechtlich geschützt. Jede Verwertung außerhalb der engen Grenzen des Urheberrechtsgesetzes ist ohne Zustimmung des Verlags unzulässig und strafbar. Das gilt insbesondere für die Verbreitung, Vervielfältigung, Übersetzung und die Einspeicherung und Verarbeitung in elektronischen Systemen.

Das Buch wurde von epline in Böblingen aus der Minion gesetzt und von Hubert & Co. in Göttingen auf alterungsbeständiges Werkdruckpapier gedruckt und gebunden.

Printed in Germany.

Vorwort

Mein erstes exegetisches Proseminar habe ich 1999 gehalten. Seither gab es nur wenige Jahre ohne eine solche exegetische Einführungsveranstaltung. All die dort gemachten Erfahrungen stehen im Hintergrund dieses Buches. Mit seinen Vorläufern – mit Kopien einzelner Zettel, dann mit stetig wachsenden PDF-Dokumenten und schließlich, als Corona es nötig machte, mit einer E-Learning-Version – haben Studierende aus unterschiedlichsten Studien- und Ausbildungsgängen gearbeitet. Ihre Fragen, Überlegungen und Reaktionen sind an unzähligen Stellen in dieses Buch eingeflossen. Es profitiert ebenso vom Austausch mit Kolleginnen und Kollegen, die mit meinen Skripten zum Teil weitergearbeitet haben und mir wertvolle Rückmeldungen gaben. Dass es schließlich nicht nur bei Zetteln und PDF-Versionen geblieben ist, verdanke ich Herrn Dr. Henning Ziebritzki vom Verlag Mohr Siebeck und seiner Ermutigung, aus dem Ganzen am Ende ein Buch zu machen, obwohl man doch meinen könnte, es gäbe schon genügend Exegesebücher auf dem Markt. Tobias Stäbler hat die Buchwerdung mit allem, was dazugehört, begleitet, vor allem aber mit motivierenden Rückmeldungen in verschiedenen Stadien der Entstehung und mit guten Vorschlägen für die Gestaltung. Allen sage ich herzlich Dank und hoffe, dass das Buch für viele zukünftige Leserinnen und Leser nützlich sein möge.

Braunschweig und Berlin, im August 2022   Ursula Ulrike Kaiser

Inhalt

Vorwort V

Inhalt VII

Verzeichnis der Beispiele XI

Verzeichnis der Infos XII

1. **Einführung** 1
   1.1 Was erwartet Sie in diesem Buch? 1
   1.2 Neutestamentliche Exegese – Worum geht es? 2
   1.3 Kurzer Überblick über die Exegeseschritte 6
   1.4 Persönliche Annäherung an den Text 9

Teil A: Textsicherung 11

2. **Übersetzung** 13
   2.1 Eigene Übersetzung aus dem Griechischen 13
   2.2 Übersetzungsvergleich 15

3. **Sachklärung** 23

4. **Textkritik – Mit welchem Text arbeiten wir eigentlich?** 29
   4.1 Die textkritischen Zeichen in Text und Apparat
       des Nestle-Aland finden und verstehen 33
   4.2 Sich einen ersten Überblick über den textkritischen
       Apparat verschaffen 34
   4.3 Die Reihe der Textzeugen lesen lernen 38
   4.4 Den Befund deuten und eine textkritische
       Entscheidung fällen 48

5. **Abgrenzung der Perikope und Einordnung
   in das textliche Umfeld** 59

Teil B: Der Text als ein Ganzes – Vertiefende Textbeschreibung ... 65

6. **Grammatische Analyse –**
   Wie ist die sprachliche Oberfläche des Textes strukturiert? ... 67
   6.1 Untersuchung der Wortebene 68
   6.2 Untersuchung der Satzebene mit Hilfe der
        Textsegmentierung 74
   6.3 Untersuchung der Textebene 81

7. **Semantische Analyse – Wie lässt sich die Bedeutung**
   von Wörtern im Text und dessen inhaltlicher
   Zusammenhang ermitteln? 89
   7.1 Vorverständigungen: Das Diskursuniversum eines
        Textes und das Weltwissen der Leserinnen und Leser ... 89
   7.2 Wortsemantische Analyse – Was bedeuten die
        Wörter in ihrem sprachlichen Zusammenhang? 91
   7.3. Semantische Felder und Schemata – Wie wird das
        Weltwissen einbezogen? 102
   7.4 Sinnlinien – Wie wird im Text Kohärenz hergestellt? ... 106

8. **Narratologische Analyse –**
   Was wird erzählt und auf welche Weise? 111
   8.1 Einführung: Was sind erzählende Texte und WER
        erzählt? 111
   8.2 WAS wird erzählt? – Die Ebene der Story 113
        a) Analyse des Handlungsgerüstes 114
        b) Analyse der Handlungslogik und der Knotenpunkte . 118
        c) Figurenanalyse 121
   8.3 WIE wird erzählt? – Die Ebene des Diskurses......... 126
        a) Erzählte Zeit und Erzählzeit 126
        b) Fragen der Erzählperspektive 128
        c) Positionierung des Erzählers im Raum 131

9. **Pragmatische Analyse –**
   Wie nutzt der Text Sprache, um etwas zu bewirken? 135
   9.1 Einführung: Sprechakttheorie und
        Vier-Seiten-Modell einer Nachricht 135
   9.2 Intratextuelle Pragmatik 137
   9.3 Textpragmatik 139

Teil C: Der Text im Vergleich mit anderen Texten und Vorstellungen 145

10. Gattungsanalyse – Auf welche vorgeprägten Kommunikationsmuster greift der Text zurück? 147
  10.1 Mit Hilfe von Gattungen kommunizieren 147
  10.2 Die Frage nach Gattungen in der Forschungsgeschichte 148
  10.3 Übersicht über einzelne wichtige Gattungen im NT 151
    a) Wundergeschichten 151
    b) Apophthegmata 156
    c) Gleichnisse 159
  10.4 Die Gattung eines Textes bestimmen und Folgerungen daraus ziehen 164

11. Traditionsanalyse – Welches vorgeprägte Gedankengut lässt sich im Text und seinem Umfeld ermitteln? 169

Teil D: Der Text und seine Entstehungsgeschichte 181

12. Literarkritik – Gibt es Brüche im Text, die auf vorausliegende Quellen hinweisen? 183

13. Redaktionsgeschichte – Wie ist der Text entstanden und wie ist er in seinen Gesamtzusammenhang eingeordnet? 187
  13.1 Theologisches Gesamtprofil und Einzeltext 187
  13.2 Der synoptische Vergleich als Spezialfall 189

14. Historische Rückfrage – Ist das alles „wirklich" passiert? 205

Teil E: Der Text und seine Wirkung 207

15. Interpretation des Textes in seinem ursprünglichen Kontext .. 209

16. Wirkungsgeschichte – Wie wurde und wird der Text in anderen Kontexten und Medien aufgegriffen und interpretiert? 213
  16.1 Weiterwirkungen des Textes in Literatur, Kunst, Theologie etc. 213
  16.2 Exegetische Kommentare 214

Teil F: Weitere praktische Hinweise 221

17. Wie verfasse ich eine exegetische Hausarbeit? 223
  17.1 Von der Analyse zum Hausarbeitstext 223
  17.2 Hinweise zu Formalia 225
     a) Angabe von Bibelstellen und weitere Abkürzungen .. 225
     b) Verweis auf Parallelstellen (par. und parr.) 226
     c) Literaturverzeichnis 226
  17.3 Weitere Einsatzbereiche exegetischer Untersuchungen .. 227

18. Welche Vorteile bringt die Arbeit mit Bibelsoftware? 229

Register 235
  Bibelstellen.. 237
  Sachregister 241

Verzeichnis der Beispiele

Beispiel 1	18	Beispiel 34	124
Beispiel 2	19	Beispiel 35	126
Beispiel 3	23	Beispiel 36	127
Beispiel 4	24	Beispiel 37	128
Beispiel 5	30	Beispiel 38	130
Beispiel 6	33	Beispiel 39	130
Beispiel 7	36	Beispiel 40	131
Beispiel 8	37	Beispiel 41	138
Beispiel 9	39	Beispiel 42	139
Beispiel 10	40	Beispiel 43	140
Beispiel 11	45	Beispiel 44	141
Beispiel 12	47	Beispiel 45	141
Beispiel 13	47	Beispiel 46	142
Beispiel 14	51	Beispiel 47	153
Beispiel 15	53	Beispiel 48	154
Beispiel 16	54	Beispiel 49	157
Beispiel 17	60	Beispiel 50	158
Beispiel 18	62	Beispiel 51	161
Beispiel 19	68	Beispiel 52	165
Beispiel 20	75	Beispiel 53	171
Beispiel 21	79	Beispiel 54	175
Beispiel 22	80	Beispiel 55	176
Beispiel 23	84	Beispiel 56	185
Beispiel 24	95	Beispiel 57	186
Beispiel 25	97	Beispiel 58	188
Beispiel 26	101	Beispiel 59	192
Beispiel 27	102	Beispiel 60	193
Beispiel 28	103	Beispiel 61	196
Beispiel 29	105	Beispiel 62	197
Beispiel 30	107	Beispiel 63	199
Beispiel 31	116	Beispiel 64	200
Beispiel 32	117	Beispiel 65	218
Beispiel 33	120		

Verzeichnis der Infos

Übersetzungstypen 15
Nomina sacra und scriptio continua 40
Handschriften und deren Abhängigkeiten voneinander 49
Einleitungen ins Neue Testament 63
Synchronie und Diachronie 65
Griechische und deutsche Konjunktionen 78
Kleine Übersicht über mögliche Stilmittel 82
Altes Testament und Septuaginta....................................... 170
Hapax legomena 184
Das Thomasevangelium 191
Die Zitation von Q 193

1. Einführung

1.1 Was erwartet Sie in diesem Buch?

Dieses Buch will Ihnen helfen, die gängigen Methodenschritte, die Sie für die Auslegung neutestamentlicher Texte brauchen, zu verstehen und einzuüben. Sie brauchen für die Lektüre keine besonderen Voraussetzungen. Eine gewisse Vertrautheit mit biblischen Texten ist allerdings von Nutzen. Auf jeden Fall aber ist eine möglichst unvoreingenommene Neugier hilfreich, denn mit den verschiedenen Methoden lässt sich vieles in den Texten entdecken und manches von unseren Vorannahmen auch hinterfragen.

Dieses Buch ist vor allem praktisch orientiert. Es will Sie nicht nur umfassend über die zentralen Exegeseschritte informieren, sondern soll Ihnen vor allem auch erklären, *wie* Sie diese Methodenschritte im Einzelnen anwenden und welche Informationen und Einsichten Sie dadurch über den zu untersuchenden Text gewinnen. Da sich das am besten an den Texten selbst zeigen lässt, werden Sie immer wieder Beispiele finden. Diese können Sie, wenn Sie wollen, zum Teil auch als Übungen nutzen, wenn Sie die Aufgabenstellung zuerst selbst bearbeiten, bevor Sie dann weiterlesen und Ihr eigenes Ergebnis mit dem Text im Buch vergleichen. Außerdem bekommen Sie schrittweise die wichtigsten und gängigsten Hilfsmittel für die exegetische Arbeit vorgestellt. Dabei ist es mir wichtig, auch all jene Studierenden im Blick zu behalten, die vor oder im Studium kein Griechisch gelernt haben und daher bei manchen der verbreiteten wissenschaftlichen Nachschlagewerke auf Probleme stoßen. Hier gibt es nicht immer die ideale Lösung, denn die Arbeit am Quellentext in seiner Ursprungssprache kann man nie vollständig ersetzen, aber es gibt doch einige Möglichkeiten und vor allem eine zunehmende Zahl an elektronischen Ressourcen, die sich als hilfreich erweisen.[1]

---

[1] Da sich die Inhalte von Websites und deren Adressen immer wieder einmal ändern, lässt sich leider keine Garantie für die bleibende Aktualität der im Buch angegebenen Links geben. Sie sind aber alle zum Zeitpunkt der Drucklegung im Herbst 2022 noch einmal auf ihre Funktionalität hin überprüft worden.

Insgesamt geht es mir darum, den Weg zum Verständnis der biblischen Texte so zu erschließen, dass Sie mit diesen Texten in je verschiedenen Kontexten textgerecht und sinnerschließend weiterarbeiten können. Denn während im Studium die exegetische Hausarbeit erst einmal die zentrale Anwendung der erlernten exegetischen Fähigkeiten zu sein scheint, soll sie doch vor allem die *Voraussetzungen* schaffen für jeglichen weiteren, wissenschaftlich und theologisch verantworteten Umgang mit den biblischen Texten – sei es erst einmal während des Studiums auch in den anderen theologischen Fächern oder später dann in der Gemeinde oder im Religionsunterricht an der Schule oder in noch anderen Kontexten.

Wenn dieses Buch also dazu beiträgt, dass Sie das exegetische Handwerkszeug am Ende so gut eingeübt und zielsicher einsetzbar parat haben, dass es Ihnen bei jeder neuen oder erneuten Textbegegnung gleichsam automatisch seine texterschließenden Potenziale anbietet und Ihnen zu weiterführenden Erkenntnissen verhilft, dann wäre sein Fernziel erreicht. Das unmittelbare Ziel, eine verständliche Einführung in die exegetische Methodik und eine brauchbare Anleitung für die exegetische Hausarbeit zu bieten, ist mir aber ein ebenso wichtiges Anliegen.

1.2 Neutestamentliche Exegese – Worum geht es?

Zentral für das exegetische Vorgehen ist die sogenannte *historisch-kritische Methode*, die innerhalb der Theologie das gängige *wissenschaftliche* Vorgehen zur Auslegung der biblischen Texte darstellt. Sie geht in ihren Ursprüngen auf das späte 18. Jahrhundert zurück, als sich die Bibelwissenschaft gegenüber der bis dahin vorherrschenden Dogmatik und deren Oberhoheit über die Deutung der biblischen Texte zu etablieren begann. Der Methodenkanon ist seither um einige Exegeseschritte erweitert worden. Manche Ansätze wurden modifiziert; und die Gewichtung einzelner Schritte variiert (nach wie vor) je nach zeit- und theologiegeschichtlichem Kontext. Konstant geblieben ist aber das Interesse am biblischen Text, der in seiner historischen Bedingtheit im Zentrum der exegetischen Bemühungen steht und dessen Sinnpotenziale unter Beachtung seiner zeitlichen Genese und Verortung erschlossen werden sollen.

Im Interesse der praktischen Ausrichtung dieses Buches wird die historische Entwicklung der einzelnen Exegeseschritte nur dort näher thematisiert, wo es für das Verständnis des methodischen Vorgehens oder auch für die Begriffsklärung nötig ist. Mit einigen Gedanken zu den bereits gefallenen Schlüsselbegriffen „historisch", „kritisch", „Exegese" und „wissenschaftlich" soll im Folgenden aber noch kurz umrissen werden, von welchen Prämissen eine solche Textexegese insgesamt ausgeht und welche Ziele sie als ganze verfolgt, bevor dann die Einzelschritte im Mittelpunkt stehen werden.

Der Begriff „*historisch*" zeigt schon an, dass es um *Geschichte* im weitesten Sinne geht und damit um verschiedene *Zeitebenen*: Jeder biblische Text hat seine eigene Entstehungszeit, erzählt aber häufig über eine andere, bereits weiter zurückliegende Zeit und will dabei doch etwas bleibend Wichtiges für seine eigene Zeit und das von ihm angesprochene Publikum mitteilen. Daher brauchen wir historisches Wissen über frühere Zeiten und wir brauchen Methoden, die uns in die Lage versetzen, uns in diese Zeiten hineinzudenken. Wie haben die Menschen damals diesen Text verstanden? Für wen war er überhaupt ursprünglich gedacht? Was wussten diese Menschen über die Welt, in der sie lebten, und wie hat dieses Weltwissen ihr Verständnis des Textes beeinflusst? Wie ist der Text überhaupt entstanden? Welche Quellen und andere Wissensinhalte sind in ihm verarbeitet? Welche typischen sprachlichen Strukturen nutzt er? usw.

Solche Fragen lassen sich prinzipiell an alle möglichen Arten von Texten stellen. Wenn wir jedoch mit dem Neuen Testament arbeiten, dann haben wir es hier mit Texten zu tun, die spätestens im 4. Jh. n. Chr. verbindlich zu einer Schriftensammlung (dem Kanon) zusammengestellt wurden. Das heißt, dass sie – zusammen mit den ebenfalls zum Kanon gehörenden alttestamentlichen Büchern – im Rahmen der Kirche eine besondere Relevanz für die christliche Lehre zugeschrieben bekamen. Mit der Reformation hat sich diese besondere Bedeutung der Bibel als *norma normans* (also als der alle anderen Regeln und Festlegungen normierende Maßstab) im protestantischen Bereich noch einmal verstärkt. Umso wichtiger und verantwortungsvoller ist eine sorgfältige Auslegung. Hierfür liefert die *Exegese* die Grundlage. Vom Wortsinn her bedeutet Exegese (ἡ ἐξήγησις) nichts anderes als „Deutung, Erklärung". Benutzt wird das Wort aber in der Regel nicht für die Deutung aller möglichen Texte (Gedichte, Romane etc.), sondern insbesondere für die Auslegung von biblischen Texten und von (nicht-biblischen) Gesetzestexten. In diesem zuletzt genannten Zusammenhang begegnet das Wort Exegese im Übrigen auch zu allererst, nämlich im Zusammenhang mit dem antiken Recht. Im

Fachbegriff für die Auslegung der biblischen Texte selbst steckt somit bereits etwas vom Geltungsanspruch der mit Hilfe der exegetischen Methoden auszulegenden Texte.

Zugleich müssen wir uns aber klarmachen, dass die biblischen Texte nicht alle von vornherein mit diesem kanonischen Anspruch entstanden sind, sondern dass diese Einordnung erst das Ergebnis eines komplexen Prozesses innerhalb des noch jungen Christentums war. Damit sind wir beim Schlüsselbegriff „historisch-*kritisch*" angelangt. Die Exegese hat, wie oben schon gesagt, die Aufgabe, den Text in seinem *historischen* Kontext in den Mittelpunkt der Untersuchung zu stellen – und das heißt ganz wesentlich auch, ihn *unbeeinflusst von späteren Bedeutungszuweisungen* zu betrachten. Das ist die *kritische* Dimension der Exegese. Anders als im umgangssprachlichen Gebrauch ist mit „Kritik" dabei keine prinzipiell negative Beurteilung gemeint, sondern einfach im Wortsinn von κρίσις eine *Unterscheidung*. Um herauszufinden, was ein biblischer Text zu sagen hat, müssen wir *auf den Text selbst hören*, nicht auf unsere Vorannahmen und auch nicht auf all die Bedeutungen, die ihm im Laufe der Auslegungsgeschichte von kirchlicher Seite oder anderswo zugeschrieben wurden. Ob Sie den Text, den sie gerade exegetisch bearbeiten, also als persönlich befreiend, als schön oder eher unverständlich und rückschrittlich, als ethisch relevant etc. empfinden, spielt für Sie selbst zwar zweifellos eine Rolle (und andere Menschen mögen das wieder ganz anders sehen!), es sollte das Ergebnis der Exegese aber nicht beeinflussen. Wichtig ist, dass Sie die Exegeseschritte als eine Hilfe begreifen lernen, die Ihnen ein tieferes Verständnis der biblischen Texte ermöglicht, dabei aber erst einmal ein Stück weg von Ihnen selbst führt und den Text und seine Welt ins Zentrum des Interesses rückt.

Zum Schlüsselbegriff „*wissenschaftlich*" möchte ich abschließend den Aspekt der Objektivität und Kommunizierbarkeit exegetischer Erkenntnisse besonders hervorheben. Wissenschaftlich ist das exegetische Handwerkszeug, das Sie im Folgenden erhalten, nämlich nicht nur aufgrund der wissenschaftlich begründeten Methoden, sondern auch in dem Sinne, dass es Ihnen ermöglicht, biblische Texte *intersubjektiv nachvollziehbar* für andere Menschen zu erklären und zu deuten. Das heißt keineswegs, dass es nicht auch andere Deutungen geben könnte, und zwar auch solche, die ebenso wie die Ihre auf einer exegetischen Analyse des Textes beruhen, aber (zumindest partiell) zu anderen Ergebnissen kommen. Wäre es nicht so, dann müsste es auch dieses Buch nicht geben, denn dann gäbe es für jeden Text die eine richtige Auslegung, und alle weiteren exegetischen Bemühungen wären unnötig. Wichtig ist für eine wissenschaftlich fundierte Auslegung, dass Sie objektiv begründen können, wie Sie zu Ihren Erkenntnissen kommen und welche Schlussfolgerungen Sie daraus ziehen.

Neben dieser Art der Lektüre und Deutung gibt es auch andere. Sicherlich haben Sie auch schon, bevor Sie wussten, dass es eine wissenschaftliche Exegese gibt, biblische Texte gelesen und verstanden. Tagtäglich lesen Menschen die Bibel als ein Glaubenszeugnis, aus dem sie selbst für ihr Leben und ihren Glauben wichtige Impulse gewinnen. Auch das ist eine völlig legitime Art der Lektüre. Sie steht im Übrigen auch in keine Weise prinzipiell im Widerspruch zu einer exegetisch begründeten Lesart der Texte, wie es von Menschen, die der akademischen Theologie ablehnend gegenüberstehen, häufig behauptet wird. Auch aus der wissenschaftlich fundierten Lektüre heraus kann ein biblischer Text seine glaubensstiftende Kraft, sein Hoffnungspotenzial, seine zur Gottes- und Selbsterkenntnis führende Klarheit entfalten. Ich würde für mich sogar sagen, gerade aus dieser Perspektive tut er das – bzw. mag ich diesen Blickwinkel als sowohl wissenschaftlich wie praktisch ausgebildete Theologin und Pfarrerin gar nicht mehr missen. Aber ob ein Text bei den Lesenden tatsächlich Glauben weckt, Hoffnung stiftet etc. ist nicht mehr die Frage der Exegese. Auch darüber lässt sich natürlich mit anderen reden, aber ich kann nicht verlangen, dass das, was ein bestimmter biblischer Text für meine persönliche Glaubenshaltung bedeutet, in gleicher Weise auch für andere Menschen gelten muss. Dagegen kann ich sehr wohl Zustimmung (oder begründete Ablehnung) erwarten, wenn es zum Beispiel um die richtige Zuordnung eines Textes zu einer bestimmten Gattung geht, denn für eine solche Zuordnung gibt es intersubjektiv nachvollziehbare Kriterien (s. u. Kap. 10). Im Übrigen kann die Exegese über die *mögliche* Wirkung eines Textes sehr wohl Aussagen treffen, indem sie – zum Beispiel wiederum anhand der Gattung, aber auch aufgrund anderer Eigenschaften des Textes – Hinweise auf die Wirkungsabsicht des Textes herausarbeitet. Ob das, was der Text beim impliziten Leser erreichen will (s. u. 8.1 mit Anm. 3), dann aber im Prozess der Lektüre bei den realen Leserinnen und Lesern auch tatsächlich erreicht wird, ist wiederum keine Frage mehr, die in den Bereich der Exegese fällt.

Es hilft sehr, wenn Sie sich diese Möglichkeiten und Grenzen der Exegese und ebenso die Eigenart der biblischen Texte verdeutlichen, um Missverständnisse zu vermeiden.

1.3 Kurzer Überblick über die Exegeseschritte

Im vorigen Abschnitt sollte deutlich geworden sein, dass bei einer exegetischen Untersuchung der Text im Mittelpunkt steht. Allerdings existiert kein Text als Monolith. Einen Text ins Zentrum zu stellen heißt daher nicht, allein auf diesen Text zu schauen, sondern bedeutet, ihn in seinem textlichen Kontext und der Welt wahrzunehmen, aus der er stammt und in der er zuerst rezipiert wurde. Dementsprechend sind die einzelnen Exegeseschritte im Folgenden in vier Hauptteile untergliedert. Zuerst geht es in *Teil A* um die *Textsicherung*, d. h. um die Klärung der textlichen Grundlage für die Exegese. *Teil B* befasst sich mit jenen methodischen Wegen, die sich vor allem auf den Einzeltext konzentrieren, den *Text* also erst einmal *als ein Ganzes* in den Blick nehmen und ihn syntaktisch, semantisch, pragmatisch und – je nach Texttyp – auch narratologisch genauer erschließen. Dem schließt sich in *Teil C* die *Betrachtung des Textes im Vergleich mit anderen Texten* an. Damit sind sowohl Texte gemeint, die ähnliche Gattungsmuster bieten oder religionsgeschichtliche Parallelen aufweisen, als auch Texte, die Traditionen enthalten, die im zu untersuchenden Text aufgenommen sind. Schließlich ist in *Teil D* der *Text in seiner Entstehungsgeschichte* zu betrachten und zu erkunden, ob er sich aus bekannten oder rekonstruierbaren Quellen zusammensetzt und welche redaktionellen Tendenzen sich in seinem Entstehungsprozess erkennen lassen.

Bei allen diesen Schritten besteht das Hauptinteresse immer darin, den Text besser zu verstehen, der Ihrer Exegese zugrunde liegt. Das klingt vielleicht selbstverständlich, gerät aber insbesondere in exegetischen Erstlingswerken immer einmal wieder aus dem Blick, wenn die Exegeseschritte zu formal abgearbeitet werden. Es kommt aber nicht nur auf das Sammeln von Informationen an (beispielsweise auf die genaue Analyse des Satzbaus), sondern vor allem auf die Auswertung (also z. B. auf das, was im Text durch diesen besonderen Satzbau hervorgehoben wird etc.).

Je nach Art des Textes wird es auch so sein, dass der eine Exegeseschritt viele Erkenntnisse erbringt, ein anderer Schritt dagegen eher wenige. Außerdem werden Sie schnell merken, dass die einzelnen Schritte sich manchmal gar nicht so leicht voneinander abgrenzen lassen. Das ist auch völlig richtig so. Denn sie hängen sehr wohl zusammen und einzelne Erkenntnisse aus einem Schritt lassen sich in einem anderen Schritt ähnlich wiederfinden oder bauen auf den vorigen Erkenntnissen auf. Dass wir uns hier dennoch um eine möglichst klare Differenzierung bemühen, ist in dem Ziel begründet, dass Sie das methodische Vorgehen und die hermeneutischen Potenziale aller einzelnen Schritte möglichst gut verstehen sollen, also: Wie gehe ich vor und was kann ich mit der jeweiligen Methodik eigentlich herausfinden? (Und: Was deutet sich vielleicht an, bleibt aber einem anderen Exegeseschritt zur näheren Analyse vorbehalten?) Wenn Sie später im Studium eine Exegese nicht mehr nur als Selbstzweck erstellen, sondern biblische Texte unter einer bestimmten Fragestellung anschauen, wird Ihnen dieses differenzierte Wissen helfen, um gezielt bestimmte Exegeseschritte einzusetzen.

Es wird Ihnen auch dabei helfen, *exegetische Kommentare* besser zu verstehen. Kommentare bieten die exegetische Analyse und Deutung eines ganzen biblischen Buches, in dem sie dessen Text komplett Abschnitt für Abschnitt auslegen. Für das Anfertigen einer exegetischen Hausarbeit sind Kommentare ein wichtiger Typus der Sekundärliteratur. Man muss sie aber zu lesen wissen, denn sie bieten die Ergebnisse der exegetischen Analyse in komprimierter Form, ohne jeweils den Verlauf der Untersuchung darzustellen oder das methodische Vorgehen, das zur jeweiligen Erkenntnis geführt hat, immer gesondert zu beschreiben und zu benennen. In *Teil E* wird es daher neben der Zusammenfassung Ihrer eigenen exegetischen Erkenntnisse bezüglich der Deutung des Textes in seinem ursprünglichen Kontext auch um die Arbeit mit exegetischen Kommentaren gehen. Das heißt nicht, dass Sie erst ganz zum Schluss die Kommentare und deren Positionen zu Einzelaspekten in die Exegese einfließen lassen sollten. Aber insgesamt ist es sehr empfehlenswert, dass Sie zu Beginn jedes Exegeseschritts erst einmal Ihre *eigenen* Beobachtungen machen, bevor Sie die exegetische Expertise aus den Kommentaren heranziehen und mit Ihren Erkenntnissen abgleichen. Überhaupt ist es zwar sinnvoll, dass Sie sich im Wesentlichen an die Reihenfolge der hier vorgestellten Methodenschritte halten. Die Hinweise auf die Verknüpfungen der Exegeseschritte miteinander, die Sie am Ende jedes Kapitels finden werden, sollen Ihnen aber zugleich aufzeigen, dass eine allzu künstliche Trennung der Schritte weder gewollt noch sinnvoll ist.

Den Abschluss des Buches bildet ein knapper *Teil F* mit formalen Hinweisen zum *Verfassen einer exegetischen Untersuchung* innerhalb eines exegetischen Seminars oder auch in anderen Zusammenhängen und zur *Arbeit mit Bibelsoftware*.

Hinweise zum Aufbau der Kapitel

Jedes Kapitel oder Unterkapitel beginnt mit der Darstellung des jeweiligen Exegeseschritts und führt aus, wozu der Schritt dient, auf welchen Voraussetzungen die Methodik basiert etc. In der Regel wird diese allgemeine Darstellung dann durch einen Abschnitt **Praktisches Vorgehen** ergänzt, der sich ganz der Umsetzung dieses Exegeseschritts in der Praxis widmet.

Beispiele und Infos
Die Beispiele, mit denen das theoretisch Beschriebene immer wieder näher erläutert wird, sind ebenso wie Infos und andere vertiefende Darstellungsteile als Kleindruck vom übrigen Text abgehoben. Die Beispiele sind außerdem nummeriert, um Querverweise zu ermöglichen. Beispiele am Ende der Teilkapitel können auch dazu dienen, als eine Art Musterlösung den gerade beschriebenen Exegeseschritt anhand eines bestimmten Textes oder Verses zu demonstrieren. Diese Beispiele können Sie gut auch zu Ihrer eigenen Übung nutzen und den Exegeseschritt am Beispieltext zuerst selbst durchführen, bevor Sie weiterlesen.

In jedem Kapitel finden Sie Übersichten über wichtige **Hilfsmittel**, die Ihnen für diesen Schritt zur Verfügung stehen. Das können Hinweise auf grundlegende und weiterführende Literatur sein, auf hilfreiche Webseiten, auf Lexika, Textsammlungen oder Ähnliches. In Klammern stehen bei einigen dieser Werke die geläufigen Abkürzungen nach dem IATG:

Schwertner, Siegfried M.: *IATG³ – Internationales Abkürzungsverzeichnis für Theologie und Grenzgebiete. Zeitschriften, Serien, Lexika, Quellenwerke mit bibliographischen Angaben.* 3. überarb. u. erw. Aufl. Berlin, Boston 2014.

– Dieses Abkürzungsverzeichnis wird Ihnen auch für die anderen Bereiche der Theologie wichtige Dienste leisten, z. B. für die Abkürzung geläufiger theologischer Zeitschriften und Publikationsreihen. Manchmal haben sich in der Praxis jedoch auch noch andere Abkürzungen eingebürgert, die Ihnen bei der Auflistung der Hilfsmittel zum Teil ebenfalls in Klammern angegeben werden.

Verknüpfung mit anderen Exegeseschritten
Außerdem finden Sie am Ende eines Kapitels oder Teilkapitels Hinweise auf die **Verknüpfung mit anderen Exegeseschritten**, damit deutlich wird, wie die einzelnen Schritte miteinander zusammenhängen und aufeinander aufbauen.

1.4 Persönliche Annäherung an den Text

Noch ein kleiner Arbeitsschritt erweist sich als hilfreich, bevor es mit der „eigentlichen" Exegese losgehen kann: Sie sollten Ihre persönliche Stellung zum Text klären. Dabei ist es unerheblich, ob Sie den Text – beispielsweise in einem Seminar zur Einführung in die Exegese – zugeteilt bekommen haben, ob Sie ihn selbst gesucht haben, ihn eventuell aus einer Liste auswählen konnten oder ob Sie im Rahmen einer übergreifenden Fragestellung auf den auszulegenden Text gestoßen sind. Immer, auch wenn es die erste Begegnung sein sollte, positionieren Sie sich unweigerlich und entwickeln ein mehr oder weniger stark ausgeprägtes persönliches Verhältnis zum Text und vielleicht auch erste Deutungen. Da die Exegese möglichst frei von Vorannahmen und vorauslaufenden Deutungen sein sollte, wir als Individuen und Subjekte aber nie völlig objektive Analysen bieten können, gibt es nur einen erfolgversprechenden Weg aus diesem Dilemma: Wir müssen uns unsere persönliche Haltung möglichst gut verdeutlichen. Denn wenn wir *wissen*, in welche Richtung wir mit unseren Vorstellungen tendieren, können wir den Einfluss dieser subjektiven Vorannahmen auf unsere Analyseergebnisse viel besser kontrollieren und reduzieren, als wenn sie unterschwellig unsere Untersuchung beeinflussen. Letztlich ist es natürlich auch für die Weiterarbeit mit einem Text in einer Predigt, einer Schulstunde, einer Bibelarbeit etc. hilfreich, sich der eigenen Position bewusst zu sein.

Es kann gut möglich sein, dass man eigene Vorannahmen im Lauf der exegetischen Untersuchung revidieren muss. Auch das sollte besser bewusst geschehen, als dass sich bei Ihnen unbemerkt eine Spannung einstellt zwischen Erkenntnissen zum Text, die Sie auf methodischem Weg gewonnen haben, und einem innerlich eigentlich ganz anders gewünschten Ergebnis, womit sich unter Umständen Ihre ganze Auslegung verunklart.

Daher: Machen Sie sich in einem ersten Schritt mit dem Text bekannt (oder frischen Sie Ihre Bekanntschaft auf)! Lesen Sie den Text dafür in einer nicht allzu freien Übersetzung[2] (z. B. in der Lutherbibel, der Zürcher Bibel, der Elberfelder Bibel oder in der Einheitsübersetzung) und beantworten Sie folgende Fragen für sich:

---

[2] Näheres zu unterschiedlichen Übersetzungstypen: s. u. 2.2.

- Was fällt mir spontan auf im Text?
- Welche Assoziationen weckt er bei mir?
- Wie stehe ich zum Text? Mag ich ihn, irritiert er mich, stößt er mich ab, langweilt er mich, fordert er mich heraus? usw.
- Wo habe ich den Text zum ersten (oder auch wiederholten) Mal gelesen oder gehört?
- Fallen mir Vertonungen, literarische Adaptionen des Textes oder Ähnliches ein?
- Welche Fragen habe ich an den Text?
- Was bleibt mir fremd? Was ist mir vertraut?
- Wie verstehe ich den Text in dieser ersten Begegnung?

Dieses Frageraster ist ein Vorschlag, wie Sie sich erst einmal an einen Text herantasten können. Sie können die Fragen beliebig modifizieren. Es geht nicht um richtig oder falsch, sondern darum, dass Sie sich *Ihr eigenes Vorverständnis* des Textes klarmachen. Schreiben Sie dieses dann in kurzer Form auf. Diese Notizen sind im Wesentlichen für Sie selbst, sie gehen in die Exegese maximal in die Einleitung in knapper Form ein.

In den letzten Jahrzehnten hat sich in der exegetischen Wissenschaft auch das Bewusstsein für generelle Prägungen und Beeinflussungen durch soziale Herkunft, ökonomische Bedingungen, Kultur, Gender etc. deutlich verstärkt. Hier haben unter anderem befreiungstheologische, sozialhistorische und feministische Perspektiven wichtige Denkprozesse eröffnet, die in vielfältigen Ansätzen fortgeführt werden (z. B. erweitert um ökologische Gesichtspunkte). Damit verändert sich nicht prinzipiell der Anspruch wissenschaftlicher Exegese, methodengeleitet vorzugehen und Ergebnisse intersubjektiv nachvollziehbar zu präsentieren, aber die eigene Herkunft und Prägung hat Auswirkungen auf die Art der Fragestellungen und des Herangehens. Es lohnt sich also, nicht nur den kleinteiligeren Fragen oben nachzugehen, sondern auch zu reflektieren, wovon die eigene Identität geprägt ist und wie sich das auf das eigene Herangehen an biblische Texte – auch in wissenschaftlicher Weise – auswirkt.

Teil A: Textsicherung

Jetzt kann es losgehen! Ihrem Text haben Sie sich schon ein erstes Mal angenähert (s. o. 1.4). Aber wie ist es zu dieser Textfassung eigentlich gekommen, die Sie vor Augen haben, wenn Sie zum Beispiel die Lutherbibel, die Einheitsübersetzung oder das *Novum Testamentum Graece* aufschlagen? Gibt es überhaupt eine einheitliche Endgestalt des Textes?

Dass die Texte unterschiedlich klingen, wenn Sie verschiedene Übersetzungen heranziehen bzw. selbst übersetzen, liegt zweifellos vor allem daran, dass es bei der Übertragung in eine andere Sprache immer verschiedene Möglichkeiten der Umsetzung gibt (s. u. Kap. 2 und 3). Aber auch im *Novum Testamentum Graece*, der wissenschaftlichen Ausgabe des griechischen Neuen Testaments, finden Sie nur eine *rekonstruierte* Fassung des Textes vor, mit deren Zustandekommen wir uns im Schritt der Textkritik gleich noch näher befassen werden (s. u. Kap. 4). Zu begründen ist außerdem, dass der *Abschnitt*, den Sie untersuchen wollen oder sollen und der fast immer aus einem größeren Textzusammenhang herausgetrennt ist, eine sinnvolle Auskoppelung darstellt, die Sie dennoch in ihrem Bezug zu dem umfänglicheren Ganzen wahrnehmen müssen (s. u. Kap. 5). All das ist gemeint, wenn es in diesem Kapitel um die Text*sicherung* geht: Sie müssen sich klarmachen, mit welchem Text Sie eigentlich arbeiten und wie er zustande gekommen ist.

2. Übersetzung

2.1 Eigene Übersetzung aus dem Griechischen

Mit der eigenen Übersetzung des Textes lernen Sie diesen intensiv kennen. Sie erstellen vorerst eine Arbeitsübersetzung, in der Sie möglichst nah am griechischen Text bleiben. Das ist manchmal leichter gesagt als getan, denn zu den meisten Wörtern finden Sie im Lexikon mehr als eine deutsche Entsprechung, und auch grammatische Strukturen erlauben oft die eine oder die andere Wiedergabeweise. Wichtig ist, dass Sie mit Ihrer Arbeitsübersetzung möglichst offenbleiben (oder überhaupt sensibel werden) für die Bedeutungsspektren, die sich auftun und die Sie ganz am Anfang der Exegese noch nicht begründet eingrenzen können. Lassen Sie sich hier auch nicht vorschnell festlegen auf Übersetzungsvorschläge, die Sie insbesondere im Wörterbuch von Bauer (s. u. Hilfsmittel) oft schon zugeschnitten auf die einzelnen neutestamentlichen Texte finden. Es kann hilfreich sein, ganz bewusst auch ein allgemeines altgriechisches Wörterbuch mit einzubeziehen.

Wenn Sie auf Wörter stoßen, die Sie mit Hilfe der Wörterbücher zwar übersetzen können, deren Bedeutung Ihnen aber auch dann noch unverständlich erscheint, müssen Sie eine Sachklärung vornehmen (s. u. Kap. 3). Das könnte z. B. der Fall sein, wenn Sie in 1 Kor 8,1 das Wort εἰδωλόθυτον zwar recht eindeutig als „Götzenopferfleisch" übersetzen können, aber sich deshalb noch nicht im Klaren darüber sind, was das eigentlich genau ist und welche kultische Praxis im Hintergrund steht.

Ganz am Ende der Erarbeitung Ihrer Exegese sollten Sie mit den bis dahin gewonnenen Erkenntnissen Ihre anfängliche Übersetzung so überarbeiten, dass sie diesen Erkenntnissen möglichst gut entspricht.

✂ Hilfsmittel

Griechische Textgrundlage:

Novum Testamentum Graece. Begründet v. Eberhard und Erwin Nestle. Hg. v. Barbara und Kurt Aland u. a. 28. rev. Aufl. Hg. v. Institut für Neutestamentliche Textforschung Münster. Stuttgart 2012. (IATG-Abkürzung: Nestle-Aland; häufig auch NA^{28})

Oder online: https://www.bibelwissenschaft.de/online-bibeln/novum-testamentum-graece-na-28/lesen-im-bibeltext/ (Hier finden Sie allerdings nur den Text ohne textkritische Markierungen und Apparat.)

Maßgebliches wissenschaftliches Wörterbuch für die Schriften des Neuen Testaments:

Bauer, Walter: *Griechisch-deutsches Wörterbuch zu den Schriften des Neuen Testaments und der frühchristlichen Literatur.* 6., völlig neu bearb. Aufl. Hg. v. Kurt Aland und Barbara Aland. Berlin, New York 1988. (IATG-Abkürzung: Bauer; häufig auch BAA)

Kleinere Wörterbücher, die auf den NT-Wortschatz spezialisiert sind:

Preuschen, Erwin: *Griechisch-deutsches Taschenwörterbuch zum Neuen Testament.* (De Gruyter Studienbuch) 8. Aufl. Berlin 2012.
Kassühlke, Rudolf: *Kleines Wörterbuch zum Neuen Testament. Griechisch-Deutsch.* 6., durchges. Aufl. Stuttgart 2013.

Griechisch-englische wissenschaftliche Wörterbücher:

Liddell, Henry Georg; Scott, Robert; Jones, Henry Stuart: *Greek-English Lexicon.* With a Supplement. Reprint of the 9th ed. 1940. Revised by Henry Stuart Jones. Oxford 1996. (IATG-Abkürzung: *LSJ*)
Lampe, G. W. H.: *A Patristic Greek Lexicon.* Oxford 1961.

Referenzgrammatik für das neutestamentliche Griechisch:

Blass, Friedrich; Debrunner, Albert: *Grammatik des neutestamentlichen Griechisch.* Bearb. von Friedrich Rehkopf. 17. Aufl. Göttingen 1990. (IATG-Abkürzung: Blass-Debrunner, häufiger aber zitiert als BDR mit nachfolgender Angabe des Paragraphen und der Gliederungsnummer oder der relevanten Anmerkung [tiefgestellt])

Bibelsoftware: s. u. Kap. 18.

Verknüpfung mit anderen Exegeseschritten

Mit der Arbeit an der eigenen Übersetzung haben Sie Ihren Text intensiv kennengelernt. Das wird Ihnen bei allen folgenden Exegeseschritten helfen, insbesondere in den Kapiteln in Teil B: Um zu übersetzen, mussten Sie die grammatische Struktur Ihres Textes verstehen, das wird Ihnen bei der grammatischen Analyse wieder nützlich werden (s. u. Kap. 6). Es sind Ihnen

⊘ sicherlich auch schon Themen aufgefallen, die im Textzusammenhang mit Hilfe bestimmter Wörter und Wortverbindungen betont werden, womit Sie eine Vorarbeit für die semantische Analyse geleistet haben (s. u. Kap. 7). Sie haben Handlungsträger erkannt, die Sie in der narratologischen Analyse noch näher bestimmen werden (s. u. Kap. 8), und noch manches mehr.

2.2 Übersetzungsvergleich

Wenn Sie den Text nicht selbst aus dem Griechischen übersetzen können, dann sollten Sie zumindest mit Hilfe eines Übersetzungsvergleichs etwas von diesem Prozess nachempfinden. Denn wenn Sie den Text in mehreren Übersetzungen nebeneinanderlegen, dann merken Sie an den Stellen, wo es Abweichungen gibt, dass man hier offenbar unterschiedlich übersetzen kann und dass die Entscheidung für eine bestimmte Übersetzung Folgen für die Wirkung des Textes hat. Eine Übersetzung beinhaltet immer schon eine Deutung. Durch den Vergleich verschiedener Übersetzungen können Sie herausfinden, welche Wörter und Aussagezusammenhänge des Textes verschiedene Möglichkeiten der Deutung zulassen, und sollten diesen Textstellen in den folgenden Exegeseschritten besondere Aufmerksamkeit schenken.

ⓘ **Info: Übersetzungstypen**
Je nach der Funktion, die eine Übersetzung erfüllen soll, orientiert sie sich in ihrer sprachlichen Gestalt enger oder weniger eng an der Quellensprache (im Fall des Neuen Testaments Altgriechisch), woraus wiederum direkte Konsequenzen für die allgemeine Verständlichkeit des übersetzten Textes in der Zielsprache folgen. Es ist wichtig, sich einen Überblick über die gebräuchlichsten Übersetzungstypen zu verschaffen und häufig benutzte (deutsche) Übersetzungen grob einordnen zu können, denn nur so wissen Sie, was Sie von der jeweiligen Übersetzung erwarten können bzw. welche Bibel für Ihren aktuellen Zweck geeignet ist.

Am nächsten an der Quellensprache liegt eine *Wort-für-Wort-Übersetzung*, z. B. die *Interlinearübersetzung*. Sie orientiert sich nicht nur ganz stark am griechischen Text, sondern druckt diesen auch als wesentlichen Bestandteil der Übersetzung mit ab und ordnet den griechischen Wörtern zwischen den Zeilen (lat.: *inter lineas*) Wort für Wort deutsche Äquivalente zu. Weil auf diese Weise der deutsche Satzbau nicht berücksichtigt werden kann, ergibt sich ein Text, der für sich genommen nur schwer lesbar und verständlich ist. Ihren Wert gewinnt eine solche Interlinearübersetzung daraus, dass auch Menschen mit nur geringer Kenntnis der Quellensprache relativ nah an den Ursprungstext herangeführt werden und auch einzelne Wörter auf diese Weise in einem Wörterbuch nachschlagen können. Allerdings finden

ⓘ Sie diese in der Interlinearübersetzung nur in ihrer flektierten (gebeugten) Form, wie sie der Text enthält, so dass hier Bibelsoftware deutlich praktikabler ist, weil dort in entsprechend aufgearbeiteten Textversionen automatisch die Grundform angegeben und in der Regel auch zu einem Wörterbuch verlinkt wird. Im Übrigen muss sich auch eine Interlinearübersetzung bei jedem Wort für eine von meist mehreren Möglichkeiten der Wiedergabe in der Zielsprache entscheiden. Sie können die Interlinearübersetzung im Übersetzungsvergleich also nicht als Entscheidungsinstanz nutzen, wenn Sie auf verschiedene Äquivalente des gleichen Wortes stoßen, nur weil sie derjenige Übersetzungstyp ist, der am nächsten an der Quellensprache liegt! Genauer können Sie in der Interlinearübersetzung aber tatsächlich die Satzstrukturen des Altgriechischen erkennen. Auch das ist jedoch nur erhellend, wenn Sie über ein paar Grundinformationen über diese Sprache verfügen, sonst erscheint Ihnen z. B. die Häufung der Partizipien als sehr ungewöhnlich, ist es im Rahmen der Griechischen aber gar nicht.

Ähnlich nah an der Quellensprache wie die Interlinearübersetzung bleibt auch das *Münchener Neue Testament (MNT)*, das weitestgehend die Satzstrukturen des Griechischen beibehält und insgesamt eine weitgehend *konkordante* Übersetzung bietet (das heißt, dass ein griechisches Wort in der deutschen Übersetzung möglichst immer mit dem gleichen deutschen Wort wiedergegeben wird). Dieses Vorgehen liefert einen eher uneleganten deutschen Text, den man kaum für die persönliche Bibellektüre nutzen wird, der aber für die vertiefte wissenschaftliche Beschäftigung mit den Texten eine verlässliche Grundlage bietet, um Methodenschritte wie z. B. den synoptischen Vergleich (s. u. 13.2) auch anhand einer Übersetzung gut durchführen zu können.

Der nächste Übersetzungstyp, den man ungefähr in der Mitte zwischen den beiden Polen der Orientierung an der Quellen- und der Zielsprache einordnen kann, ist die *philologische Übersetzung*. Auch sie versucht, der Gestalt des Textes in der Quellensprache möglichst nahe zu bleiben, beachtet dabei aber die Regeln der Zielsprache im Hinblick auf den Satzbau und ersetzt grammatische Konstruktionen der Quellensprache, die es in der Zielsprache so nicht gibt (z. B. den griechischen *genitivus absolutus*) durch entsprechende andere Konstruktionen. Ein bekanntes Beispiel für diesen Übersetzungstyp ist die *Elberfelder Bibel*. Sie bietet einen Text, der auf Deutsch gut lesbar ist, aber dennoch an einigen Stellen umständlich klingt oder erklärungsbedürftig bleibt. Mt 11,8, wo Jesus die Menschen fragt, was sie bei Johannes dem Täufer gesucht haben, lautet in der Elberfelder Bibel z. B. so: „Oder was seid ihr hinausgegangen zu sehen? Einen Menschen, mit weichen ⟨Kleidern⟩ bekleidet? Siehe, die weiche ⟨Kleider⟩ tragen, sind in den Häusern der Könige."[1]

---

[1] Das MNT ahmt im letzten Satz dieses Verses dagegen die Satzstruktur des griechischen Quellentextes nach, so dass ein für die deutsche Sprache sehr ungewöhnlicher und nicht sofort verständlicher Satz entsteht: „Siehe, die das Weiche Tragenden sind in den Häusern der Könige."

ⓘ In spitzen Klammern finden sich Zusätze von Wörtern, die nicht im Quellentext stehen, die für das Verständnis in der Zielsprache aber unerlässlich sind.

Die *kommunikative Übersetzung* hat zum Ziel, einen in der Zielsprache gut verständlichen Text zu bieten. Dazu nimmt sie zum Teil größere Abweichungen vom Quellentext in Kauf, vor allem dann, wenn Sachverhalte in der heutigen Lebenswelt nicht mehr anders verständlich wären. So gibt die *Gute Nachricht Bibel*, als eine der bekanntesten kommunikativen Übersetzungen den Vers Mt 11,8 so wieder: „Oder was sonst wolltet ihr sehen? Einen Menschen in vornehmer Kleidung? Solche Leute wohnen in Palästen!" Es ist unvermeidlich, dass eine kommunikative Übersetzung im Interesse der Verständlichkeit für das Zielpublikum viele interpretatorische Entscheidungen treffen muss. Damit wird der Text eingängiger, aber er wird in seiner Deutung zugleich auch in eine bestimmte Richtung festgelegt. Als Grundlage für wissenschaftlich-exegetische Untersuchungen eignen sich kommunikative Übersetzungen darum nicht!

Viele der im kirchlichen oder auch schulischen Kontext gebräuchlichen Übersetzungen, wie die *Luther-Bibel* oder die *Einheitsübersetzung*, stellen eine Mischform aus philologischem und kommunikativem Übersetzungstyp dar. Die meisten Übersetzungen gibt es außerdem in verschiedenen Überarbeitungen, die oft *Revisionen* genannt werden. Jede neue Revision einer Bibelausgabe hat nicht nur zum Ziel, die Übersetzung anhand der neusten Erkenntnisse über den griechischen Text zu überprüfen und somit die Nähe zur Quelle zu wahren, sondern steht auch vor der Aufgabe, den übersetzten Text an die sich wandelnde Gegenwartssprache und das kulturelle Wissen anzupassen. Das gilt auch für die Wort-für-Wort-Übersetzungstypen und die philologischen, wenn auch in geringerem Ausmaß.

Praktisches Vorgehen

1. Besorgen Sie sich mindestens zwei, besser noch drei verschiedene Übersetzungen Ihres Textabschnitts.[2] Wählen Sie dabei möglichst unterschiedliche Übersetzungstypen. (Nur die Interlinearübersetzung ist hier nicht geeignet, denn der dort gebotene deutsche Text ist nicht für einen Gebrauch ohne den griechischen Text konzipiert). Auch exegetische Kommentare (s. u. 16.2) bieten in der Regel eine eigene Übersetzung des griechischen Textes, die Sie hier einbeziehen können.

---

[2] Alle Übersetzungen, die Sie benutzen, müssen Sie auch im Literaturverzeichnis als Quellen anführen! Das gilt auch dann, wenn Sie sich die Texte online besorgt haben. Schauen Sie genau nach, wo Sie dort Informationen zur Herkunft der präsentierten Texte bekommen. Zur Zitation von Bibeltexten, die Sie aus Bibelsoftware entnehmen: s. u. Kap. 18.

Achtung: Die Überschriften der Abschnitte, die Sie in vielen Übersetzungen finden, gehören *nicht* zum eigentlichen Bibeltext, sondern sind Zugaben der Herausgeber und müssen hier nicht mit betrachtet werden! Sollten Sie auf unterschiedliche Abschnittseinteilungen stoßen, können Sie diese Beobachtungen später bei der Diskussion der Abgrenzung des Abschnitts (s. u. Kap. 5) intensiver aufgreifen.

Vergleichen Sie die ausgewählten Übersetzungen Vers für Vers miteinander und achten Sie auf die Differenzen. Für diesen Schritt kann eine tabellarische Darstellung der Texte hilfreich sein, in der Sie Unterschiede, wenn Sie wollen, auch farbig markieren können.

2. Werten Sie die gefundenen Unterschiede aus und fragen Sie sich,
a) ob es sich dabei um sprachliche Anpassungen an die Zielsprache handelt, die keine größeren Inhaltsveränderung nach sich ziehen, oder
b) ob tiefer gehende Differenzen im Textverständnis vorliegen.
Bedenken Sie bei beiden Optionen, dass allen Übersetzungen in der Regel der gleiche griechische Text zugrunde liegt. Die Unterschiede zwischen den Übersetzungen erklären sich also eher selten daraus, dass diese auf verschiedene griechische Textformen zurückgreifen. Es gibt allerdings auch Ausnahmen. Solche Stellen sind in den meisten Bibelausgaben mit einem entsprechenden Hinweis auf gewichtige Varianten im griechischen Text versehen.

Q Beispiel 1

In **Joh 1,18** sind tatsächlich verschiedene griechische Textüberlieferungen die Ursache für unterschiedliche Übersetzungen. Wenn Sie diesen letzten Vers des Johannesprologs z. B. in der Elberfelder Bibel nachschlagen, lesen Sie: „Niemand hat Gott jemals gesehen; der einziggeborene Sohn, der in des Vaters Schoß ist, der hat ⟨ihn⟩ bekannt gemacht." Der auffälligste Unterschied zur Wiedergabe in der Lutherbibel besteht darin, dass dort vom „Eingeborenen, der *Gott* ist und in des Vaters Schoß ist," geredet wird. Während „einziggeboren" und „eingeboren" auf dasselbe griechische Wort μονογενής (einziger, einziggeborener, einziggezeugter) zurückgehen, lässt die christologisch brisante Frage, ob hier vom fleischgewordenen Wort (s. Joh 1,14) und also von Jesus als *Gott* oder als *Sohn* gesprochen wird, unterschiedliche griechische Vorlagen erkennen. Die Elberfelder Bibel weist darauf auch mit einer Anmerkung hin. In diesem Fall handelt es sich also nicht nur um eine unterschiedliche Wiedergabe in der Zielsprache, sondern um eine Frage der Textüberlieferung, die nur durch die textkritische Analyse weiter erhellt werden kann (s. u. Beispiel 16).

Im weiteren Verlauf Ihrer Arbeit interessieren nur die unter b) fallenden Differenzen. Kleinere Abweichungen im Satzbau und in der Wiedergabe einzelner Wörter – also alle Unterschiede, die Sie unter a) eingeordnet haben, – gehören dagegen zu den Differenzen, die auf der Textoberfläche bleiben. Diese müssen von Ihnen nicht eigens benannt und weiter analysiert werden.
3. Untersuchen Sie die festgestellten *tiefergehenden* Differenzen, indem Sie, wenn Sie kein Altgriechisch gelernt haben, zuerst mit Hilfe der Interlinearübersetzung oder mit Hilfe von Bibelsoftware den zugrunde liegenden griechischen Ausdruck herausfinden und diesen dann in einem Altgriechisch-deutschen Wörterbuch nachschlagen. Sie bekommen so einen Eindruck vom Bedeutungsspielraum des in Frage stehenden Ausdrucks und können nachvollziehen, welche Entscheidung die Übersetzungen jeweils getroffen haben. Meistens können Sie erst im weiteren Verlauf der Exegese ein Urteil darüber fällen, welche deutsche Wiedergabe am passendsten erscheint. Formulieren Sie im Übersetzungsvergleich daher erst einmal nur, was die Benutzung der unterschiedlichen deutschen Übersetzungsmöglichkeiten für eine inhaltliche Auswirkung auf die Textbedeutung hat und greifen Sie diese Frage später in Ihrer Exegese nochmals auf (eventuell in der semantischen Analyse, auf jeden Fall am Ende in der Gesamtdeutung).
4. Wenn Sie beim Übersetzungsvergleich auf Wörter und Sachverhalte stoßen, die Sie auch im Vergleich der Texte und mit Hilfe der Wörterbücher nicht ausreichend in ihrer Bedeutung erhellen können, müssen Sie eine *Sachklärung* vornehmen (s. u. Kap. 3). Diese kann im Übrigen auch für Wörter nötig sein, die nicht unterschiedlich übersetzt werden, die Ihnen aber vielleicht schon in der persönlichen Annäherung als klärungsbedürftig aufgefallen sind.

Beispiel 2
Übersetzungsvergleich für Mt 8,24

Lutherbibel	Elberfelder Bibel	Gute Nachricht
Und siehe, da war ein großes Beben im Meer, sodass das Boot von den Wellen bedeckt wurde. Er aber schlief.	Und siehe, es erhob sich ein heftiger Sturm auf dem See, sodass das Boot von den Wellen bedeckt wurde; er aber schlief.	Als sie auf dem See waren, kam ein schwerer Sturm auf, und die Wellen drohten das Boot unter sich zu begraben. Aber Jesus schlief.

Eine erste auffällige Differenz betrifft das Wort „Sturm". Sowohl die Elberfelder Bibel als auch die Gute Nachricht übersetzen so, merken dazu aber an, dass es sich wörtlich um ein großes „Beben" handelt, so wie es die Lutherbibel auch schreibt. Das der Übersetzung zugrunde liegende griechische Wort σεισμός meint laut Wörterbuch tatsächlich in erster Linie ein (Erd-)Beben. Da die Auswirkung eines solchen in einem Gewässer zu heftigen Wellen und Wind führen können, ist die leichter verständliche Übersetzung als „Sturm" nachvollziehbar. Allerdings ist σεισμός in Mt 24,8 par. Mk 13,8; Lk 21,11 ein Zeichen der Endzeit. Dieser Bezug lässt sich durch die Wiedergabe als „Sturm" nicht (mehr) herstellen. Zu prüfen ist im weiteren Verlauf der Exegese daher, ob ein solcher Endzeitbezug im Text von Mt 8,24 gewollt ist. Dann wäre die Übersetzung mit Beben vorzuziehen (s. dazu unten Beispiel 62). Ob der Sturm bzw. das Beben aber einfach nur „war" (Luther), „sich erhob" (Elberfelder) oder „aufkam" (Gute Nachricht) spielt dagegen inhaltlich keine große Rolle und muss nicht weiter diskutiert werden.

Eine weitere Auffälligkeit besteht in der Beschreibung der Wirkung dieses Naturereignisses: Während in der Lutherbibel und der Elberfelder die Wellen das Boot „bedecken", schwingt in der Wortwahl „begraben" in der Guten Nachricht eine noch stärkere Bedrohung mit, und die Vorstellung von Sterben wird wachgerufen. Im griechischen Text steht hier das Verb καλύπτω, das laut Wörterbuch „verhüllen, bedecken, zudecken" oder auch „begraben" heißen kann (vgl. Bauer 814). Beide Übersetzungen sind also prinzipiell möglich. Da die Jünger in Mt 8,25 Todesangst äußern, kann man der drastischeren Übersetzung der Guten Nachricht hier gut folgen.

Eine weitere Abweichung lässt sich in der namentlichen Nennung des Subjekts, Jesus, am Ende des Verses feststellen. Die Gute Nachricht gestaltet den Text auf diese Weise einfacher für die Lektüre in der Zielsprache, weicht damit aber von der Quelle ab, die Jesus hier nicht namentlich nennt. Sachlich besteht aber kein Zweifel, dass es sich um Jesus handelt. Diese Abweichung muss in einer exegetischen Arbeit nicht erwähnt werden. Sie erklärt sich voll und ganz aus der kommunikativen Zielsetzung der Guten Nachricht und bedeutet inhaltlich keine Differenz.

✂ Hilfsmittel

Bibelausgaben in gedruckter Form (Auswahl):

Das Neue Testament. Interlinearübersetzung Griechisch-Deutsch. Rev. Aufl. Witten, Stuttgart 2012.
- Hier finden Sie in jeweils zwei zueinander gehörenden Textzeilen oben den griechischen Text, dem die deutsche Übersetzung in der unteren Zeile zugeordnet ist. Das führt oft zu im Deutschen merkwürdigen Satzstellungen, die zum Teil durch Angaben in Klammern verständlicher gemacht werden.
- Wenn Sie kein Griechisch gelernt haben, ist die Benutzung einer Bibelsoftware (s. u. Kap. 18) mit Interlinear-Datensätzen zu empfehlen, denn

2. Übersetzung

- die Interlinearübersetzung bietet Ihnen nur die jeweils im Text vorkommenden flektierten Formen. Für ein Nachschlagen im Wörterbuch brauchen Sie aber jeweils die Grundform.

Die Bibel nach Martin Luthers Übersetzung. Revidiert 2017. Mit Apokryphen. Stuttgart 2016.
- Bibelausgaben erscheinen oft in verschiedenen Formaten und Varianten (z. B. gibt es eine „Lutherbibel FÜR DICH", die sich in der Aufmachung unterscheidet, aber den gleichen Text wie den der oben angeführten Ausgabe enthält). Wichtig ist es, aus den manchmal verwirrend vielen Informationen am Anfang eine Bibelausgaben für die Literaturangabe herauszufinden, welches der zugrunde liegende Text ist (bei der Lutherbibel also z. B. zu ermitteln, ob es sich um die revidierte Fassung von 2017 handelt oder eine frühere). Das gilt nicht nur für Ausgaben der Lutherbibel, sondern auch für die folgenden Übersetzungen und weitere, hier nicht genannte entsprechend.

Elberfelder Bibel. Revidierte Fassung. Witten; Holzgerlingen 2006.

Gute Nachricht Bibel. Revidierte Fassung. Stuttgart 2000.

Münchener Neues Testament. Studienübersetzung. Hg. v. Josef Hainz. 5., durchges. und neu bearb. Aufl. Düsseldorf 1998. (abgekürzt: MNT)
- Für alle in diesem Buch folgenden Textentnahmen aus dem MNT habe ich den Text an die neue Rechtschreibung angepasst und inzwischen unübliches ß an den entsprechenden Stellen durch ss ersetzt. (Bei Zitationen aus älterer Sekundärliteratur dürfen Sie so natürlich nur verfahren, wenn Sie das jeweils ausdrücklich anmerken.)

Gut verständliche Informationen zu den Übersetzungstypen, Übersicht und Charakterisierung verschiedener deutscher Bibelübersetzungen und anderes mehr zum Thema:

https://www.die-bibel.de/bibeln/wissen-zur-bibel/wissen-bibeluebersetzung/

Bibeltexte online:
https://www.die-bibel.de/bibeln/online-bibeln/lesen/

- Enthalten sind: Lutherbibel (verschiedene Revisionen); BasisBibel; Gute Nachricht Bibel; Neue Genfer Übersetzung; Zürcher Bibel; Menge-Bibel.

Teil A: Textsicherung

- Nach kostenloser Anmeldung lassen sich die ausgewählten Übersetzungen auch nebeneinander darstellen.

https://www.bibleserver.com/

- Enthalten sind: Lutherbibel; Elberfelder Bibel; Hoffnung für Alle; Schlachter Bibel; Zürcher Bibel; Gute Nachricht Bibel; Neue Genfer Übersetzung; Einheitsübersetzung; Menge Bibel und weitere deutsche sowie auch viele anderssprachige Übersetzungen.
- Wenn man im Fenster zur Auswahl der Bibelübersetzung auf das i klickt, wird man auf eine Seite weitergeleitet, die weitere Informationen zur gewählten Übersetzung und zum Teil auch eine vollständige Literaturangabe bietet.

Bibeltexte als Teil von Bibelsoftware: s. u. Kap. 18.

Verknüpfung mit anderen Exegeseschritten

Für die Weiterarbeit haben Sie mit einem sorgfältigen Übersetzungsvergleich bereits Hinweise auf ein paar „Knackpunkte" im Text gewonnen, die dort liegen können, wo Übersetzungen voneinander abweichen – seien es Begriffe, die erklärt werden müssen, oder Dinge im Text, die offenbar mehrdeutig sind, so dass es verschiedene Möglichkeiten der Wiedergabe gibt. Diese Stellen sollten Sie im Laufe Ihrer Exegese noch einmal aufgreifen, die Bedeutungen der unterschiedlichen Optionen prüfen und sich dazu positionieren. Dies wird vor allem in der wortsemantischen Analyse (s. u. 7.2), und in der Traditionsanalyse (s. u. Kap. 11) geschehen.

Falls Sie in den unterschiedlichen Übersetzungen auf unterschiedliche Abschnittseinteilungen gestoßen sind, greifen Sie diese Frage unter dem Stichwort Abgrenzung des Textes und Einordnung in das textliche Umfeld (s. u. Kap. 5) wieder auf.

3. Sachklärung

Wie im Zusammenhang mit der Übersetzung bzw. dem Übersetzungsvergleich schon erwähnt, kann es sein, dass Sie bestimmte Wörter oder vom Text vorausgesetzte Zusammenhänge sachlich klären müssen. Dazu nutzen Sie neben den Wörterbüchern, die auch schon gewisse Hinweise bieten, in der Regel vor allem wissenschaftliche Bibellexika (s. u. Hilfsmittel). Sie können auch Darstellungen der neutestamentlichen Zeitgeschichte oder der antiken Kultur insgesamt heranziehen, wenn Sie noch weiterreichende Informationen suchen und diese auch in einen größeren historischen oder kulturellen Zusammenhang einordnen wollen. Denn den kann ein Lexikonartikel natürlich nur bedingt bieten.

Ob eine solche Sachklärung nur für Sie selbst als Hintergrundinformation nötig ist, oder ob Sie diese in der schriftlichen Fassung Ihrer Exegese ausdrücklich aufgreifen sollten, lässt sich nicht prinzipiell sagen. Bestimmte Sachverhalte darf man für ein fachkundiges Publikum voraussetzen – und wer auch immer Ihre Exegese während des Studiums korrigiert, wird zu diesem Kreis gehören (und Sie sollten es mit zunehmender Studiendauer auch)! Sie müssen also beispielsweise nicht ausführlich erklären, wo genau Kapernaum lag und was ein Pharisäer war, auch wenn das für Sie selbst Themen gewesen sein sollten, die Sie sich im Zusammenhang mit Ihrer Exegese erst näher erschließen mussten. Wenn Aspekte dieser Klärung aber eine wesentliche Rolle *innerhalb* Ihres Textabschnitts spielen (zum Beispiel, wenn Sie einen Teil der sogenannten Pharisäerrede aus Mt 23 bearbeiten und deshalb Aspekte der Lebens- und Glaubenspraxis der Pharisäer *im* Text thematisiert werden), dann sollten Sie die Sachklärung explizit vornehmen.

Q Beispiel 3

Unter wie viel Mehl mengt die Frau in **Lk 13,21 par. Mt 13,33** eigentlich den Sauerteig? Im griechischen Text finden Sie die Angabe σάτα τρία. Luther übersetzt diese Maßeinheit σάτον als „drei Scheffel", die Elberfelder bietet „drei Maß", die Einheitsübersetzung „drei Sea" und die Gute Nachricht „eine riesige Menge". Sie dürfen jetzt für die Sachklärung nicht den Fehler begehen, „Scheffel" z. B. im Duden oder einem anderen allgemeinen Lexikon nachzuschlagen (zur Nutzung von Wikipedia s. u. Beispiel 4). Denn dort finden Sie in der Regel nicht die Angaben, die für den neutestamentlichen Text und seine antike Lebenswelt relevant sind. Sie müssen vielmehr ein *Bibellexikon* benutzen (und im vorliegenden Fall am besten bei „Maße und Gewichte" nachschauen, weil Saton meist keinen eigenen Eintrag erhält).

Manchmal finden Sie auch in den Bibelübersetzungen schon Hinweise zum Wort. So merkt die Elberfelder Bibel beispielsweise an, dass es sich bei dem „Maß" um ein Hohlmaß von ca. 13 Litern handelt. Auch die Einheitsübersetzung bietet zu Sea diese Information als Fußnote, allerdings nur bei Mt 13,33 und nicht bei Lk 13,21. Als noch hilfreicher erweist sich die Anmerkung in der Guten Nachricht, in der die 13 Liter in Kilogramm umgerechnet werden, so dass die drei Sata insgesamt 20 kg Mehl ergeben. Die BasisBibel hält in ihrer Anmerkung zu Lk 13,21 dagegen fest, dass ein „Säckchen", wie dort für σάτον übersetzt wird, nur ca. 7 l fasse, was ca. 4 kg Mehl entspreche. Zum Glück sind die Informationen nicht immer so widersprüchlich, wie in diesem Fall, in dem die verschiedenen Maßsysteme, die es in der antiken Mittelmeerwelt gab, tatsächlich mehrere Möglichkeiten der Umrechnung bieten. Klar wird auf jeden Fall, dass es sich mit 12 bis 20 kg Mehl um eine deutlich größere Menge handelt, als uns vielleicht im ersten Moment der Textlektüre vor Augen steht, wenn wir unwillkürlich erst einmal an eigene Backerfahrungen denken. Welche Rolle die genaue Angabe der Menge im Text *inhaltlich* spielt, sollten Sie als eine der zu klärenden Fragen im Hinterkopf behalten und im weiteren Verlauf der exegetischen Untersuchung zu klären suchen.

Beispiel 4
Was ist Lolch? Und: Darf man Wikipedia und Co. benutzen?
Wenn Sie Mt 13,24–30 übersetzen, dann stoßen sie im Text mehrfach auf das Wort ζιζάνιον, das offenbar eine Pflanze meint. Aber worum handelt es sich bei diesem ζιζάνιον eigentlich? Als Übersetzung bieten die Wörterbücher Ihnen „Lolch", oft schon mit einem weiteren Hinweis auf dessen Einordnung als „Unkraut". Genauso finden Sie es in den meisten deutschen Übersetzungen auch wiedergeben, die damit dem Sachverhalt Rechnung tragen, dass vermutlich weder Sie noch viele andere je zuvor von einer Pflanze mit dem Namen Lolch gehört haben. (Wenn Sie statt einer eigenen Übersetzung daher einen Übersetzungsvergleich angefertigt hätten, wären Sie in diesem Falle vielleicht gar nicht auf die Idee gekommen, dass das Wort „Unkraut" eine nähere Untersuchung lohnt. Aber spätestens bei der Kommentarlektüre [s. u. 16.2] wären Sie auf diese Thematik gestoßen.) Wenn Sie also zu Ihrer schnellen Orientierung über den Lolch zuerst auf Wikipedia nachsehen, finden Sie dort sehr viele weitere, vor allem botanische Spezialinformationen, die Ihnen aber nicht wirklich weiterhelfen werden. Sollten Sie auf die Idee kommen, auch den Artikel zu „Taumel-Lolch" auf Wikipedia aufzurufen (aber warum eigentlich?), dann finden Sie dort schon ein paar mehr

3. Sachklärung 25

aufschlussreiche Informationen, die für die Verbreitung der Pflanze in der Antike wichtig sind und etwas über das toxische Potenzial eines Pilzes verraten, der diese Pflanze häufig befällt.

Damit zeigt sich, was häufig für Informationen aus Wikipedia oder für ähnliche, online leicht zugängliche lexikonartige Angebote gilt: Das vermittelte Wissen *kann* durchaus sehr präzise sein (allerdings lässt sich das für den Laien nicht immer gut einschätzen), es ist häufig aber nicht auf die Welt der biblischen Texte bezogen. Da es aber weltfremd wäre, Ihnen zu empfehlen, diese Informationsquellen nicht zu nutzen, möchte ich Ihnen vielmehr einen (positiv-)kritischen Umgang empfehlen: Prüfen Sie zum einen unbedingt, ob die Informationen, die Sie dort erhalten, für die Welt, aus der unsere Texte stammen, relevant sind! Prüfen Sie zum anderen aber vor allem die wissenschaftliche Qualität der Informationen. Das ist nicht immer leicht, aber schon ein Blick auf das Impressum einer Website kann da manchmal helfen. (Gerade im Hinblick auf biblische Themen findet sich leider sehr viel Fragliches im Netz, das wissenschaftlichen Standards in keiner Weise standhält!) Wenn Sie sich unsicher sind, bleiben Sie eher zurückhaltend. Für den Nachweis von Informationen in Ihrer exegetischen Hausarbeit brauchen Sie dann sowieso noch andere Belege als einen irgendwo im Netz gefundenen Artikel oder Wikipedia.

Es gibt allerdings auch positive Ausnahmen! (Wie gesagt: Das Problem ist vor allem, dass man das oft schlecht auf einen Blick entscheiden kann.) Ein biblisches Lexikon im Internet mit hohem wissenschaftlichem Niveau ist WiBiLex (https://www.bibelwissenschaft.de/wibilex/).

Es befindet sich allerdings noch im Aufbau, so dass Sie noch nicht zu allen Themen dort die fertigen Artikel finden. „Lolch" gibt es aber bereits als *Lemma* (so nennt man ein Stichwort in einem Lexikon: s. u. 7.2). Sie werden dann über das Lemma „Taumellolch" zu „Unkraut" weitergeleitet. Dort endlich finden Sie hilfreiche Informationen zum Lolch, bei denen Sie auch ganz sicher sein können, dass sie wissenschaftlich zuverlässig sind, denn auf WiBiLex veröffentlichen nur Menschen mit fachwissenschaftlicher Expertise Artikel. Schauen Sie am besten gleich selbst nach, was Sie zum Lolch dort finden,

zu https://www.bibelwissenschaft.de/stichwort/33770/

und speichern Sie sich den Link zu WiBiLex unter Ihren Lesezeichen für den späteren Gebrauch! (Dazu, wie Sie WiBiLex-Artikel korrekt zitieren, finden Sie links in der Leiste bei „Über WiBiLex" nähere Hinweise.)

zu https://www.bibelwissenschaft.de/wibilex/ueber-wibilex/zur-zitierung/

Hilfsmittel

Interlinearausgabe des Neuen Testaments: s. o. 2.2 Hilfsmittel

Bibellexika zur Klärung von Sachfragen (kleine Auswahl):

Calwer Bibellexikon. Hg. v. Otto Betz, Beate Ego u. Werner Grimm. 2 Bde. 2., neubearb. Aufl. Stuttgart 2003.
- enthält fundierte und umfassende Informationen zu vielen Themenbereichen
- Achtung: Auch die Logos-Bibelsoftware enthält bereits in der kostenlosen Basisversion das Calwer Bibellexikon, es handelt sich dabei aber um die dritte Auflage des Vorgängerwerkes von 1912! Der Forschungsstand ist entsprechend veraltet und das Lexikon nur mit kritischer Vorsicht zu benutzen!

Reclams Bibellexikon. Hg. v. Klaus Koch u. a. 7., überarb. und erw. Aufl. Stuttgart 2004.
- knapp gehaltene, aber grundlegende und verlässliche Informationen zu einer breiten Palette von Themen

Sozialgeschichtliches Wörterbuch zur Bibel. Hg. v. Frank Crüsemann u. a. Gütersloh 2009.
- auf sozialgeschichtliche Fragen konzentriertes Lexikon, das daher nicht so viele, aber umfassende Artikel zu den entsprechenden Themen bietet
- mit Hilfe des Registers lassen sich auch Informationen zu Sachverhalten finden, die nicht als eigenes Lemma aufgeführt sind

Biblisch-historisches Handwörterbuch. Landeskunde – Geschichte – Religion – Kultur – Literatur. Hg. v. Bo Reicke u. Lothar Rost. 4 Bde. Göttingen 1962–1979. (IATG-Abkürzung: BHH)
- schon relativ alt, bietet aber nach wie vor wertvolle Informationen in detailreichen Artikeln, im Zweifel mit neueren Publikationen abgleichen

Umfassendere Darstellungen (exemplarisch):

Kollmann, Bernd: *Einführung in die neutestamentliche Zeitgeschichte*. (Einführung Theologie 3) 3., erw. Aufl. Darmstadt 2014. (auch als E-Book)

※ *Neues Testament und antike Kultur.* Hg. v. Kurt Erlemann u. a. 5 Bde. Neukirchen-Vluyn 2004–2008 (Ausgabe in einem Band 2011). (abgekürzt: NTAK)

⌘ **Verknüpfung mit anderen Exegeseschritten**
Es kann sein, dass eine Sachklärung am Anfang Ihrer Exegese im Zusammenhang mit der Übersetzung bzw. dem Übersetzungsvergleich einen sinnvollen Ort hat. Es kann aber auch sein, dass Sie die Sachklärung gut mit späteren Exegeseschritten verbinden können, zum Beispiel mit der wortsemantischen Analyse (s. u. Kap. 7.2) oder der Suche nach semantischen Feldern und Schemata (s. u. Kap. 7.3). Schauen Sie also selbst, wo die Klärung, die Sie zu einem Sachverhalt vornehmen, in Ihrer Exegese am besten passt – also: wo Sie diese Information brauchen und mit ihr weiterarbeiten.

4. Textkritik –
Mit welchem Text arbeiten wir eigentlich?

Von keiner neutestamentlichen Schrift liegt ein Original vor. Bis heute sind vielmehr über 5000 verschiedene griechische Handschriften bekannt, die neutestamentliche Texte enthalten – mal handelt es sich um ganze Bibeln, mal um einzelne Texte oder Zusammenstellungen, mal nur um Bruchstücke. Das vielleicht älteste Stück aus dem Neuen Testament überliefert der Papyrus 52, der vermutlich aus der zweiten Hälfte des 2. Jahrhunderts n. Chr. stammt. Genau genommen handelt es sich nur um ein Fragment einer einzigen Papyrusseite, das kaum größer als eine Kreditkarte ist und wenige Wörter bzw. Wortteile aus dem Johannesevangelium enthält.

Zu den wichtigen Textzeugen des Neuen Testaments zählen auch frühe Übersetzungen der biblischen Texte in andere Sprachen. Besonders syrische, koptische und lateinische Überlieferungen sind hier zu nennen. Außerdem können auch Bibelzitate aus anderen frühchristlichen Schriften (vor allem aus Werken der sog. „Kirchenväter") aufschlussreich im Hinblick auf die Ermittlung der ursprünglichen Textgestalt sein.

Die Aufgabe der Textkritik

Im Vergleich mit anderen antiken Texten ist die große Zahl von neutestamentlichen Handschriften, die uns heute noch vorliegen, außergewöhnlich. Sie stellt die Forschung damit aber zugleich vor eine große Aufgabe, denn auch wenn diese Textzeugen die neutestamentlichen Schriften in einer verhältnismäßig großen (und für die Antike wiederum bemerkenswerten) Einheitlichkeit überliefern, so weichen sie doch im Hinblick auf einzelne Wörter, aber bisweilen auch in ganzen Sätzen oder Textabschnitten voneinander ab. In der Textkritik redet man dann von unterschiedlichen *Lesarten*. Und das heißt: *Den* Text der Bibel gibt es eigentlich gar nicht, denn wir haben zwar viele alte Handschriften, aber wir haben von keinem Text das Original. Welche der verschiedenen Lesarten die ursprüngliche ist oder doch mit hoher Wahrscheinlichkeit der ursprünglichen Textfassung am nächsten kommt, lässt sich nur durch die textkritische Betrachtung jedes einzelnen Falls herausfinden. Dazu wird in der Textkritik

a) ein Vergleich aller bekannten Handschriften zu der infrage stehenden Textstelle vorgenommen, um *sämtliche Lesarten zu ermitteln*, und
b) eine *textkritische Entscheidung* gefällt, die sich zur Beurteilung und Gewichtung der vorliegenden Lesarten sogenannter *innerer und äußerer Kriterien* bedient.

Nun können Sie im Rahmen Ihrer exegetischen Analyse unmöglich selbst mehrere Tausend Textzeugen für eine bestimmte Textstelle zusammenstellen und vergleichen, auch wenn es durch die voranschreitende Digitalisierung immer bessere Möglichkeiten gibt, sich einzelne Handschriften zur eigenen Stelle tatsächlich sehr komfortabel online anzuschauen. In der wissenschaftlichen Ausgabe des Neuen Testaments, dem *Novum Testamentum Graece*, das nach seinen Hauptherausgebern auch Nestle-Aland genannt wird und inzwischen in der 28. Auflage vorliegt, finden Sie vielmehr bereits das Ergebnis solcher intensiven und umfangreichen textkritischen Arbeit vor.[1] In der exegetischen Hausarbeit besteht Ihre Aufgabe daher in erster Linie darin, für Ihren Textabschnitt die im Nestle-Aland repräsentierten textkritischen Entscheidungen *nachzuvollziehen*. Das ist aber keinesfalls nur eine Fleißarbeit, bei der das Ergebnis ja schon festzustehen scheint. Vielmehr können Sie in Einzelfällen sehr wohl auch zu einer anderen textkritischen Entscheidung kommen als jener, die Sie im Haupttext des Nestle-Aland präsentiert bekommen.

Q Beispiel 5

Wenn Sie den Anfang des Markusevangeliums aufschlagen, dann sehen Sie bereits in der ersten Zeile des Textes in **Mk 1,1**, dass die Charakterisierung Jesu als Sohn Gottes durch den Genitiv υἱοῦ θεοῦ in eckigen Klammern erscheint. Das bedeutet, dass nach Meinung der Herausgeber der 28. Auflage des Nestle-Aland nicht sicher ist, ob die von diesen Klammern eingeschlossenen Wörter zum ursprünglichen Text gehörten oder nicht. An einer solchen Stelle wird Ihnen also deutlich signalisiert, dass man hier mit textkritisch triftigen Argumenten auch anders entscheiden könnte. Tatsächlich finden sich in der 25. Auflage des Nestle-Aland diese beiden Wörter noch nicht im Text oben, sondern nur als Lesart im Apparat (dazu gleich mehr). Da Jesus im gesamten Markusevangelium nur an wenigen, sehr markanten

---

[1] Ausführliche Informationen zur Entstehung des Nestle-Aland finden sich in: Aland/Aland: Text, 30–46 (s. u. Hilfsmittel).

4. Textkritik – Mit welchem Text arbeiten wir eigentlich? 31

Stellen als Sohn Gottes bezeichnet wird, hängt auch inhaltlich einiges an der Entscheidung, ob bereits der erste Vers des Evangeliums ursprünglich darauf einstimmte oder nicht.

Aber selbst wenn Sie in dem Textabschnitt, den Sie untersuchen, die im Nestle-Aland getroffenen textkritischen Entscheidungen nicht in Frage stellen, bekommen Sie bereits beim reinen Nachvollziehen der verschiedenen Lesarten des Textes einen wertvollen Einblick in die Geschichte der Textüberlieferung. Dazu müssen Sie den Aufbau des Nestle-Aland verstehen und vor allem den textkritischen Apparat unten auf der Seite mit seinen auf den ersten Blick eher unverständlichen Aneinanderreihungen von Buchstaben und Zahlen zu lesen lernen. Das erfordert etwas Mühe, aber es lohnt sich, denn das eigentliche Leben der Texte offenbart sich im Apparat: Die dort aufgeführten Buchstaben- und Zahlenkürzel verweisen auf Lesarten in real vorhandenen, mehr oder weniger vollständigen antiken Manuskripten. Oben, als Haupttext finden Sie dagegen einen *rekonstruierten Text*. Er ist ein Produkt der modernen Forschung und er entspricht keiner der vorhandenen alten NT-Handschriften in allen Einzelheiten,[2] auch wenn er den ältesten, nicht mehr erhaltenen Textfassungen der neutestamentlichen Schriften vermutlich sehr nahekommt.

Aus diesen Überlegungen folgt auch, dass Lesarten, die sich textkritisch betrachtet als nicht ursprünglich erweisen, damit noch nicht automatisch uninteressant sind. Denn wir haben es dabei mit Textvarianten zu tun, die für nicht wenige damalige Leserinnen und Leser Teil eines Textes waren, den sie genauso kannten und in Gebrauch hatten. Oft handelt es sich um geringfügige Varianten, um eine andere Präposition etwa oder eine leicht modifizierte Verbform (s. u. Beispiel 8). Bisweilen erhält man durch die textkritische Arbeit aber auch interessante Einblicke in frühe theologische Debatten, die sich bis in die Textüberlieferung hinein ausgewirkt haben. Ein sehr eindrücklicher Fall dafür findet sich in Joh 1,18, dem letzten Vers des Johannesprologs (s. schon oben Beispiel 1 und unten ausführlicher Beispiel 16).

---

[2] Im Gegensatz dazu handelt es sich bei der wissenschaftlichen Ausgabe des hebräischen Alten Testaments, der *Biblia Hebraica Stuttgartensia*, um eine sog. „diplomatische Edition". Sie bietet die Textform eines bestimmten Textzeugen (i. e. die des *Codex Leningradensis* bzw. *Petropolitanus*) als Haupttext und führt andere Textzeugen, die diese Lesart entweder bestätigen oder eine andere bezeugen, im Apparat an (s. dazu Schmid/Schröter: Entstehung, 44–46).

Praktisches Vorgehen

Wie oben schon hervorgehoben, besteht Ihre Aufgabe vor allem darin, die im Nestle-Aland für Ihren Textabschnitt getroffenen textkritischen Entscheidungen *nachzuvollziehen* und in Zweifelsfällen eventuell auch anders zu urteilen. Hier finden Sie jetzt zuerst kurz das generelle Vorgehen dargestellt, bevor nähere Erklärungen zum Aufbau des Nestle-Aland folgen (es geht im Folgenden dabei immer um die 28. Auflage). Einige Beispiele werden verdeutlichen, wie Text und Apparat zu lesen und auszuwerten sind. Die folgenden vier Schritte können Sie also erst vollständig umsetzen, wenn Sie auch die daran anschließenden Kapitel 4.1–4.4 gelesen haben! Aber Sie wissen dann schon besser, wofür Sie all die kommenden Informationen – z. B. über die Nummerierung von Majuskeln, Siglen von Handschriften, Minuskelgruppen, sahidische Übersetzungen, Korrekturen zweiter Hand und weitere, in Ihrem Alltag sonst vermutlich nicht ständig vorkommenden Sachverhalte – brauchen werden. Das generelle Vorgehen ist das Folgende:

1. Identifizieren Sie die **textkritischen Zeichen** im Haupttext des Nestle-Aland.
2a. Suchen Sie diese Stellen im **Apparat** auf, verschaffen Sie sich einen ersten Überblick über die zur Debatte stehenden verschiedenen **Lesarten** und klären Sie, was sich am Text inhaltlich oder grammatisch-stilistisch durch die alternative Lesart jeweils verändert. Dazu gehört, dass Sie die jeweilige Lesart übersetzen (wenn es sich um andere Wörter handelt) bzw. die veränderte grammatische Form bestimmen, je nach Sachlage.

(In der schriftlichen Darstellung werden Sie die Punkte 1 und 2a in der Regel zusammenfassen. Im Interesse der Klarheit der Darstellung sind diese Punkte aber hier und auch unten in 4.1 und 4.2 separat aufgeführt.)

2b. Treffen Sie dann eventuell eine Auswahl von zwei oder drei textkritischen Problemen, die Sie für besonders bedeutsam halten, falls der Text noch weitere textkritisch relevante Stellen aufweist. Da keineswegs alle Lesarten tiefgreifende Veränderungen der Textgestalt bedeuten, ist ein solches exemplarisches Vorgehen durchaus sinnvoll.[3]

---

[3] Oft reicht es in einer exegetischen Hausarbeit aus, dass Sie einen Überblick über die textkritischen Probleme geben (Punkt 1 und 2a), eine komplette

3. Stellen Sie nun mit Hilfe des textkritischen Apparates zusammen, welche **Handschriften** oder Handschriftengruppen (d. h. welche **Textzeugen**) für welche Lesart stehen.
4. Treffen Sie anhand der äußeren und der inneren Kriterien eine **textkritische Entscheidung** darüber, welche Lesart die ursprüngliche ist und wie sich die anderen Lesarten aus ihr heraus erklären lassen.

4.1 Die textkritischen Zeichen in Text und Apparat des Nestle-Aland finden und verstehen

Im Haupttext des Nestle-Aland gibt es verschiedene textkritische Zeichen, die Sie auf textkritische Probleme bei einzelnen oder mehreren Wörtern hinweisen. Die gleichen Zeichen finden Sie dann auch unten im Apparat wieder. Ihre Bedeutung ist kurz auf dem hellblauen Einlageblatt des Nestle-Aland erläutert, das Sie daher möglichst nicht verlieren sollten, denn es enthält neben diesen auch noch weitere hilfreiche Übersichten zu den Kürzeln im Apparat (s. u. 4.3). Sie finden die textkritischen Zeichen aber auch noch einmal ausführlicher in der Einführung im Nestle-Aland (S. 12*–13*) beschrieben. Kurz zusammengefasst markieren diese Zeichen Folgendes:

- Auslassungen eines (°) oder mehrerer Wörter (⸀...⸁)
- andere Lesart(en) für eines (⸀) oder mehrerer Wörter (⸂...⸃)
- Einfügungen (⸆)
- Umstellungen der Wortreihenfolge (⸉...⸊)
- Interpunktionsvarianten (⸁)

Gibt es im selben Vers mehrere gleichartige Textvarianten zu markieren, dann wird dem entsprechenden Zeichen beim nächsten Auftreten entweder eine hochgestellte Zahl (°¹) oder ein kleiner Punkt (⸆) angefügt.

Q Beispiel 6
In **Mk 1,39–45**, der Geschichte von der Heilung eines Aussätzigen, finden Sie im griechischen Text des Nestle-Aland alle oben beschriebenen textkritischen Zeichen mit Ausnahme der Interpunktionsvariante:

---

textkritische Analyse aber nur für ausgewählte Fälle durchführen. Klären Sie das aber mit Ihrer Seminarleiterin oder Ihrem Seminarleiter!

34 Teil A: Textsicherung

Q 39 Καὶ ⌜ἦλθεν κηρύσσων ⌜εἰς τὰς συναγωγὰς⌝ αὐτῶν εἰς ὅλην τὴν Γαλιλαίαν
◻καὶ τὰ δαιμόνια ἐκβάλλων◟. 40 Καὶ ἔρχεται πρὸς αὐτὸν λεπρὸς παρακαλῶν
αὐτὸν ⸂[καὶ γονυπετῶν] καὶ⸃ λέγων αὐτῷ ὅτι ἐὰν θέλῃς δύνασαί με
καθαρίσαι. 41 ⌜καὶ ⌜σπλαγχνισθεὶς ἐκτείνας τὴν χεῖρα ⌜αὐτοῦ ἥψατο⌝ καὶ
λέγει ⌜αὐτῷ· θέλω, καθαρίσθητι· 42 καὶ ⸆ εὐθὺς ◻ἀπῆλθεν ἀπ' αὐτοῦ ἡ λέπρα,
◻¹καὶ◟ ἐκαθαρίσθη. 43 καὶ ἐμβριμησάμενος αὐτῷ εὐθὺς ἐξέβαλεν αὐτὸν¹
44 καὶ λέγει αὐτῷ· ὅρα μηδενὶ ⸀μηδὲν εἴπῃς, ἀλλὰ ὕπαγε σεαυτὸν δεῖξον τῷ
ἱερεῖ καὶ προσένεγκε περὶ τοῦ καθαρισμοῦ σου ἃ προσέταξεν Μωϋσῆς, εἰς
μαρτύριον αὐτοῖς. 45 ὁ δὲ ἐξελθὼν ἤρξατο κηρύσσειν °πολλὰ καὶ διαφημίζειν
τὸν λόγον, ὥστε μηκέτι αὐτὸν δύνασθαι ⸂φανερῶς εἰς πόλιν εἰσελθεῖν⸃, ἀλλ'
ἔξω ἐπ' ἐρήμοις τόποις °¹ἦν· καὶ ἤρχοντο πρὸς αὐτὸν πάντοθεν.

Auslassungen eines Wortes (°) finden Sie in den Versen 41 und 44, in V. 45 sogar zweifach, so dass das zweite Vorkommen durch °¹ gekennzeichnet ist. Auslassungen mehrerer Wörter (◻...◟) gibt es in den Versen 39 und 42 f. Für einzelne Wörter sind in den Versen 39 und 41 alternative Lesarten (⌜) markiert, am Anfang von Vers 41 gleich zwei hintereinander, so dass die zweite Markierung die Form ⌜ aufweist. Alternativlesarten für mehrere Wörter (⌜...⌝) finden Sie in den Versen 39 bis 41 hervorgehoben, eine Umstellung von Wörtern (⸂...⸃) in Vers 45.

Nehmen wir uns **Mk 1,39** genauer vor, so lässt sich aus der Notation des Haupttextes in Nestle-Aland ablesen, dass es für den Vers drei textkritische Probleme zu diskutieren gibt, nämlich eine oder mehrere alternative Lesarten für ἦλθεν, eine oder mehrere alternative Lesarten für die Formulierung εἰς τὰς συναγωγάς⁴ und eine Auslassung der Wortgruppe καὶ τὰ δαιμόνια ἐκβάλλων.

4.2 Sich einen ersten Überblick über den textkritischen Apparat verschaffen

Der textkritische Apparat unten auf der Seite bietet in komprimierter Form viele Informationen zur handschriftlichen Überlieferung des Textes. Dadurch ist er auf den ersten Blick aber nicht unbedingt übersichtlich und selbsterklärend. Als wesentliche Orientierung sollten Sie zuerst auf die fettgedruckten *Versnummern* achten, die immer, wenn sie innerhalb des Apparates und nicht am Anfang oder nach einem Abschnitt stehen, auch noch einen Punkt vorangestellt haben (z. B.: ·39).

---

⁴ Da diese Wortgruppe nun ohne Fortsetzung des oben zitierten Textes steht, ist es angebracht, (wenn nötig) auch den Akzent entsprechend zu ändern und den Gravis im letzten Wort in einen Akut umzuwandeln.

Auf die Versnummer folgend findet sich im Apparat nun das erste *textkritische Zeichen* wieder, das bereits oben im Text zur Markierung des ersten textkritischen Problems in diesem Vers diente. Hinter dem Zeichen steht die *alternative Lesart*, also:

- nach ⌜ bzw. ⌌: ein Wort bzw. mehrere vom oben abgedruckten Text *abweichende* Wörter,
- nach ⊤: ein oder mehrere *zusätzliche* Wörter,
- nach ° bzw. ⌐: *kein* Text, da es sich ja um eine Auslassung handelt,
- nach ⸂: entweder auch *kein* Text, wenn es sich nur um eine direkte Vertauschung zweier Wörter handeln kann, oder eine Abfolge von *Zahlen*, die die andere Reihenfolge repräsentiert (also z. B.: *2 3 1 4*).

Manchmal steht (allerdings nur bei Evangelientexten!) direkt vor der alternativen Lesart auch noch ein kursives *p)*, das bereits einen Hinweis für die abschließende textkritische Entscheidung gibt, denn es markiert einen Paralleleinfluss. Das heißt, die darauffolgende Lesart erklärt sich vermutlich daraus, dass die Parallelüberlieferung in einem oder mehreren der anderen Evangelien[5] genau diese Lesart aufweist und spätere Abschreiber den Text hier vermutlich bewusst oder unbewusst angepasst haben.

Unmittelbar nach der alternativen Lesart (oder bei der Auslassung direkt nach dem textkritischen Zeichen ° bzw. ⌐) folgt eine mehr oder weniger lange Reihe von Buchstaben und Zahlen, die *all jene Handschriften* aufführt, die die zuvor abgedruckte Lesart belegen. (In die Aufschlüsselung dieser Kürzel – genannt: Siglen – werden Sie unten in Kap. 4.3 näher eingeführt.) Wir konzentrieren uns vorerst nur auf das Ende dieser Auflistung, weil es nämlich Aufschluss darüber gibt, ob es noch weitere alternative Lesarten für dieses eine textkritische Problem gibt oder nicht.

---

[5] Jeweils am Anfang eines Textabschnitts findet sich am äußeren Rand des Nestle-Aland der Hinweis auf parallele Texte in den anderen Evangelien (soweit solche vorhanden sind). Zu Beginn des hier verwendeten Beispielabschnitts Mk 1,39–45 ist dieser Verweis noch einmal zweigeteilt. Zu V. 39 wird auf Mt 4,23, Lk 4,44 und Mt 9,35 verwiesen, zu Mk 1,40–45 auf Mt 8,2–4 und Lk 5,12–16. (Achtung: Lk wird im Nestle-Aland nur mit L abgekürzt. Außerdem bezeichnen nur die fettgedruckten Texte Paralleltexte. Wenn noch weitere Kapitel oder Verszahlen ohne eigenes Textkürzel angegeben sind, beziehen diese sich auf den Text, innerhalb dessen man sich gerade befindet, im Beispiel also auf Mk!)

- Steht am Ende der Reihe ein durchgezogener senkrechter Strich |, ist man am *Ende* der Informationen für dieses textkritische Problem angekommen und es folgt die Darstellung des *nächsten* textkritischen Problems aus dem *gleichen* Vers.
- Findet man statt eines Striches eine neue Versangabe vor, geht es dementsprechend im Folgenden auch um das erste textkritische Problem des *nächsten* Verses.
- Gibt es dagegen am Ende der Auflistung der Textzeugen nur einen in der Mitte unterbrochenen senkrechten Strich ¦, betreffen auch die sich anschließenden Informationen noch das *gleiche* textkritische Problem. Hier gibt es dann wiederum zwei Möglichkeiten:
  - *entweder* wird im Anschluss an ¦ *eine weitere alternative Lesart* angeführt, der dann wiederum die Liste der Textzeugen folgt, die diese Lesart belegen,
  - *oder* es folgt nach ¦ das Kürzel *txt* (= *textus*). Gemeint ist damit der *Haupttext* des Nestle-Aland. Alle Textzeugen, die dem Kürzel *txt* folgen, belegen also diejenige Lesart, die Sie *oben* im Text gefunden haben.

Nur wenn Sie im Apparat zu einem textkritischen Problem also einen in der Mitte unterbrochenen senkrechten Strich finden, auf den *kein txt* folgt, liegen *mehrere* alternative Lesarten vor.

Q Beispiel 7

Im Apparat sieht die Notierung zu **Mk 1,39** so aus:

... • **39** ⌜ *p*) ην A C D K W Γ Δ *f*¹·¹³ 28. 33. 565. 579. 700. 1241. 1424. 2542. *l* 2211 𝔐 latt sy ¦ *txt* ℵ B L Θ 892 co | ⌜ εν ταις συναγωγαις Γ 700 𝔐 lat | ▫ W • **40** ...

Sie finden hier alle *drei* im Haupttext markierten textkritischen Probleme anhand ihrer textkritischen Zeichen ⌜, ⌜ und ▫ wieder. Dahinter steht jeweils eine alternative Lesart (bzw. nach ▫ einfach nichts), im ersten Fall noch mit dem *p*) für den Paralleleinfluss versehen, dann folgen mehr oder minder lange Reihen von Textzeugen, die hier vorerst nur verkürzt wiedergegeben sind:

⌜ *p*) ην A C ... latt sy ¦ *txt* ℵ B ... co |
⌜ εν ταις συναγωγαις Γ ... lat |
▫ W • 40 ...

Der Abschluss der Informationen zu jedem einzelnen textkritischen Problem ist in dieser Darstellung deutlich sichtbar. Nur im ersten Fall gibt es vor diesem durch | markierten Abschluss eine weitere Angabe, die durch ¦ vom Vorhergehenden abgetrennt ist. Es handelt sich hier aber wegen des folgenden *txt* nicht um eine weitere alternative Lesart, sondern um die Lesart des oben abgedruckten Textes und nachfolgend die Liste jener Textzeugen, die diese Lesart aufweisen.

Wenn Sie sich soweit eine Übersicht über den Inhalt des Apparates und die Art und Menge der alternativen Lesarten verschafft haben, können Sie sich der inhaltlichen Beschreibung der textkritischen Probleme und der verschiedenen Lesarten widmen. Das heißt, dass Sie sich klarmachen müssen, was die Textvarianten, die Ihnen der Apparat bietet, im Textzusammenhang bedeuten, und das heißt wiederum, dass Sie diese alternativen Lesarten in den Kontext einsetzen und übersetzen müssen.

Beispiel 8
Wir bleiben bei **Mk 1,39** (s. o. Beispiel 7). Im Haupttext des Nestle-Aland gibt es drei durch textkritische Zeichen markierte Stellen:

Καὶ ⌜ἦλθεν κηρύσσων ⌜εἰς τὰς συναγωγὰς⌝ αὐτῶν εἰς ὅλην τὴν Γαλιλαίαν °καὶ τὰ δαιμόνια ἐκβάλλων⌝.

Im Apparat für V. 39 finden Sie zuerst das Zeichen ⌜ wieder, gefolgt von einem *p)* für den Paralleleinfluss, danach steht ην. Dieser alternativen Lesart für ἦλθεν müssen Sie sich nun inhaltlich widmen. Der Apparat spart sich leider die Schreibung mit Akzent und Spiritus, so dass Sie diese selbst ergänzen müssen, wenn Sie das Wort in den oben gegebenen Verszusammenhang einsetzen und so also neben der Textvariante καὶ ἦλθεν κηρύσσων, die die Textausgabe des Nestle-Aland für ursprünglicher hält, die Textvariante καὶ ἦν κηρύσσων erhalten. Inhaltlich bedeutet das: Statt „Er kam, um zu verkündigen ..." schreiben einige Textzeugen schlicht „Er verkündigte ..."[6]. Da die Reihe von Textzeugen, die die Variante mit ἦν belegt, in ein ¦ *txt* mündet, heißt das, dass Sie es hier nur mit einer einzigen alternativen Lesart zu tun haben, denn was nach ¦ *txt* folgt, sind die Textzeugen für den oben abgedruckten Text (also für das ἦλθεν, das sich in diesem Fall hinter dem *txt* verbirgt), und diese stehen immer am *Ende* der Auflistung zu einer bestimmten textkritischen Stelle. Der durchgezogene senkrechte Strich, den Sie im Anschluss an *txt* ℵ B ... co zu Mk 1,39 nun finden, macht das ebenfalls deutlich. (Auch für die anderen beiden textkritischen Probleme dieses Verses gibt es jeweils nur eine andere Lesart. Unten finden Sie in Beispiel 16 ein textkritisches Problem mit mehr als nur einer alternativen Lesart.)

Nicht jedes textkritische Problem wird im Apparat im Übrigen mit der Reihe jener Textzeugen abgeschlossen, die für den oben abgedruckten Text stehen. Das sehen Sie schon in Beispiel 7 sehr deutlich. Gibt es diese auf *txt* folgende Reihe, liegt ein sog. *positiver Apparat* vor, in allen anderen Fällen ein *negativer*. Was das genau heißt, wird unten in Kap. 4.3 näher erläutert.

---

[6] Es handelt sich um eine sog. *coniugatio periphrastica*, vgl. BDR § 353.

Damit können Sie sich dem nächsten textkritischen Problem widmen, das im Anschluss an | und ⸌ dargestellt wird und das sich ebenfalls noch im Vers 39 befindet: Für die Formulierung εἰς τὰς συναγωγάς, die Sie oben im Text eingeschlossen von ⸌ und ⸍ finden, belegen einige Textzeugen die Lesart ἐν ταῖς συναγωγαῖς (wieder sind hier die Akzente und der *Spiritus asper* beim ersten Wort zu ergänzen). Es handelt sich also schlicht um den Gebrauch einer anderen, aber inhaltlich vergleichbaren Präposition, die statt des Akkusativs den Dativ erfordert. Am Textsinn ändert sich nichts. Da Sie im Anschluss an die Reihe der Textzeugen sofort einen durchgezogenen senkrechten Strich finden, gibt es in diesem Fall weder eine andere Lesart noch eine explizite Notation der für den oben abgedruckten Text sprechenden Textzeugen. Sie haben es hier also mit einem sog. *negativen Apparat* (s. o.) zu tun.

Das gleiche gilt für das letzte textkritische Problem, das für diesen Vers Mk 1,39 zu diskutieren ist, nämlich für die Auslassung von καὶ τὰ δαιμόνια ἐκβάλλων. Auch hier wird im Apparat nicht ausdrücklich angeführt, welche Textzeugen den Text *mit* diesen Wörtern belegen. Sie werden vielmehr nur auf einen einzigen Textzeugen (W) verwiesen, der für die Auslassung steht und also nicht überliefert, dass Jesus gekommen sei, um „die Dämonen auszutreiben".

4.3 Die Reihe der Textzeugen lesen lernen

Nun müssen wir uns noch der Reihe der Textzeugen selbst widmen, die im Apparat als Belege für eine bestimmte Lesart angeführt werden. Sie sind in sechs Gruppen eingeteilt und werden im Apparat immer in der gleichen Reihenfolge aufgezählt. Einzelne Gruppen können dabei in einer konkreten Auflistung auch einmal wegfallen – je nach Situation der Textüberlieferung. Die Grundreihenfolge bleibt aber immer die im Folgenden von a bis f geschilderte:

a. Als erste Textzeugen werden die **Papyri** aufgeführt. Sie sind nach der Pflanze benannt, aus deren Stängeln (genauer, dem Mark der Stängel) das Material hergestellt wurde, auf dem geschrieben wurde. Papyri sind häufig sehr alt und zum Teil nur fragmentarisch erhalten, da das Material sehr brüchig und fragil ist (zumindest nach Hunderten von Jahren und zum Teil ungünstigen klimatischen Bedingungen). Im Moment sind 127 Papyri im textkritischen Apparat berücksichtigt, aber das natürlich nur zu den Stellen, zu denen sie überhaupt Text überliefern. Bezeichnet werden sie mit einem P in Frakturschrift und einer hochgestellten

Zahl, also: 𝔓¹–𝔓¹²⁷. In Anhang I des Nestle-Aland (S. 792–799) finden Sie eine Auflistung aller 127 Papyri mit ungefährer Datierung, aktuellem Aufbewahrungsort und vor allem einer Angabe zu den Texten, die sie enthalten.

Beispiel 9
Wenn Sie diese Übersicht im Nestle-Aland aufschlagen, dann sehen Sie gleich bei 𝔓¹, dass in diesem Papyrus nur wenige Verse aus Mt 1 überliefert sind (nämlich Mt 1,1–9.12.14–20). Das heißt, dass Sie im gesamten Nestle-Aland überhaupt nur auf den ersten beiden Seiten des Matthäusevangeliums im Apparat an manchen Stellen einen Verweis auf die Lesart von 𝔓¹ finden werden, weil er für andere Texte keine Informationen bietet. Andere Papyri enthalten dagegen deutlich mehr Text, unter anderem die berühmten Bodmer-Papyri (𝔓⁶⁶ und 𝔓⁷² bis 𝔓⁷⁵) oder die ebenso bekannten und wichtigen Chester-Beatty-Papyri (𝔓⁴⁵ bis 𝔓⁴⁷, 𝔓⁹⁷ und 𝔓⁹⁹). Auf der Webseite des Center for the Study of New Testament Manuscripts (s. u. Hilfsmittel) finden Sie nicht nur eine Übersicht über alle griechischen neutestamentlichen Handschriften, sondern auch (meist) hochauflösende Scans von Teilen oder auch den gesamten Handschriften. Sie sollten sich unbedingt einige dieser Bilder anschauen, um einen eigenen visuellen Eindruck von der handschriftlichen Überlieferung der neutestamentlichen Texte zu bekommen. 𝔓¹ umfasst zum Beispiel nur eine einzige Papyrusseite, die beidseitig beschrieben ist. Auf der Vorderseite[7] können Sie deutlich und gut lesbar den Anfang des Matthäusevangeliums erkennen, aber nicht in der Form Βίβλος γενέσεως Ἰησοῦ Χριστοῦ ..., wie dieser Text Ihnen aus dem Nestle-Aland bekannt ist, sondern als eine Reihe von griechischen Großbuchstaben, von denen einige (nämlich Sigma und Omega) auch noch anders aussehen, als Sie das im Griechischunterricht gelernt haben: ΒΙΒΛΟϹΓΕΝΕϹΕѠϹΙῩ ΧῩ ... Sie können feststellen, dass es weder Wortabgrenzungen gibt, noch Akzente oder Spiritus. Man spricht in so einem Fall des kontinuierlichen Buchstabenflusses von *scriptio* (oder *scriptura*) *continua*. Außerdem sehen Sie zum Schluss den Genitiv Ἰησοῦ Χριστοῦ nicht ausgeschrieben, sondern abgekürzt durch den jeweils ersten und letzten Buchstaben des einzelnen Wortes und einem Überstrich über beiden Buchstaben. Sie haben es hier mit einem *nomen sacrum* zu tun.

---

[7] Siehe https://manuscripts.csntm.org/Manuscript/Group/GA_P1.

Auch auf Wikipedia finden Sie eine gute Übersicht über alle neutestamentlichen Papyri und zu jedem einzelnen Papyrus außerdem eine eigene Seite. 𝔓¹ können Sie sich auch dort mit Bild ansehen.

40 Teil A: Textsicherung

ⓘ **Info: *Nomina sacra* und *scriptio continua***
Als *nomen sacrum* bzw. *nomina sacra* bezeichnet man eine spezielle Abkürzungsform „heiliger Namen". Diese Art der Abkürzung stellt ein typisches Merkmal christlicher Texte, insbesondere neutestamentlicher Handschriften dar. Häufig wird nur der erste und letzte Buchstabe des betreffenden Wortes geschrieben und ein Überstrich über beide Buchstaben gesetzt. Wie Sie oben in Beispiel 9 zu 𝔓¹ gesehen haben, können dabei auch Flexionsendungen mitberücksichtigt werden. Für Jesus ist aber zum Beispiel nicht nur I̅C̅, sondern auch I̅H̅C̅ als *nomen sacrum* belegt. Häufig werden in den Handschriften auch θεός, σωτήρ, μήτηρ oder Ἰερουσαλήμ auf diese Weise abgekürzt. Im Text des Nestle-Aland erscheinen diese *nomina sacra* allerdings nicht, sondern werden immer ausgeschrieben. Genau genommen brauchen Sie diese Information also nicht dringend für Ihre textkritische Arbeit, manchmal kann sie aber auch hier wichtig sein (s. das folgende Beispiel 10 zu 1 Tim 3,16).

Auch die in 𝔓¹ festgestellte fortlaufende Schreibweise mit Großbuchstaben ohne Worttrennungen (= *scriptio continua*) ist kein spezifisches Merkmal dieser Handschrift, sondern typisch für antike Manuskripte der griechischen und römischen Zeit überhaupt bis hin zum frühen Mittelalter. Wiederum folgt der Text des Nestle-Aland dieser Schreibpraxis nicht, sondern macht es Ihnen deutlicher leichter, indem Sie die Wörter getrennt und mit Akzenten, Spiritus und Satzzeichen versehen vorfinden. Warum es dennoch auch für Sie wichtig sein kann, sich dieser für die ältesten Handschriften üblichen Konventionen der *scriptio continua* und der *nomina sacra* bewusst zu sein, zeigt das folgende textkritische Problem:

🔍 **Beispiel 10**
In **1 Tim 3,16** bietet der Apparat für die Lesart ὅς im Haupttext neben der Lesart ὅ, die wir hier nicht weiter betrachten, auch noch die Alternative θεός. Inhaltlich bezieht sich das Relativpronomen ὅς auf Jesus Christus, der zuletzt am Ende von V. 13 namentlich genannt wurde und von dem nun im zweiten Teil von V. 16 in einem hymnisch geprägten Abschnitt gesagt wird, dass er offenbart worden sei im Fleisch ... und aufgenommen in die Herrlichkeit. Liest man statt ὅς nun θεός, wird daraus nicht etwa eine Aussage, die *nicht* auf Jesus Christus zu beziehen sei, sondern es wird vielmehr zugleich eine Aussage über die Göttlichkeit Jesu gemacht. Diese beiden Textvarianten gilt es nun nach den Regeln der Textkritik gegeneinander abzuwägen. Eine Frage ist dabei immer auch, ob sich die Entstehung einer Lesart aus der anderen heraus erklären lässt (s. u. 4.4). Wenn wir uns hier die handschriftliche Überlieferung und ihre Konventionen in Erinnerung rufen, dann stehen sich die Lesarten O̅C̅ und Θ̅C̅ gegenüber. Sie sehen sofort, wie ähnlich sich diese beiden Varianten äußerlich sind und wie leicht eine Verwechslung beim Abschreiben möglich wäre. Wenn Sie dagegen nur ὅς und θεός gegenüberstellen entgeht Ihnen diese naheliegende Möglichkeit eines Schreibfehlers.

🔍 (Entschieden ist damit textkritisch freilich noch nicht, welches die vermutlich ursprüngliche und welches die daraus entstandene Variante ist.)

b. Die zweite Gruppe von Textzeugen, die im Apparat aufgelistet wird, sind die **Majuskeln**. Ihr Name ist identisch mit den Großbuchstaben (= Majuskeln), die zur Notation ihres Textes in *scriptio continua* (s. o. die Info) benutzt wurden. Anders als die neutestamentlichen Papyri, für deren Text das gleiche gilt, sind die als Majuskeln bezeichneten Handschriften aber nicht auf Papyrus, sondern auf Pergament geschrieben. Pergament (hergestellt aus Tierhaut) setzte sich ca. ab dem 4. Jahrhundert n. Chr. mehr und mehr als Schreibmaterial durch, war haltbarer, aber auch teurer als Papyrus. Aktuell sind reichlich 300 Majuskeln mit neutestamentlichen Texten bekannt. Wie bei den Papyri bietet auch hier der Anhang I (S. 799–810) des Nestle-Aland einen Überblick über diese Handschriften mit Angaben zur ungefähren Datierung, zum Aufbewahrungsort und zu den enthaltenen Texten.

Majuskeln werden immer mit einer arabischen Zahl benannt, der jedoch eine Null vorangestellt ist, also z. B. 026. (Diese Null ist wichtig für die Abgrenzung von den Minuskeln, die gleich unter c Thema sein werden.) Einige Majuskeln werden zusätzlich aber auch noch mit einem Großbuchstaben benannt, weil es ursprünglich zwei verschiedene Systeme zur Benennung gab, die dann zusammengeführt wurden. Die Majuskel 026 führt daher auch noch die Bezeichnung Q. In der Liste im Appendix des Nestle-Aland finden Sie sie als Q 026 notiert, im textkritischen Apparat taucht in diesen Fällen der doppelten Benennung aber *nur* dieser Buchstabe auf. Für die textkritische Betrachtung reicht es in der Regel aus, wenn Sie die Handschrift mit diesem Kürzel und ihrem Typ aufführen können, wenn Sie also wissen, dass mit Q oder mit 0199 Majuskeln und mit $\mathfrak{P}^1$ oder $\mathfrak{P}^{26}$ Papyri bezeichnet sind. Sechs besonders wichtige Majuskeln sollten Sie jedoch auch mit Namen und nicht nur mit der Abkürzung benennen können:

- ℵ 01 bezeichnet den *Codex Sinaiticus* aus dem 4. Jh. n. Chr., der AT *und* NT enthält und für die Textrekonstruktion des Nestle-Aland eine bedeutende Rolle spielt.[8]

---

[8] Im Codex Sinaiticus können Sie selbst online blättern. Die sehr funktionale Seite http://codexsinaiticus.org/de/ (s. u. Hilfsmittel) macht es Ihnen leicht, gezielt Ihre Textstelle zu suchen und sich so ein eigenes Bild von der Textüber-

- A 02 bezeichnet den *Codex Alexandrinus* aus dem 5. Jh. n. Chr. Es handelt sich wiederum um eine Vollbibel, die außerdem den Ersten und Zweiten Clemensbrief enthält. Trotz seines Alters ist er nicht in allen Teilen von hoher textkritischer Bedeutung, stellt aber besonders für die Apokalypse einen höchst wichtigen Textzeugen dar.
- B 03 bezeichnet den *Codex Vaticanus* aus dem 4. Jh., der ebenfalls Altes und Neues Testament enthält. Wenn der Text des Codex Vaticanus mit jenem des Codex Sinaiticus übereinstimmt, kommt dieser Lesart im Nestle-Aland in der Regel hohe Priorität zu.
- C 04 bezeichnet den *Codex Ephraemi rescriptus* aus dem 5. Jh. Es handelt sich um ein Palimpsest, d. h. um eine später mit einem anderen Text wiederbeschriebene Pergamenthandschrift.
- D 05 bezeichnet den *Codex Bezae Cantabrigiensis* aus dem 5. Jh. Der Codex ist eine sog. Bilingue, und präsentiert in seiner erhaltenen Form in griechischer u. lateinischer Sprache die vier Evangelien und einen Teil der Apostelgeschichte. Der griechische Text bietet oft eine sehr eigene Fassung und wird auch D-Text oder westlicher Text genannt (s. u. 4.4).
- D 06 bezeichnet den *Codex Claromontanus* aus dem 6. Jh. Es handelt sich ebenfalls um eine Bilingue, die nur die Paulusbriefe enthält.

Sie sehen, dass die letzten beiden Codices[9] eine besondere Tücke aufweisen: Weil man sie früher einmal für zusammengehörig hielt, bekamen sie die gemeinsame Bezeichnung D. Inzwischen weiß man, dass es sich um Teile zweier verschiedener Codices handelt, daher die differierende Nummerierung als 05 und 06. Da im textkritischen Apparat aber nur der Buchstabe auftaucht, müssen Sie

---

lieferung in diesem bedeutenden Codex zu machen. Zur spannenden Fundgeschichte s.: Böttrich, Christfried: *Der Jahrhundertfund. Entdeckung und Geschichte des Codex Sinaiticus.* Leipzig 2011.

[9] Ein Codex (oder auch: Kodex, dann im Plural: Kodizes) ist die Frühform des Buches. Während man in der Antike um die Zeitenwende in der Regel (einseitig) auf Rollen schrieb, nutzte man im entstehenden Christentum von Anfang an fast ausschließlich die sich in dieser Zeit entwickelnde neue Technik, mehrere Lagen von Papyrus oder Pergament übereinanderzulegen und somit Vorder- *und* Rückseite des Materials beschreiben zu können und ein insgesamt handlicheres Format zu erhalten.

wissen, dass ein D im Apparat zu einem Paulustext nur eine Lesart aus dem Codex Claromontanus meinen kann, ein D im Apparat zu einem Evangelien- oder Apostelgeschichtstext dagegen auf den Codex Bezae Cantabrigiensis hinweist.

c. Als nächste Gruppe folgen im Apparat die **Minuskeln**. Das sind Handschriften, deren Text mit griechischen Kleinbuchstaben (= Minuskeln) geschrieben ist, die sich erst ab dem 9. Jh. durchsetzten. Minuskeln sind somit jünger als die Majuskeln und die Papyri. Über den Wert eines Textes sagt das Alter allein aber noch nicht viel aus. Abgekürzt werden sie mit arabischen Zahlen *ohne* eine Null davor, also z. B. 28 oder 1241. Es gibt fast 3000 Minuskelhandschriften für das Neue Testament. Einige wichtige sind zu den **Minuskelfamilien** f^1 und f^{13} zusammengefasst, die Ihnen im Apparat häufiger begegnen werden und die Sie sich daher gut merken sollten.

d. Die **Lektionare**, die im Anschluss aufgeführt werden, sind Handschriften, die für den liturgischen Gebrauch bestimmt waren. Sie enthalten biblische Texte anhand der Leseordnung, die in den Gottesdiensten galt. Die Textabschnitte erscheinen hier also nicht in ihrem textlichen Gesamtzusammenhang, sondern sind den gottesdienstlichen Bedürfnissen entsprechend zusammengestellt. (Lektionare gebrauchen wir auch heute noch für die Lesungen im Gottesdienst, allerdings mit deutschen Bibeltexten.) Abgekürzt werden die Lektionare mit einem kursivem *l* und nachfolgender Zahl, z. B. *l* 249. Von ihnen gibt es knapp 2500.

Mit der Aufzählung der Lektionare endet die Reihe der griechischen Textzeugen im Apparat, es sei denn, es gibt noch eine Angabe zum sogenannten **Mehrheitstext** mit dem Sigel 𝔐. Im Mehrheitstext ist eine große Zahl von Handschriften zusammengefasst, die erst im Zusammenhang und in der Folge des Aufstiegs des Christentums zur Reichsreligion entstanden sind. Durch diese Wende war es plötzlich möglich, biblische Schriften in großer Zahl in Skriptorien von vielen Schreibern anfertigen zu lassen und zu verbreiten. Dabei setzte sich vor allem ein bestimmter Texttypus durch, den man auch den byzantinischen oder Koine-Text nennt (s. u. 4.4). In der Textforschung gilt dieser Texttypus aber im Zweifelsfall eher nicht als Vertreter der alten, ursprünglichen Textform. Weil es außerdem so viele Handschriften dieser Art gibt, werden sie im Apparat nur mit einem Sigel aufgeführt und also gewissermaßen nur wie eine einzige Handschrift gewertet. Manchmal spaltet sich die Textüberlieferung innerhalb des Mehrheitstextes jedoch auch in zwei Varianten (sehr selten auch drei). Dann steht am Ende der Reihe der griechischen Textzeugen jeweils kein 𝔐, sondern *pm* (von lat. *permulti*) = viele, womit dann in etwa die Hälfte der Handschriften des Mehrheitstextes gemeint ist.

e. In der Reihe der Textzeugen im Apparat folgen nun die sogenannten **Versionen**. So werden die alten Übersetzungen des ursprünglich griechischen Textes ins Lateinische, Syrische und Koptische bezeichnet. Sehr selten werden auch Übersetzungen in weitere Sprachen (Armenisch, Georgisch, Gotisch, Äthiopisch, Kirchenslawisch) im Apparat berücksichtigt. Meistens wird die Überlieferung hier nicht anhand von einzelnen Textzeugen, sondern anhand von ganzen Gruppen aufgeführt. Was die einzelnen Abkürzungen bedeuten, finden Sie auf dem blauen Einlegeblatt des Nestle-Aland unter III.b knapp aufgeführt und ausführlicher in der Einführung (S. 23*–34*) beschrieben. Generell gilt, dass die gesamte Überlieferung in einer Sprache (in Lateinisch = latt; in Syrisch = sy; in Koptisch = co) im Apparat häufig anhand bestimmter Überlieferungsstränge oder auch Dialektvarianten weiter differenziert wird. Gibt es einzelne Abweichungen, kann mit einem hochgestellten ^{ms} (von Manuskript) verdeutlicht werden, dass nur eine Handschrift (oder bei ^{mss} nur einige wenige Handschriften) des Überlieferungsstrangs für diese Textvariante stehen.

Einzelne altlateinische Textzeugen werden auch eigens mit lateinischen (selten griechischen) Kleinbuchstaben bezeichnet (z. B. die altlateinische Handschrift k, die unter anderem als wichtiger Zeuge für den sekundären *kurzen* Schluss von Mk im Apparat zu Mk 16,8 auftritt). Eine Liste dieser lateinischen Textzeugen finden Sie in Anhang I.B des Nestle-Aland (S. 815–819).

f. Die **Kirchenväterzitate** beenden die Angaben zu einer bestimmten Lesart im Apparat, *wenn* der Text oder eine Variante davon überhaupt als Zitat bei einem der Kirchenväter zu finden ist. Die Abkürzungen, wie z. B. Hier (= Hieronymus), Ir (= Irenaeus) etc., lösen Sie mit Hilfe des Siglenverzeichnisses für die Kirchenväter in der Einführung des Nestle-Aland (S. 37*f.) auf.

Neben den textkritischen Zeichen, den alternativen Lesarten und den Siglen für die verschiedenen Textzeugen, die wir gerade angeschaut haben, finden Sie im Apparat bisweilen noch weitere Abkürzungen (in der Regel abgekürzte lateinische Wörter wie *add.* oder *ex err.*), die sich nicht sinnvoll allgemein erklären lassen, sondern sich jeweils im konkreten Zusammenhang erschließen. Aufgelistet sind alle diese Abkürzungen auf dem blauen Einlageblatt des Nestle-Aland unter III.c, aber auch in der Einführung (S. 16*f.) und im alphabetischen Abkürzungsverzeichnis ganz am Ende des Nestle-Aland.

Nur bei den *griechischen* Textzeugen (s. o. a–d) gibt es außerdem die Möglichkeit, dass hochgestellte Zahlen oder Buchstaben oder andere Zusätze noch weitere Informationen zur Überlieferung in der einzelnen Handschrift bieten:

- Hochgestellte Zahlen$^{1.2.3}$ oder ^{c} bezeichnen eine 1., 2., 3. oder überhaupt eine Korrektur in der Handschrift; ein Sternchen* dagegen die sogenannte „erste Hand", d. h. die Version des ursprünglichen Schreibers.
- Manchmal sind Textzeugen eingeklammert, z. B. (33). Das heißt, dass die gerade diskutierte Lesart von diesem eingeklammerten Textzeugen mit kleineren Abweichungen belegt wird. Der Apparat sagt Ihnen an dieser Stelle aber in der Regel nicht, welche, sondern nur, *dass* es eine – offenbar aber eher seltene – Abweichung gibt.[10]

Auch diese Zeichen finden Sie aufgeschlüsselt auf dem blauen Beilageblatt des Nestle-Aland unter III.a und in der Einführung (S. 13*–15*).

Q Beispiel 11

Greifen wir noch einmal die Angaben im Apparat zum ersten textkritischen Problem in **Mk 1,39** auf (s. o. Beispiel 7):

... • **39** ^{r} *p)* ην A C D K W Γ Δ $f^{1.13}$ 28. 33. 565. 579. 700. 1241. 1424. 2542. *l* 2211 𝔐 latt sy ¦ *txt* ℵ B L Θ 892 co | ...

Wenn Sie die handschriftliche Bezeugung der Lesart ἦν textkritisch diskutieren wollen, dann müssen Sie zuerst die für diese Lesart stehenden Textzeugen *benennen*, und zwar korrekt nach ihren jeweiligen Textgruppen. Zu Übungszwecken nehmen wir die Listen hier einmal auseinander und sortieren sie:

Die Lesart ἦν belegen folgende Textzeugen:
a. Papyri: keine
b. Majuskeln: A C D K W Γ Δ
c. Minuskeln: $f^{1.13}$ 28. 33. 565. 579. 700. 1241. 1424. 2542.

---

[10] Genaueres über diese kleineren Abweichungen (lat.: *variae letiones minores*) können Sie, wenn Sie wollen, in Anhang II des Nestle-Aland (S. 820–835) erfahren.

46 Teil A: Textsicherung

d. Lektionare: *l* 2211
und der Mehrheitstext 𝔐
e. Versionen: latt sy
f. Kirchenväterzitate: keine

Den oben abgedruckten Text im Nestle-Aland (= *txt*), also ἦλθεν, belegen:
a. Papyri: keine
b. Majuskeln: ℵ B L Θ
c. Minuskeln: 892
d. Lektionare: keine
e. Versionen: co
f. Kirchenväterzitate: keine

In einen flüssigeren Text gebracht, heißt das: Die Lesart ἦν wird vom Codex Alexandrinus, vom Codex Ephraemi rescriptus, vom Codex Bezae Cantabrigiensis und den Majuskelhandschriften K, W, Γ und Δ belegt, außerdem von den Minuskelfamilien f^1 und f^{13} und den Minuskeln 28. 33. 565. 579. 700. 1241. 1424 und 2542, vom Lektionar *l* 2211, vom Mehrheitstext sowie von der gesamten lateinischen und syrischen Textüberlieferung. Die Lesart ἦλθεν aus dem Haupttext wird dagegen von deutlich weniger Textzeugen belegt, nämlich vom Codex Sinaiticus, vom Codex Vaticanus, von den Majuskelhandschriften L und Θ, von der Minuskel 892 und von der gesamten koptischen Überlieferung.

Unten, in Kap. 4.4 wird es dann um die Deutung dieses Befundes gehen.

In Beispiel 11 handelt es sich um einen **positiven Apparat**. Darauf wurde in Beispiel 8 schon kurz verwiesen. Positiv heißt, dass im Apparat nicht nur diejenigen Lesarten, die vom Haupttext des Nestle-Aland abweichen, mit ihren zugehörigen Textzeugen aufgeführt werden, sondern – angeführt durch das Kürzel *txt* – auch diejenigen Textzeugen, die den obenstehenden Text belegen. Dementsprechend liegt immer dann ein **negativer Apparat** vor, wenn *nur* die abweichenden Lesarten mit ihren Textzeugen aufgeführt werden. Auch in einem solchen Fall lässt sich jedoch erschließen, welche Handschriften für den Haupttext des Nestle-Aland stehen, und zwar anhand der sogenannten „ständigen Zeugen". **Ständige Zeugen** sind für die Textkonstituierung besonders wichtige Handschriften, die für *jedes* textkritische Problem innerhalb einer bestimmten neutestamentlichen Schrift herangezogen werden – vorausgesetzt, ihr Text ist an dieser Stelle auch wirklich erhalten. Welche griechischen Handschriften für welche neutestamentliche Schrift zu den ständigen Zeugen zählen (das ist nämlich von Schrift zu Schrift verschieden), können Sie vorn in der Einführung des Nestle-Aland nachlesen (S. 17*–23*).

4. Textkritik – Mit welchem Text arbeiten wir eigentlich? 47

Q Beispiel 12
Papyri als ständige Zeugen
Das möglicherweise älteste NT-Fragment 𝔓⁵² gehört natürlich zu den ständigen Textzeugen für das Johannesevangelium, wie Sie in der Einführung des Nestle-Aland (S. 18*) auch nachlesen können. Aber da hier nur Teile von Joh 18,31–33.37 f. enthalten sind, wie Sie aus der Liste in Anhang I (S. 795) ersehen können, spielt 𝔓⁵² für all jene textkritischen Probleme des Johannesevangeliums, die im Nestle-Aland einen negativen Apparat aufweisen und sich *nicht* auf diese wenigen Verse beziehen, keine Rolle, obwohl dieser Papyrus zu den ständigen Zeugen zählt.

Im Übrigen gehören die Papyri *immer* zu den ständigen Zeugen für eine bestimmte neutestamentliche Schrift, sobald sie (Teile) diese(r) Schrift enthalten. Oft sind es wegen ihres fragmentarischen Erhaltungszustandes aber wirklich nur Teile. Dass es oben in Beispiel 11 für Mk 1,39 für keine der belegten Textvarianten Papyri als Textzeugen aufzuzählen gab, liegt daran, dass überhaupt nur drei Papyri (𝔓⁴⁵, 𝔓⁸⁴, 𝔓⁸⁸) erhalten sind, die Teile des Markusevangeliums enthalten.

Wenn Sie im Falle eines negativen Apparats also genau wissen wollen, welche Textzeugen die Lesart oben im Nestle-Aland-Text belegen, müssen Sie von diesen ständigen Textzeugen alle die abziehen, die im Apparat für den aktuellen Fall eine andere Lesart bezeugen. Bei den ständigen Zeugen, die nun noch übrigbleiben, müssen Sie jetzt noch prüfen, ob diese den infragestehenden Vers überhaupt enthalten. Das tun Sie anhand der Liste der Handschriften in Anhang I des Nestle-Aland. Die entlastende Botschaft ist: Sie müssen diesen komplexen Arbeitsschritt in einer exegetischen Hausarbeit normalerweise nicht ausführen! Hier reicht es in aller Regel, wenn Sie im Falle eines negativen Apparats die abweichenden Lesarten und ihre Textzeugen so, wie oben beschrieben, anführen und für die Lesart des Haupttextes einfach auf die übrigen ständigen Textzeugen hinweisen, ohne diese im Einzelnen zu benennen.

Q Beispiel 13
In **Röm 6,5** liegt ein solcher negativer Apparat vor: ⌐αμα F G latt. Die einzige textkritische Variante in diesem Vers betrifft die Partikel ἀλλά, an deren Stelle einige Textzeugen, nämlich die Majuskelhandschriften F und G, ἅμα überliefern, was von der gesamten lateinischen Tradition bestätigt wird. Damit endet die Information zu diesem Vers im Apparat. Ohne dass es dasteht, wissen Sie damit aber zugleich, dass alle übrigen ständigen Zeugen für den Römerbrief mit Ausnahme der Majuskeln F und G die Variante ἀλλά belegen – soweit sie den Text von Röm 6,5 überhaupt enthalten. Mit Hilfe der Einführung des Nestle-Aland können Sie nun (müssen Sie aber nicht unbedingt – s. o.) diese ständigen Textzeugen im Einzelnen ermitteln. Wenn

Sie dann noch diese Handschriften mit Hilfe von Anhang I auf ihren Inhalt hin überprüfen, stellen Sie sehr schnell fest, dass die vier zuerst genannten Papyri ($\mathfrak{P}^{10}$, $\mathfrak{P}^{26}$, $\mathfrak{P}^{27}$ und $\mathfrak{P}^{31}$) gar keine Informationen zu Röm 6,5 bieten, $\mathfrak{P}^{40}$ dagegen schon – das mag hier genügen, um das Vorgehen zu verdeutlichen, mit dem Sie klären, welche der ständigen Zeugen für die relevante Stelle überhaupt von Bedeutung sind. Werfen wir noch einen Blick auf die Majuskelhandschriften, die als ständige Zeugen für den Römerbrief aufgeführt werden, dann zeigt sich gleich für die ersten fünf, die Sie auch mit Namen kennen sollten (s. o.), dass hier in allen der Römerbrief recht vollständig enthalten ist. Während bei den Papyri in Anhang I des Nestle-Aland bezeichnenderweise immer präzise mit Kapiteln und Versen angegeben ist, welche Texte überhaupt *enthalten* sind, stehen bei den Majuskeln meistens Kürzel für ganze Textgruppen: beim Codex Sinaiticus und Codex Alexandrinus z. B. eapr, d. h. e = Evangelien, a = Apostelgeschichte, p = Paulusbriefe, r = Offenbarung (von lat. *revelatio*). Erst dahinter wird in Klammern vermerkt, welche Teile davon *fehlen* (vac. = *vacant* = es fehlen). Diese Abkürzungen finden Sie ganz am Ende des Nestle-Aland (S. 879–890) zusammen mit allen anderen Abkürzungen, die hier in diesem Kapitel schon erwähnt wurden, in einem alphabetischen Abkürzungsverzeichnis aufgeführt.

Abschließend müssen wir uns anschauen, welche *inhaltlichen* Auswirkungen die unterschiedliche Textüberlieferung auf das Verständnis von Röm 6,5 hat. Insgesamt geht es in Röm 6 um die Bedeutung und die Auswirkungen der Taufe auf das Leben der Getauften. Der im Nestle-Aland präferierte Text besagt: „Denn wenn wir zusammengewachsen sind mit der Gleichheit seines Todes, werden wir es *vielmehr* auch (mit der Gleichheit) der Auferweckung sein." Die durch ἀλλά betonte Steigerung im Inhalt des zweiten Teilsatzes wird durch die Textvariante mit ἅμα („... werden wir es *zugleich* auch ...") weniger deutlich herausgestellt. Der Text passt aber mit beiden Varianten sowohl inhaltlich als auch grammatisch ohne Probleme in den Kontext. Möglicherweise wirkt die Variante mit ἅμα sprachlich sogar etwas gefälliger. Diese Beobachtung bereitet bereits die textkritische Entscheidung vor, um die es nun gehen wird.

4.4 Den Befund deuten und eine textkritische Entscheidung fällen

Nun müssen Sie den textkritischen Befund, den Sie zusammengestellt haben, deuten und einerseits zu einer Entscheidung über die vermutlich ursprüngliche Lesart kommen, andererseits aber auch die abweichenden Lesarten möglichst gut erklären. Für diese Entscheidungsfindung orientiert man sich an sogenannten „äußeren" und „inneren Kriterien", die im Gesamturteil zusammenwirken.

Schauen wir uns zuerst die **äußeren Kriterien** näher an. Hier geht es darum, die (äußere) Bezeugung einer bestimmten Lesart gegenüber einer anderen abzuwägen, also anhand der Textzeugen, die für oder gegen eine Lesart sprechen, ein Urteil zu fällen. Dabei spielt weder die bloße Zahl von Textzeugen, die für eine bestimmte Lesart stehen, die zentrale Rolle, noch deren Alter. Vielmehr müssen Sie die Textzeugen anhand ihres *textkritischen Wertes* gewichten. Tatsächlich sind ältere Handschriften oft von höherem Wert für die Textrekonstruktion als jüngere, das muss aber nicht notwendig so sein. Normalerweise erstellt man in der Editionswissenschaft für handschriftlich überlieferte Texte ein sogenanntes Stemma, also einen Stammbaum der Handschriften, aus dem idealerweise deutlich wird, welche Handschrift von welcher abhängt und welche daher am Anfang (oder zumindest nahe am Ursprung) der Überlieferung stand. Aufgrund der ausgesprochen großen Zahl neutestamentlicher Textzeugen (s. o.) ist das aber nicht möglich, und damit fehlt ein wichtiges Instrument für die Bewertung der Handschriften.

ⓘ **Info: Handschriften und deren Abhängigkeiten voneinander**
Handschriften entstehen, wie der Name es sagt, durch Abschreiben. Dabei entstehen Fehler. Versuchen Sie einmal, ein ganzes Bibelkapitel abzuschreiben. Sie werden staunen, wie oft Sie sich dabei korrigieren müssen und welche Fehler Sie beim Schreiben vielleicht gar nicht bemerken. Das kann bis zum Auslassen ganzer Zeilen führen. Über Ketten solcher Fehler lassen sich Handschriften in das bereits erwähnte Stemma einordnen. Tendenziell nehmen die Fehler (oder auch bewussten Änderungen am Text) mit der Zeitdauer der Überlieferung zu, da alte Fehler weitertransportiert werden, während neue hinzukommen. Wenn eine Handschrift aus dem 10. Jh. aber direkt auf eine sehr frühe Handschrift aus dem 2. Jh. zurückgeht (also direkt von ihr abgeschrieben wurde), dann hat sie eine ältere Textform bewahrt als z. B. eine Handschrift aus dem 6. Jh., die über eine Kette von mehreren fehlerhaften Abschriften auch auf jene Handschrift aus dem 2. Jh. zurückgeht. Ein Stemma ermittelt anhand der Fehlerketten solche Abhängigkeiten und stellt sie grafisch dar. Damit zeigt es zugleich auf, dass das bloße Alter einer Handschrift nicht das Kriterium für ihre Güte zu gebrauchen ist.
Im Fall der NT-Überlieferung mit ihren über 5000 Textzeugen ist es jedoch unmöglich, ein solches Stemma zu erstellen. Erschwerend kommt hinzu, dass Schreiber nicht immer nur von *einer* anderen Handschrift abgeschrieben haben, sondern den Text mit anderen Handschriften (so vorhanden) verglichen und unter Umständen korrigiert haben. Man nennt eine solche Überlieferung auch „kontaminiert", weil es wegen dieser zusätzlichen Beeinflussungen im Nachhinein nicht mehr möglich ist, anhand der Fehler bzw. Varianten in den Texten klare Abhängigkeiten festzustellen. D. h. wir

wissen nicht sicher, ob z. B. die Handschrift aus dem 10. oder aus dem 6. Jh. eine ältere, zuverlässigere Textform bewahrt hat. Auch die Menge der Handschriften, die eine bestimmte Lesart bezeugen, sagt noch nichts über deren Ursprünglichkeit aus. Das sollte schon oben in Kap. 3.3 im Hinblick auf den Mehrheitstext (𝔐) deutlich geworden sein.

Der kontaminierten Überlieferung wegen ist die Anwendung der äußeren Kriterien in der Textkritik des NT daher schwierig, denn keine Handschrift kann beanspruchen, allein aufgrund ihres hohen Alters oder der weiten Verbreitung ihres Texttyps besonders gut bzw. besser als andere zu sein. Dennoch hat man versucht, die NT-Handschriften zumindest bestimmten **Textformen** zuzuordnen, die sich ca. ab dem Jahr 300 entwickelt und regional Bedeutsamkeit erlangt haben könnten und von denen man eine gewisse Orientierung in der Einschätzung des textkritischen Wertes bestimmter Handschriften ableitet.[11] Seit längerem befindet sich die neutestamentliche Textkritik jedoch in einem Umbruch, der diese Textformen einer gründlichen Revision unterzieht.[12] Da sie Ihnen in der Literatur aber nach wie vor begegnen, ist ein kurzer Überblick angebracht:

Der sog. **„alexandrinische Text"** (so benannt, weil wesentliche Textzeugen aus Ägypten stammen) gilt – neben noch früheren Papyri, die einen freieren oder festeren Text überliefern[13] – als wichtigste und ursprünglichste Textform. Zu ihr werden unter anderem die berühmten Codices Sinaiticus und Vaticanus, Minuskel 1739 und teilweise auch der Codex Alexandrinus und die Minuskel 33 (beide aber nicht im Bereich der Evangelien!) gezählt. Als frühe Grundlagen dieser Textform gelten $\mathfrak{P}^{46}$ und $\mathfrak{P}^{66}$ (als Vertreter des sog. freien Textes, um 200). Spätere Veränderungen dieser Textform werden oft als „ägyptischer Text" bezeichnet.

Der sog. **„westliche oder D-Text"**, der aber nicht, wie irrtümlich einmal angenommen, im Westen des Römischen Reiches verbreitet war, wird vor allem vom Codex Bezae Cantabrigiensis (D 05) und ei-

---

[11] Vgl. die ausführliche Darstellung in Aland/Aland: Text, 57–171 (s. u. Hilfsmittel).

[12] Vgl. zur Kritik Victor: Textkritik (s. u. Hilfsmittel) und Ebner, Martin; Schreiber, Stefan (Hg.): *Einleitung in das Neue Testament*. (Kohlhammer-Studienbücher Theologie 6) 3., überarb. Aufl. Stuttgart 2020, 54–70.

[13] Hierzu zählen nach Aland/Aland: Text, 67 (s. u. Hilfsmittel) 39 Papyri mit den Nummern 1, 4, 5, 9, 12, 13, 15, 16, 18, 20, 22, 23, 27–30, 32, 37–39, 45–49, 52, 53, 64–67, 69, 70, 72, 75, 77, 78, 80, 87 und die Majuskeln 0162, 0171, 0189, 0212 und 0220.

4. Textkritik – Mit welchem Text arbeiten wir eigentlich?

nigen altlateinischen Übersetzungen sowie in Kirchenväterzitaten repräsentiert. Dieser Text zeichnet sich durch viele Eigenheiten aus. Die Apostelgeschichte bietet er zum Beispiel in einer deutlich umfangreicheren Textfassung. Dem D-Text wird aber in der Regel immer dann besonders viel Gewicht zugemessen, wenn er mit Textzeugen der alexandrinischen Textform parallel geht.

Der sog. „byzantinische Text" schließlich, der auch Koine-Text (= der allgemeine Text) heißt (s. auch oben das Sigel 𝔐!), wird durch besonders viele Handschriften bezeugt und dominiert in der neutestamentlichen Textüberlieferung seit dem 9. Jh. Er gilt als nicht so ursprünglich wie die zuvor genannten Textformen, da es viele stilistische und inhaltliche Glättungen gibt. Diese sind allerdings unterschiedlich verteilt und rechtfertigen daher keinen Generalverdacht gegenüber dieser Textform an allen Stellen. Wichtige Textzeugen sind unter anderem der Codex Alexandrinus (im Bereich der Evangelien) und viele weitere Majuskeln, Minuskeln und Lektionare.

🔍 **Beispiel 14**

Greifen wir nochmals die Angaben im Apparat zum ersten textkritischen Problem in **Mk 1,39** auf (s. o. Beispiel 11):

• 39 ʳ *p)* ην A C D K W Γ Δ $f^{1.13}$ 28. 33. 565. 579. 700. 1241. 1424. 2542. *l* 2211 𝔐 latt sy ¦ *txt* ℵ B L Θ 892 co

Sie können sich aus den oben im Beispiel schon aufgeschlüsselten Handschriften nun anhand der äußeren Kriterien erschließen, warum im Nestle-Aland die Lesart ἦλθεν trotz der zahlenmäßig deutlich geringeren Bezeugung präferiert wird gegenüber ἦν: Mit dem Codex Sinaiticus, dem Codex Vaticanus, die beide zur wichtigen alexandrinischen Textform gehören, und den Majuskeln L und Θ und der Minuskel 892, die Aland/Aland immerhin zur Kategorie II (von insgesamt fünf) zählen, sind die Textzeugen für ἦλθεν textkritisch tendenziell wertvoller als die lange Liste, die für die Alternativlesart spricht, aber deutlicher vom byzantinischen Text dominiert zu sein scheint. Ein weiterer Grund der Entscheidung des Nestle-Aland für ἦλθεν liegt im Paralleleinfluss (vgl. Lk 4,44), auf den das *p)* vor ἦν aufmerksam macht (s. o. Beispiel 7). Damit sind wir aber bereits bei den inneren Kriterien.

Die *inneren* **Kriterien** konzentrieren sich darauf, bei der textkritischen Entscheidung die abweichenden Lesarten *inhaltlich* und im Hinblick auf ihre mögliche Entstehung zu erklären. Dabei gibt es prinzipiell immer zwei mögliche Ursachen, wenn ein Text nicht einheitlich überliefert ist: Entweder wurde bewusst in den Text eingegriffen und etwas verändert oder es handelt sich um unbeabsichtigte Fehler in der Überlieferung. Solche *unbeabsichtigten Fehler* können verschiedene Ursachen haben:

- Buchstaben werden wegen ihrer Ähnlichkeit mit anderen Buchstaben falsch gelesen und abgeschrieben. Das ist oben in Beispiel 13 mit großer Sicherheit der Fall, wenn man sich die Schreibweise von ⲀⲖⲖⲀ und ⲀⲘⲀ in einer Majuskelhandschrift vor Augen hält, oder auch bei der Verwechslung von ⲞⲤ und Ⲟ̄Ⲥ̄ in Beispiel 10. Weitere Buchstaben, die leicht miteinander verwechselt werden, sind Ⲥ Ⲉ Ⲟ / Γ Π Τ / Δ λ.
- Ein gleicher Wort- oder Zeilenanfang (= Homoioarkton) kann dazu führen, dass die Augen beim Abschreiben springen und auf diese Weise etwas ausgelassen wird. Ebenso kann eine solche Auslassung aufgrund eines gleichen Wort- oder Zeilenendes geschehen (= Homoioteleuton), z. B. in Mt 12,46 f.
- Aus Unachtsamkeit oder Ermüdung werden Buchstaben, Wörter oder Abschnitte doppelt geschrieben (= Dittographie).
- Aus Unachtsamkeit oder Ermüdung werden gleiche Buchstaben oder Wörter, die aufeinanderfolgen, nur einmal geschrieben (= Haplographie), so erklärt sich in Apg 1,19 z. B. das Fehlen von ⲖⲀⲒⲀ.
- Beim Abschreiben nach Diktat führen gleichlautende Buchstaben oder Wörter (sog. Homophone) zu Fehlern beim Schreiben. Dabei ist zu beachten, dass die Aussprache einiger Vokale und Diphthonge zu neutestamentlicher Zeit bereits stärker dem heutigen Neugriechisch glich, als die Aussprache, die Sie in der Regel im altsprachlichen Griechischunterricht lernen. Der sog. Itazismus führt dazu, dass η, ει und υ wie Iota klingen (so erklärt sich z. B. die Textvariante ὑμῶν neben ἡμῶν in Gal 4,6). Vergleichbare Annäherungen im Klang lassen sich für αι und ε als auch ω und ο beobachten.
- Die Vertrautheit mit ähnlichen Texten oder Formulierungen führt zu unbewusster Anpassung an die bekannten Texte. Handelt es sich dabei um den Einfluss von Parallelüberlieferungen innerhalb der Evangelien, markiert der Apparat des Nestle-Aland das mit einem *p*) (s. o. 4.2 und speziell Beispiel 7).

Der zuletzt genannte Punkt kann ebenso auch einen *bewussten Eingriff* in den Text motivieren. Weitere Beweggründe für bewusste Veränderungen des Textes sind außerdem:

- sprachliche Glättungen und Korrekturen

- inhaltliche Eingriffe, um missverständliche Sachverhalte klarer darzustellen (s. u. Beispiel 15) oder bestimmte Positionen theologisch zu korrigieren (s. u. Beispiel 16).[14]

Wenn man all die genannten Aspekte im Blick behält, ist es in den meisten Fällen möglich, das Entstehen verschiedener Lesarten zu erklären. Folgende textkritische Grundregeln sollte man dabei außerdem berücksichtigen, auch wenn man sie nicht zu schematisch anwenden darf:

- *lectio brevior potior* = In der Regel gilt die kürzere Lesart als die ursprünglichere. Es wird eher etwas (Erklärendes) hinzugefügt, als etwas weggelassen.
- *lectio difficilior potior* = In der Regel gilt die sprachlich oder/und inhaltlich schwierigere Lesart als ursprünglicher, weil es wahrscheinlicher ist, dass Texte im Laufe der Überlieferung vereinfacht oder sprachlich verbessert werden, als dass man sie komplizierter und sprachlich weniger elegant gestaltet.

Damit haben Sie nun alle Informationen, die Sie brauchen, um ein textkritisches Problem zu erkennen (s. o. 4.1), in seiner Wirkung auf den Text darzustellen (s. o. 4.2), die Textzeugen für die unterschiedlichen Lesarten korrekt zu benennen (s. o. 4.3) und den Befund nach äußeren und vor allem inneren Kriterien zu bewerten und eine textkritische Entscheidung darüber zu fällen, welche der verschiedenen Lesarten die vermutlich ursprüngliche war (4.4). Es besteht dabei kein Originalitätsdruck! Wenn Sie durch Ihre textkritische Analyse zu dem Schluss kommen, dass Sie dem Text von Nestle-Aland in allen untersuchten Fällen folgen können, ist das völlig in Ordnung – es kommt allein auf Ihre *Darlegung* des Befundes im Apparat und auf die Anwendung der Kriterien an – und natürlich darauf, dass Sie die Texte als Produkte wahrnehmen lernen, die sich in einem lebendigen Gebrauch durch ebenso lebendige Menschen befanden und die auf diese Weise bewusste und unbewusste Veränderungen erfuhren.

Q **Beispiel 15**

Manchmal ist es so, dass man eigene Textbeobachtungen in der Textkritik bestätigt findet. Wenn Sie sich mit der Heilung des blinden Bartimäus in Mk 10,46–52 beschäftigen, fällt unmittelbar am Anfang in **Mk 10,46** auf,

---

[14] Weitere Beispiele für bewusste und unbeabsichtigte Änderungen am Text finden Sie bei Victor: Textkritik, 196–201 (s. u. Hilfsmittel).

dass Jesus mit seiner Anhängerschar nach Jericho kommt, dass sie diesen Ort im nächsten Satz aber bereits wieder verlassen. Das wirkt merkwürdig und ist Leserinnen und Lesern schon früher aufgefallen, so dass der erste Satz von manchen Textzeugen weggelassen wurde. (Auch in Mt 20,29–34, der synoptischen Parallele zu Mk 10,46–52, fehlt dieser Satz aus Mk 10,46: s. u. Beispiel 60.) Gemäß den inneren Kriterien der Textkritik ist in Mk 10,46 aber zweifellos die inhaltlich schwierigere, längere Version die ursprüngliche. Auch die äußeren Kriterien sprechen dafür, dass die Auslassung sekundär ist, denn sie wird allein vom Codex Vaticanus in erster Hand und einer sahidischen Handschrift bezeugt. (Es ist daher auch eher unwahrscheinlich, dass die erwähnte Weglassung in der synoptischen Parallele Mt 20,29 auf diese textkritische Variante zurückzuführen ist; sie hat vielmehr redaktionelle Gründe: s. insgesamt unten 13.2.)

Beispiel 16
In Joh 1,18 stoßen wir auf ein textkritisches Problem von großer theologischer Relevanz. Es wurde schon im Übersetzungsvergleich kurz angeschnitten (s. o. Beispiel 1). Dem Text folgend, der im Nestle-Aland oben steht und dort also für ursprünglich gehalten wird, lässt sich der letzte Vers des Johannesprologs wie folgt übersetzen: „Niemand hat Gott je gesehen; der *einziggeborene Gott*, der in des Vaters Schoß Seiende, jener hat (ihn) kundgemacht." Im Apparat finden sich für μονογενὴς θεός mehrere alternative Lesarten notiert (hier im Interesse der Übersichtlichkeit auf verschiedene Zeilen verteilt):

⸂ ο μονογενης θεος $\mathfrak{P}^{75}$ 33 ^{1}ℵ; Cl^{pt} Cl$^{exThd\ pt}$ Or^{pt} ¦

ο μονογενης υιος A C^3 K Γ Δ Θ Ψ $f^{1.13}$ 565. 579. 700. 892. 1241. 1424 𝔐 lat sy$^{c.h}$; Cl^{pt} Cl$^{exThd\ pt}$ ¦

ει μη ο μονογενης υιος W^s it; Ir$^{lat\ pt}$ (+ θεου Ir$^{lat\ pt}$) ¦

txt $\mathfrak{P}^{66}$ ℵ* B C* L sy$^{p.hmg}$; Or^{pt} Did |

Die erste alternative Lesart macht im Nachhinein deutlich, dass die gerade gegebene Übersetzung des Haupttextes des Nestle-Aland eine Determination von μονογενὴς θεός sinngemäß aus dem Kontext erschlossen hat, ohne dass ein bestimmter Artikel tatsächlich dasteht. *Mit* Artikel wird der Text dagegen überliefert von $\mathfrak{P}^{75}$, vom Codex Sinaiticus in einer ersten Korrektur, von der Minuskel 33 und von Teilen der Überlieferung der Werke des Clemens Alexandrinus (= Cl^{pt}) und des Origenes (= Or^{pt}). Außerdem wird Clemens hier noch einmal angeführt als Cl$^{exThd\ pt}$. Dahinter verbirgt sich das Werk *Excerpta ex Theodoto*. Da Clemens hier nicht so sehr selbst zu Wort kommt, sondern umfangreiche Auszüge aus dem Werk des Theodotos zitiert, wird es extra aufgeführt. Es handelt sich wiederum nur um einen Teil der Überlieferung, der die Lesart mit Artikel bezeugt.

4. Textkritik – Mit welchem Text arbeiten wir eigentlich? 55

Die zweite alternative Lesart bringt inhaltlich etwas Neues, denn sie spricht nicht vom „einziggeborenen *Gott*", sondern (wiederum *mit* Artikel) vom „einziggeborenen *Sohn*" (ὁ μονογενὴς υἱός). Dafür stehen der Codex Alexandrinus, die dritte Korrektur des Codex Ephraemi rescriptus, die Majuskeln K, Γ, Δ, Θ, Ψ, die Minuskelfamilien *f¹* und *f¹³*, die Minuskeln 565, 579, 700, 892, 1241, 1424 und der Mehrheitstext (𝔐), außerdem die Vulgata und ein Teil der altlateinischen Zeugen, der Cureton-Syrer und die Harklensis (ebenfalls eine syrische Textüberlieferung) und schließlich wieder eine Teilüberlieferung von Clemens Alexandrinus und von dessen *Excerpta ex Theodoto*. Bei Clemens (bzw. Theodotus) lassen sich also zu etwa gleichen Teilen beide Varianten, Gott oder Sohn, finden.

Es gibt noch eine dritte alternative Lesart, die den Text deutlich gefälliger gestaltet: „Niemand hat Gott je gesehen, *es sei denn* der einziggeborene Sohn (Gottes), ..." (εἰ μὴ ὁ μονογενὴς υἱός [+ θεοῦ]). Überliefert wird diese Variante nur von einer Ergänzung in der Majuskel W (das hochgestellte S steht für *supplementum*), ansonsten nur in der lateinischen Überlieferung der Itala (diese Bezeichnung umfasst alle oder auch nur die Mehrheit der altlateinischen Textzeugen) und in der lateinischen Übersetzung der Werke des Irenäus, wobei dort in einem Teil der Überlieferung noch präzisiert wird, dass es sich um den „Sohn *Gottes*" handelt. Sowohl die äußere Bezeugung, die eher schwach ist, als auch die inneren Kriterien sprechen gegen die Ursprünglichkeit dieser Lesart, denn sie ist weder die *lectio brevior* noch die *lectio difficilior* und lässt sich gut als spätere Entwicklung erklären.

Der Text, der im Nestle-Aland für ursprünglich gehalten wird, lässt sich finden in 𝔓⁶⁶, in den ursprünglichen Fassungen der Codices Sinaiticus und Ephraemi rescriptus, im Codex Vaticanus, der Majuskel L, der Peschitta und einer Randlesart der Harklensis (beides syrische Überlieferungen), in Teilen der Werke des Origenes und bei Didymus Alexandrinus.

Inhaltlich-theologisch wird hier in der frühen Textüberlieferung eine Debatte deutlich, die sich darum dreht, ob das fleischgewordene Wort (s. Joh 1,14), der Einziggeborene, den der Johannesprolog noch nicht mit dem Namen Jesus nennt, ebenso *Gott* ist, wie der Vater (und wie es der Jünger Thomas zum Schluss des Evangeliums in Joh 20,28 auch bekennt), oder ob er präziser als *Sohn* bezeichnet werden solle. Inneren Kriterien folgend ist die Lesart μονογενὴς θεός sicherlich als die schwierigere, theologisch herausforderndere einzuschätzen und daher als ursprünglich zu betrachten. Zugleich stehen für diese Lesart qualitativ hochwertige Textzeugen, wie der Codex Sinaiticus, der Codex Vaticanus, der Codex Ephraemi rescriptus und 𝔓⁶⁶. Die Alternativlesart ὁ μονογενὴς θεός lässt sich besonders deutlich im Codex Sinaiticus als nachträgliche sprachlich leichtere Fassung erkennen.[15]

---

[15] Auf https://codexsinaiticus.org/de kann man sich diese Korrektur in Joh 1,18 sehr gut anschauen (zweite Kolumne der Codexseite). Man sieht dort, dass nicht nur das O, sondern auch kurz darauf das O ΩN später über die Zeile nachgetragen sind. Der textkritische Apparat des Nestle-Aland führt diese ur-

Ansonsten bestätigt sie durch die ebenfalls gewichtigen Textzeugen $\mathfrak{P}^{75}$ und die Minuskel 33 die Variante „Gott". Für die Abwandlung zu „Sohn" steht dagegen die Breite des byzantinischen Texttyps mit dem Mehrheitstext und wichtigen Einzelvertretern. Zugleich passt diese Veränderung des Textes gut zu den beginnenden trinitarischen Streitigkeiten im 4. Jh. n. Chr., einer Zeit also, in dem auch der byzantinische Text seinen Ursprung hat (s. o.).

⚒ Hilfsmittel

Wissenschaftliche Textausgaben:

Novum Testamentum Graece: s. o. 2.1 Hilfsmittel

Novum Testamentum Graecum. Editio Critica Maior. Hg. vom Institut für Neutestamentliche Textforschung. Stuttgart 1997 ff. (abgekürzt ECM)
- Textedition, die die gesamte handschriftliche Überlieferung auf Griechisch berücksichtigt
- im Aufbau befindlich, vgl. zum aktuellen Stand:
  https://egora.uni-muenster.de/intf/veroef/ausgaben.shtml#ECM

Darstellungen der Textgeschichte und der Textkritik:

Trobisch, David: *Die 28. Auflage des Nestle-Aland. Eine Einführung.* 2., korr. Aufl. Stuttgart 2013.
- Einführung in den Aufbau und die Benutzung des Nestle-Aland, 28. Aufl.
- mit Beispielen, Aufgaben und Lösungen

Aland, Kurt; Aland, Barbara: *Der Text des Neuen Testaments. Einführung in die wissenschaftlichen Ausgaben sowie in Theorie und Praxis der modernen Textkritik.* 2., erg. u. erw. Aufl. Stuttgart 1989.
- ausführliche Darstellung der Geschichte der wissenschaftlichen Editionen des Neuen Testaments
- Beschreibung vieler wichtiger Handschriften und Beurteilung des textkritischen Wertes anhand der Kategorien I–V (inzwischen aber umstritten)
- Erläuterungen zum textkritischen Apparat sind noch nicht auf die 28. Aufl. des Nestle-Aland bezogen!

Victor, Ulrich: Textkritik – eine Einführung. In: Ders.; Thiede, Carsten Peter; Stingelin, Urs: *Antike Kultur und Neues Testament. Die wichtigsten Hintergründe und Hilfsmittel zum Verständnis der neutestamentlichen Schriften.* Basel, Gießen 2003, 171–252.

---

sprüngliche Auslassung aber gar nicht eigens auf. Hier zeigt sich am Beispiel, dass der Nestle-Aland zwar viele, aber nicht alle Textvarianten aufführt. Dies wird erst die *Editio Critica Maior* leisten, die sich noch im Entstehen befindet (s. u. Hilfsmittel).

4. Textkritik – Mit welchem Text arbeiten wir eigentlich?

- viele Beispiele
- eher philologisch orientiertes Vorgehen und Präferenz der inneren Kriterien bei der textkritischen Entscheidung

Nongbri, Brent: *God's Library. The Archaeology of the Earliest Christian Manuscripts.* New Haven, London 2018.

Schmid, Konrad; Schröter, Jens: *Die Entstehung der Bibel. Von den ersten Texten zu den heiligen Schriften.* München 2019.

Eine kurzgefasste Diskussion wichtiger textkritischer Probleme eines Textabschnitts finden Sie in der Regel auch in den jeweiligen exegetischen Kommentaren (s. u. 16.2).

Digitalisate wichtiger Handschriften:

Codex Sinaiticus: http://codexsinaiticus.org/de/

- sehr komfortabel zu bedienende Webseite
- direkte Suche nach einzelnen Bibelversen im Codex möglich
- griechische Transkription (mit textkritischen Zeichen) und englische Übersetzung werden neben der Codexseite dargestellt und sind miteinander verlinkt
- sehr hohe Bildauflösung

Codex Vaticanus: https://digi.vatlib.it/view/MSS_Vat.gr.1209

- Links oben lässt sich ein Menü öffnen, mit dem man den Beginn der einzelnen biblischen Schriften im Manuskript ansteuern kann, eine direkte Suche nach Kapiteln oder Versen gibt es aber nicht.

Codex Bezae Cantabrigiensis: http://cudl.lib.cam.ac.uk/view/MS-NN-000 02-00041/1

- Im Fenster rechts kann man über den Reiter „Contents" direkt zum Beginn der einzelnen neutestamentlichen Schriften im Codex springen.
- Wählt man unter dem Reiter „View more options" die Option „Transcription (diplomatic)" wird im Fenster rechts jeweils der transkribierte Text der links abgebildeten Codexseite angezeigt. Am rechten Rand der Transkription sind in grau die Verszahlen des gerade geöffneten Kapitels ange-

geben. Auf diese Weise lässt sich eine bestimmte Stelle sehr präzise auf der Codexseite lokalisieren und näher anschauen.

The Center for the Study of New Testament Manuscripts (CSNTM) Homepage: http://www.csntm.org/

- Über den Button „Digital Manuscript Collection" auf der Startseite werden *alle* bekannten NT-Handschriften aufgeführt, auch neu entdeckte und noch nicht in die Editionen einbezogene (Reihenfolge wie im textkritischen Apparat: Papyri, Majuskeln, Minuskeln, Lektionare).
- Über den Button „View" lassen sich für fast alle Handschriften einzelne Seiten, oft auch vollständige Scans von unterschiedlicher Qualität öffnen bzw. auch Links zu deren eigenen Webseiten.
- Die Suche nach konkreten Textstellen in einzelnen Handschriften ist nicht immer leicht. Häufig sind die einzelnen Scans aber mit der Textstelle bezeichnet, mit der der Text auf dieser Seite beginnt. Für einen ersten visuellen Eindruck von einer Handschrift und einen Überblick über die griechischen NT-Manuskripte, deren Alter, Format und Aufbewahrungsorte bietet die Website aber in jedem Fall umfassende Informationen.

Verknüpfung mit anderen Exegeseschritten

Die Ergebnisse der Textkritik liefern überhaupt erst jenen griechischen Text, mit dem Sie als Grundlage in Ihrer Exegese weiterarbeiten. Wenn Sie auf die Arbeit mit deutschen Übersetzungen angewiesen sind, können Sie davon ausgehen, dass die wissenschaftlich verantworteten Übersetzungen textkritische Erkenntnisse in die Erstellung ihres Textes einbezogen haben. Bei schwer entscheidbaren textkritischen Problemen finden Sie häufig auch Anmerkungen dazu im deutschen Text (s. o. Beispiel 1).

Auch Lesarten, die sich nicht als ursprünglich herausstellen, geben nicht selten Hinweise auf sprachliche oder inhaltliche Auffälligkeiten im Text. Wenn Sie also im weiteren Verlauf der Exegese selbst auf solche Auffälligkeiten stoßen (z. B. im Rahmen der grammatischen Analyse: s. u. Kap. 6), dann lohnt es durchaus nachzuschauen, ob es in der Überlieferung der Handschriften Indizien dafür gibt, dass diese Stellen auch schon früheren Kopisten zu Korrekturen Anlass gaben. Falls bei Ihrem Text ein *p)* im textkritischen Apparat als Hinweis auf einen Paralleleinfluss in der Textüberlieferung auftritt, haben Sie außerdem schon einen kleinen Eindruck von Fragestellungen, die Sie im synoptischen Vergleich (s. u. 13.2) ausführlicher betrachten werden.

5. Abgrenzung der Perikope
und Einordnung in das textliche Umfeld

In der Regel werden Sie kein ganzes biblisches Buch, sondern nur einen kleineren Abschnitt daraus exegetisch bearbeiten. Auch im kirchlichen und schulischen Alltag ist es beinahe immer so, dass man (zu) selten einmal eine biblische Schrift in ihrer Gesamtheit betrachtet, sondern vielmehr mit Ausschnitten arbeitet, die auch **Perikopen** genannt werden. Das Wort leitet sich vom griechischen Verb περικόπτειν ab und bedeutet, etwas rundherum abzuschneiden. Genau das tun wir, wenn wir aus lebenspraktischen Gründen mit Abschnitten bzw. Perikopen arbeiten – wir betrachten nur einen Teil eines größeren Textes genauer und kappen dadurch Zusammenhänge. Daher ist es für die exegetische Analyse wichtig, dass man einerseits überprüft, ob der gewählte Ausschnitt überhaupt sinnvoll abgegrenzt ist und für sich genommen betrachtet werden kann, und dass man andererseits auch die Zugehörigkeit der Perikope zu ihrem textlichen Umfeld nicht vernachlässigt. Denn zweifellos steht die Perikope nicht zufällig dort, wo sie steht, sondern ist Teil eines bewusst gestalteten Ganzen. Für ihre Deutung sind daher nicht nur die ausgewählten Verse, sondern auch die direkt vorangehenden Texte, die nachfolgenden Perikopen und die Konzeption des Gesamttextes (also des jeweiligen Evangeliums oder Briefes etc.) von Relevanz.

Häufig arbeiten wir mit Abgrenzungen, die bereits vorgegeben sind. Die meisten Bibelausgaben bieten den Text in Abschnitte gegliedert und mit Zwischenüberschriften versehen. Aber Achtung: Diese Überschriften sind immer Zusätze der Herausgeberinnen und Herausgeber und gehören *nicht* zum ursprünglichen Bibeltext! Manchmal lassen sich zwar auch in den alten Bibelhandschriften schon Abschnitte erkennen, aber keinesfalls überall (s. o. Beispiel 9 und die dort anschließende Info) und auch nicht immer einheitlich.[1] Es ist daher

---

[1] Einen Eindruck von solchen Einteilungen aus früher Zeit geben unter anderem die Zahlen am inneren Rand des Nestle-Aland. Sie verweisen auf die *Eusebianischen Kanontafeln*. Das ist ein System, mit dem der altkirchliche Theologe Eusebius von Cäsarea (vor 265–339/40) nicht nur Texte in Abschnitte aufgeteilt,

unerlässlich, dass Sie auf alle Arten von Einteilungen, die Sie vorfinden, einen kritischen Blick werfen. Das gilt auch für die uns geläufigen Kapitel- und Verseinteilungen der biblischen Texte, die so selbstverständlich zum Text zu gehören scheinen, dass wir sie selten hinterfragen. Tatsächlich wurden sie aber erst im 13. bzw. 16. Jahrhundert eingeführt. Das geschah natürlich nicht willkürlich, und in den meisten Fällen werden wir diese Einteilungen als nachvollziehbar bestätigen können und als hilfreich empfinden. Dennoch gilt: Lassen Sie sich bei der Überprüfung der Textabgrenzung weder von geläufigen Perikopeneinteilungen noch von Versgrenzen beeinflussen – sie sind alle sekundär und können in begründeten Fällen in Frage gestellt werden.

Q **Beispiel 17**
Manchmal zeigt sich schon beim Übersetzungsvergleich, dass Perikopen unterschiedlich abgegrenzt werden können. So bekommt der Vers **Mt 7,6** in der Zürcher Bibel (Revision von 2007) und der Einheitsübersetzung (Überarbeitung von 2016) je einen eigenen Abschnitt mit der Überschrift: „Von der Entweihung des Heiligen". In der Lutherbibel (Revision von 2017) wird der Vers dagegen unter der Überschrift „Vom Richten" den vorhergehenden Versen **Mt 7,1–5** zugeordnet.

Auch die überlieferte Kapiteleinteilung fällt nicht immer mit inhaltlichen und formalen Neuansätzen zusammen. **Mk 9,1** lässt sich zum Beispiel viel eher als der Abschluss des vorausgehenden Zusammenhangs begreifen, während in **Mk 9,2** mit einer neuen Zeitangabe, einem Personen- und einem Ortswechsel die Erzählung von der Verklärung Jesu beginnt.

Praktisches Vorgehen

Die Überprüfung der Abgrenzung einer Perikope und die Einordnung in das textliche Umfeld stellen gegensätzliche Fragerichtungen dar. Einmal geht es um die (relative) Unabhängigkeit der Perikope von ihrem Kontext, zum anderen um ihre unaufhebbare Verknüpfung mit eben diesem Kontext. Sie behandeln beide Fragestellungen daher sinnvollerweise erst einmal je für sich und ermitteln (1.) Indizien, die die vorgegebene Abgrenzung von Versen aus dem Gesamtkontext rechtfertigen, und (2.) inhaltliche und strukturelle Aspekte, die die Perikope mit ihrem näheren und weiteren textlichen Umfeld

---

sondern sie so nummeriert und in Tafeln angeordnet hat, dass man mit deren Hilfe synoptische Paralleltexte in den anderen Evangelien ermitteln kann. Diese Kanontafeln finden Sie vorn im Nestle-Aland (S. 89*–94*) abgedruckt. Für eine genauere Erläuterung vgl. Trobisch: Einführung, 44–46 (s. o. Kap. 4 Hilfsmittel).

5. Abgrenzung der Perikope und Einordnung in das textliche Umfeld

verbinden. Am Ende können Sie die Ergebnisse zu beiden Fragestellungen durchaus auch wieder miteinander verbinden und gemeinsam beschreiben (s. u. Beispiel 18). Sie können aber auch bei einer separaten Darstellung bleiben.

1. Folgende Fragen erweisen sich bei der Begründung der sinnvollen *Abgrenzung* eines Textes als hilfreich:
   - Gibt es inhaltliche Indizien für einen Neueinsatz oder Abschluss? Das können – v. a. bei narrativen Texten – neue Zeit- und Ortsangaben sein, das Auftreten neuer Handlungsträger oder ganz generell auch ein Themenwechsel.
   - Können Sie für Ihren Abschnitt die (relative) Abgeschlossenheit einer Handlung oder eines Argumentationsgangs feststellen?
   - Gibt es eine besondere sprachliche Struktur, die die Perikope vom Kontext abhebt? (Mt 1,1–17 unterscheidet sich beispielsweise durch die einheitliche Struktur einer Genealogie deutlich von der mit Mt 1,18 ff. einsetzenden Erzählung.)
   - Gibt es spezifische Formulierungen, die Anfang oder Ende anzeigen? (Röm 11 endet z. B. mit einem Lobpreis Gottes und einem Amen. In Röm 12 setzt Paulus dann neu an mit Παρακαλῶ, „Ich bitte/mahne euch".)

   Sollte sich herausstellen, dass eine Ihnen vorgegebene Abgrenzung nicht sinnvoll ist, dann müssen Sie sie entsprechend verändern. Es kann sein, dass noch Verse hinzugenommen werden sollten, um einen in sich abgeschlossenen Sinnabschnitt zu erhalten. Es kann auch sein, dass Sie innerhalb eines Ihnen vorgegebenen Abschnitts noch weitere Untereinheiten sinnvoll voneinander abgrenzen können (s. u. Beispiel 18).

2. Bei der Frage nach der *Einordnung* eines Textes in seinen textlichen Zusammenhang erweist sich ein Frageraster als hilfreich, das zuerst vom *Mikrokontext* der Perikope ausgeht:
   - Was geht der Perikope unmittelbar voraus, was folgt danach?
   - Werden Wörter und Themen Ihrer Perikope auch im näheren Umfeld aufgegriffen?
   - Gibt es Figuren in der Erzählung, die auch zuvor und danach noch eine Rolle spielen?
   - Gibt es eine bestimmte sprachliche Form oder Gattung, die der Text mit anderen Texten in der näheren Umgebung teilt? Gibt es vielleicht sogar eine Sammlung gleichartiger Texte? (In

Mt 13 folgen z. B. sieben Gleichnisse aufeinander, Mk 5 enthält drei Wundergeschichte etc.)
Erweitern Sie Ihren Fragehorizont dann auf den *Makrokontext*:
- In welchem größeren Hauptabschnitt der Gesamtschrift befindet sich Ihr Text?
- Gibt es einen größeren Handlungszusammenhang, in den die Perikope eingebunden ist? (In den Evangelien beispielsweise wird eine Perikope immer zu einem bestimmten Abschnitt der Jesusgeschichte gehören, der hier näher zu bestimmen ist.)
- Gibt es Verbindungen zu Textabschnitten an anderen, weiter entfernten Stellen in der Gesamtschrift? Wird ein Thema anderswo noch einmal aufgegriffen? etc.

Wenn Sie beide Fragestellungen bearbeitet haben, fassen Sie Ihre Ergebnisse zusammen. Das kann z. B. so aussehen:

Q Beispiel 18

Der Text Mt 9,9–13 wird in den meisten Bibelübersetzungen als eigener Abschnitt (mit sekundär hinzugefügter Überschrift) behandelt. Er lässt sich nach vorn formal abgrenzen, da Jesus den Ort wechselt und mit dem Zöllner Matthäus ein neuer Handlungsträger auftritt. Nach hinten lässt sich der Text ebenfalls gut abgrenzen, weil die wörtliche Rede Jesu in V. 17 endet und in V. 18 mit den Jüngern des Johannes neue Handlungsträger auftreten und mit der Frage nach dem Fasten ein neues Thema angeschnitten wird. Ähnlich ist wiederum aber das Setting, indem das, was Jesus tut, von anderen kritisch hinterfragt wird und Jesus darauf eine Antwort gibt. Sowohl in Mt 9,12 als auch in Mt 9,14–17 verweist Jesus dabei auf andere Lebensbereiche (Verhältnis Arzt-Kranke, Bräutigam und Gäste beim Feiern, Flicken eines alten Kleidungsstücks, Aufbewahrung von Wein), um seine Position zu verdeutlichen.

Auch innerhalb des Abschnitts Mt 9,9–13 lässt sich ein texttrennendes Element bestimmen, denn es findet noch einmal ein Ortswechsel statt und es treten neue Protagonisten in den Fokus (V. 10 Zöllner und Sünder im Haus, dann auch die Jünger und in V. 11 die Pharisäer). Eine Verbindung zwischen den Versen 9 und 10–13 ergibt sich über die Angabe des Berufs: Sowohl Matthäus ist ein Zöllner wie auch die später beim Mahl Anwesenden. Beide Abschnitte, Mt 9,9 und Mt 9,10–13, könnten aber theoretisch auch für sich stehen. Insgesamt kann man die Verse 9–13 sinnvoll gemeinsam betrachten, auch wenn der Text in sich noch einmal deutliche Einschnitte aufweist.

Bereits in der Mt 4,18–22 hatte Jesus im Vorbeigehen Menschen in seine Nachfolge gerufen. Mt 9,9 weist Ähnlichkeiten mit diesem Text auf (s. u. Beispiel 52). Insgesamt gehört die Perikope Mt 9,9–13 zu den Erzählungen, die – folgend auf die sog. Bergpredigt (Mt 5–7) – Jesu Wirken in Galiläa beschreiben. Kurz nach der Berufung des Zöllners Matthäus wird in Mt 10,1 von der Aussendung der zwölf Jünger berichtet und in diesem Zusammen-

5. Abgrenzung der Perikope und Einordnung in das textliche Umfeld

hang in Mt 10,2–4 auch eine Namensliste präsentiert, die mit der Erwähnung von „Matthäus, dem Zöllner," (Μαθθαῖος ὁ τελώνης, Mt 10,3) direkt auf Mt 9,9 zurückverweist. Das gemeinsame Essen wird noch in weiteren Erzählungen später im Evangelium auf verschiedene Weise aufgegriffen. Dass Jesus ein „Fresser und Weinsäufer, Freund von Zöllnern und Sündern" (ἄνθρωπος φάγος καὶ οἰνοπότης, τελωνῶν φίλος καὶ ἁμαρτωλῶν) sei, wird ihm laut seiner eigenen Aussage in Mt 11,19 von anderen vorgeworfen. Auch hier lässt sich an Mt 9,9–13 zurückdenken.

✄ Hilfsmittel

Für diesen Exegeseschritt ist vor allem die eigene genaue Textbeobachtung wichtig. Hilfreich ist eine gute Bibelkenntnis, die Sie nur durch eigene Lektüre erlangen. Vertiefen und systematisieren können Sie dieses Wissen durch die Informationen aus Darstellungen der Bibelkunde und mit Hilfe von Einleitungen ins Neue Testament (s. u. die Info zu dieser Buchgattung).

Angesichts vieler Bibelkunden, die Sie vor allem in Buchform finden können, sei hier nur ein einziger Hinweis auf eine in knapper Weise informative Bibelkunde gegeben, auf die Sie online frei zugreifen können (die aber auch in Buchform erhältlich ist):

Bull, Klaus-Michael: *Bibelkunde zum Neuen Testament*.
https://www.bibelwissenschaft.de/bibelkunde/neues-testament/

Einleitungen ins Neue Testament (Auswahl!):

Ebner, Martin; Schreiber, Stefan (Hg.): *Einleitung in das Neue Testament*. (Kohlhammer Studienbücher Theologie 6) 3., überarb. Aufl. Stuttgart 2020. (auch als E-Book)

Schnelle, Udo: *Einleitung in das Neue Testament*. (UTB 1830) 9., durchges. Aufl. Göttingen 2017. (auch als E-Book)

ⓘ Info: Einleitungen ins Neue Testament

Einleitungen sind eine spezielle Buchgattung innerhalb der theologischen Fachliteratur. Es handelt sich dabei aber um mehr, als eine allgemeine Einführung in das Neue Testament, wie man vom Wort her vielleicht denken könnte. Vielmehr gibt es als Teilgebiet der Exegese die sog. „Einleitungswissenschaft". Sie beschäftigt sich mit der Herkunft der biblischen Schriften, fragt nach Hinweisen auf den Verfasser (seltener, wenn auch keinesfalls ausgeschlossen, ist in der Antike auch eine Verfasserin anzunehmen), nach dem ursprünglichen Publikum der jeweiligen Schrift, der Entstehungszeit, dem Entstehungsort, dem Aufbau und zentralen Themen einer biblischen Schrift

ⓘ und nach deren religionsgeschichtlichem Standort. Anders gesagt, beantwortet eine Einleitung ins Neue Testament für jede einzelne der 27 Schriften ein ganzes Bündel von W-Fragen: Wer schreibt? Wem? Wann? Wo? Auf welche Weise? Warum? usw. Schließlich finden Sie in einer Einleitung auch wichtige Literaturhinweise und einen Überblick über jene Fragen, an denen in der aktuellen Forschung zur jeweiligen Schrift gerade besonders intensiv gearbeitet wird. Das bedeutet natürlich, dass es wichtig ist, die neuste Auflage oder überhaupt eine Einleitung neueren Datums zu konsultieren, um damit auch auf dem neusten Forschungsstand zu sein. (Das gilt aber natürlich generell für Fachliteratur!) Die Informationen, die Sie aus einer Einleitung über das biblische Buch entnehmen können, in dem sich Ihre Perikope befindet, werden sich auch für spätere Exegeseschritte als nützlich erweisen (v. a. in der Redaktionsgeschichte, s. u. Kap. 13).

Auch exegetische *Kommentare* (s. u. 16.2) enthalten am Anfang in der Regel einen Abschnitt, der die Einleitungsfragen zur behandelten Schrift aufgreift. Außerdem sehen Sie, wie die Gesamtschrift im jeweiligen Kommentar untergliedert wird, und finden außerdem im Kommentarteil unter Umständen auch explizite Hinweise auf Kontextbezüge Ihrer Perikope.

ⵕ Verknüpfung mit anderen Exegeseschritten

Verschiedene Aspekte, mit denen Sie die sinnvolle Abgrenzung Ihres Textabschnitts begründet haben – und zwar insbesondere solche, die den inneren Zusammenhalt der Perikope belegen –, können Sie gleich im nächsten Kapitel bei der grammatischen Analyse (s. u. Kap. 6) wieder aufgreifen und vertiefen. Wenn Ihre Perikope ein erzählender Text ist, werden Ihnen die hier bereits beobachteten Einzelheiten zu Ort, Zeit und Handlungsträgern in der narratologischen Analyse (s. u. Kap. 8) weiterhelfen. Aus inhaltlichen und/oder formalen Bezügen zu anderen Textabschnitten im Umfeld der Perikope, können Sie später sowohl Hinweise auf Texte der gleichen Gattung entnehmen (s. u. Kap. 10) als auch auf Motive und Traditionen (s. u. Kap. 11).

Teil B: Der Text als ein Ganzes – Vertiefende Textbeschreibung

Wie oben in Kapitel 1 schon betont, versteht sich die historisch-kritische Exegese als Anwältin der biblischen Texte. Der *Text* steht im Mittelpunkt aller exegetischen Bemühungen. Hier, in Teil B, geht es zuerst um den *Text in seiner vorliegenden Endgestalt* und (noch) nicht um eventuelle Vorstufen einer möglicherweise komplexen Entstehungsgeschichte und um den möglichen Einfluss anderer Texte auf den Text (s. dazu dann unten Teil C und D). Häufig werden Sie in der Forschung diese Konzentration auf den Text in seiner vorfindlichen Gestalt und die zugehörigen Methodenschritte auch als *synchrone* Analyse bezeichnet finden.

ⓘ **Info: Synchronie und Diachronie**
Die hiermit betonte *Gleichzeitigkeit (= Synchronie)*, die den Text, so wie er uns vorliegt, als Ganzes betrachtet, unterscheidet sich von der sogenannten *diachronen* Analyse, die den Text hinsichtlich seiner Entwicklung *durch die Zeit hindurch (= diachron)* bis zur vorliegenden Endgestalt befragt, seine möglichen Vorstufen untersucht und nach seinen Quellen forscht. Für die Exegese sind *beide* Aspekte der Analyse wichtig, auch wenn ursprünglich die diachronen Exegeseschritte in der Forschung dominierten und die erst später aufkommenden synchronen Betrachtungsweisen dann bisweilen als eine Art Gegenentwurf profiliert wurden. Im Folgenden werde ich diese Begrifflichkeiten von synchron und diachron eher vermeiden, weil sie m. E. zu viele Missverständnisse hervorrufen. Denn es geht weder darum, die eine gegenüber der anderen Vorgehensart zu bevorzugen, noch darum, den bisweilen auftretenden Irrtum befördern, dass synchrone exegetische Methoden aufgrund ihrer Konzentration auf den Text als Ganzes und der Ausblendung seiner Entstehungsgeschichte prinzipiell kein Interesse an dessen historischer Verortung hätten. Wie sich in Teil B zeigen wird, ist das keineswegs zutreffend.

Die Konzentration auf das Textganze schließt auch die Feststellung mangelnder *Kohäsion* und *Kohärenz* (s. dazu unten Kap. 6.3 und 7.4) nicht aus – also eines fehlenden Textzusammenhalts in syntaktischer Hinsicht oder eines fehlenden inhaltlich-logischen Zusammenhangs. Solche Auffälligkeiten werden in der synchron ausgerichteten Textanalyse aber vor allem *beschrieben* und in ihren Auswirkungen auf das Textganze betrachtet, während die Literarkritik (s. u. Kap. 12) sie als Hinweise auf mögliche verschiedene

ⓘ Stadien der Textentstehung auffasst und entsprechend (diachron) untersucht. Beides schließt sich nicht aus.

Die im Folgenden beschriebenen Methoden werden in ähnlicher Weise auch in anderen Philologien zur Analyse von Texten genutzt. Es handelt sich zum einen um den Dreischritt von *grammatischer, semantischer* und *pragmatischer Analyse*, der nach der *(grammatischen) Oberflächenstruktur*, der *(semantischen) Tiefenstruktur* und der *Wirkabsicht eines Textes* fragt (s. u. Kap. 6, 7 und 9). Zum anderen werden für erzählende Texte außerdem ausgewählte Methoden der narratologischen Analyse vorgestellt (s. u. Kap. 8).

6. Grammatische Analyse –
Wie ist die sprachliche Oberfläche
des Textes strukturiert?

Die grammatische Analyse (oft auch spezifischer als syntaktische Analyse bezeichnet) dient dazu, die *Oberflächenstruktur* eines Textes genauer zur erfassen. Ermittelt werden soll, was den Text als „Gewebe" (von lat. *textus*, „Gewebe, Geflecht") zusammenhält und wie er aufgebaut ist: Welche Wortarten kommen in welcher Häufigkeit vor? Wie hängen Wörter, Satzteile und Sätze zusammen? Welche Satzarten überwiegen? Wie wird darüber hinaus durch Wiederholungen, Pronomen etc. ein Zusammenhalt hergestellt? Das, was Sie zuerst vielleicht an Grammatikübungen aus der Schule erinnern mag, dient dem wichtigen Ziel herauszufinden, wie die grammatische Struktur des Textes zu dessen Sinngebung und Wirkung beiträgt. Zugleich hat es den wertvollen Nebeneffekt, dass Sie Ihren Text bis in seine kleinsten Teile hinein sehr gut kennenlernen werden.

Im Folgenden wird die Analyse aufgeteilt in die Betrachtung der **Wortebene**, der **Satzebene** und der **Textebene**. Alle drei gehören freilich zusammen. Daher ist es zwar sinnvoll, die Analyseschritte nacheinander abzuarbeiten und Zwischenauswertungen vorzunehmen. Am Ende der grammatischen Analyse kann man für die Beschreibung der Textoberfläche aber sehr gut alle Aspekte zusammenführen und gemeinsam darstellen (s. u. Beispiel 23).

Wenn Sie für die grammatische Analyse nicht mit dem griechischen Text arbeiten können, ist es dringend anzuraten, dass Sie als deutsche Textgrundlage das MNT benutzen (s. o. 2.2), weil Sie nur so möglichst nah an der griechischen Textstruktur bleiben.

Andere Übersetzungen lassen sich natürlich auch syntaktisch analysieren, so wie das überhaupt für jeden beliebigen Text möglich ist. Aber je nachdem, wie sehr sich ein Übersetzungstyp (s. o. 2.2) an der Struktur der Zielsprache (Deutsch) orientiert, untersuchen Sie dann eher die Oberflächenstruktur des übersetzten und nicht mehr des zugrundliegenden griechischen Textes. Das MNT versucht hingegen, auch im Deutschen die Sprachstruktur des Griechischen weitgehend beizubehalten, so dass es zwar kein vollgültiger Ersatz für die Arbeit mit dem griechischen Text sein kann, aber doch gute Analysemöglichkeiten bietet.

6.1 Untersuchung der Wortebene

Bei der Untersuchung der Wortebene wird ermittelt, welche Wortarten in einem Text in welcher Häufigkeit vorkommen, ob gleiche Wörter mehrfach aufgegriffen werden oder ob mehrere Wörter des gleichen Wortstamms auftreten, welche Flexionsformen begegnen und was das benutzte Vokabular sonst noch auszeichnet.

Praktisches Vorgehen

Je komplexer ein Text in seinem sprachlichen Aufbau ist, desto hilfreicher ist es, als Grundlage für die grammatische Analyse alle Wörter des Textes, nach Wortarten sortiert, Vers für Vers in eine *Tabelle* einzutragen und die grammatische Form zu bestimmen (s. u. Beispiel 19). Das ist aber nur dann sinnvoll, wenn Sie mit dem griechischen Text arbeiten.

Unter gewissen Einschränkungen bietet auch eine anhand der Übersetzung des MNT erstellte Tabelle einen guten Überblick über die verwendeten Wortarten. Eine genaue Formbestimmung ist auf der Ebene der deutschen Übersetzung aber nur bedingt zielführend, weil es hier zwischen Ausgangs- und Zielsprache zu viele unvermeidbare Verschiebungen gibt und sich zum Beispiel weder die griechischen Tempora im Deutschen identisch wiedergeben lassen, noch die Rektion der Verben sich immer entspricht. Bevor man also in der Deutung des Befundes auf der Ebene der deutschen Übersetzung zu viel Gewicht auf einzelne Formbestimmungen legt, die sich vielleicht nur bestimmten Zwängen der Grammatik der Zielsprache (oder Eigentümlichkeiten der Quellensprache) verdanken, ist hier besser Zurückhaltung angesagt.

Q Beispiel 19

Sie finden im Folgenden eine Tabelle, die den griechischen Text von Mt 7,1–5 gemäß den Wortarten aufgliedert. Durch Kursivdruck abgesetzt, ist in der Tabelle auch der Text des MNT zugeordnet, die Formbestimmungen beziehen sich aber *nur* auf das Griechische! In vielen Fällen sind diese zwar auch für die deutsche Übersetzung korrekt, vor allem in der Spalte der Verben werden Sie aber einige Differenzen finden. – Die gemeinsame Darstellung in einer einzigen Tabelle dient hier allein der komprimierten Darstellung. In Ihrer eigenen Praxis sollten Sie *entweder* eine Tabelle für den griechischen Text *mit* Formbestimmung anfertigen *oder* eine Tabelle anhand des MNT *ohne* Formbestimmung bzw. einen nicht-tabellarischen Überblick.

V.	Konj.	Präp.	Adv. u. a. Part.[1]	Pron.	Art.	Subst.	Verben
1a			Μὴ Part. neg. nicht				κρίνετε 2.Pl. Imp. Präs. Akt. richtet
b	ἵνα damit		μὴ Part. neg. nicht				κριθῆτε 2.Pl. Konj. Aor. Pass. ihr gerichtet werdet
2a	γὰρ denn	ἐν mit		ᾧ rel. Dat. Sg. welchem		κρίματι Dat. Sg. Richtspruch	κρίνετε 2.Pl. Ind. Präs. Akt. ihr richtet
b							κριθήσεσθε 2.Pl. Fut. Pass. werdet ihr gerichtet werden
c	καὶ und	ἐν mit		ᾧ rel. Dat. Sg. welchem		μέτρῳ Dat. Sg. Maß	μετρεῖτε 2.Pl. Ind. Präs. Akt. ihr messt
d				ὑμῖν pers. 2.Pl. Dat. euch			μετρηθήσεται 3.Sg. Fut. Pass. gemessen werden wird
3a	δὲ aber			Τί interrog. Was	τὸ den	κάρφος Akk. Sg. Span	βλέπεις 2.Sg. Ind. Präs. Akt. siehst du
					τὸ		
		ἐν im			τῷ	ὀφθαλμῷ Dat. Sg. Auge	
				σου pers. 2.Sg.Gen. deines	τοῦ	ἀδελφοῦ Gen. Sg. Bruders	
b					τὴν den		
	δὲ aber	ἐν in		σῷ poss. 2.Sg.Dat. deinem	τῷ	ὀφθαλμῷ Dat. Sg. Auge	

---

[1] Zu den Partikeln gehören Konjunktionen, Präpositionen, Adverbien und Adverbien (häufig werden in den Grammatiken auch Interjektionen zusammen mit den Partikeln behandelt). In dieser Spalte sind die Adverbien mit den übrigen Partikeln nur aus satztechnischen Gründen zusammengefasst. Übersichtlicher wäre eine Trennung.

V.	Konj.	Präp.	Adv. u. a. Part.[1]	Pron.	Art.	Subst.	Verben
			οὐ Part. neg. *nicht*			δοκὸν Akk. Sg. *Balken*	κατανοεῖς 2.Sg. Ind. Präs. Akt. *beachtest du*
4a	ἤ *oder*		πῶς Adv. interrog. *wie*	σου pers. 2.Sg.Gen. *deinem*	τῷ	ἀδελφῷ Dat. Sg. *Bruder*	ἐρεῖς 2.Sg. Fut. Akt. *wirst du sagen*[2]
b							ἄφες 2.Sg. Imp. Aor. Akt. *lass*
c					τὸ *den*	κάρφος Akk. Sg. *Span*	ἐκβάλω 1.Sg. Konj. Aor. Akt. *ich möchte herausziehen*
		ἐκ *aus*		σου pers. 2.Sg.Gen. *deinem*	τοῦ	ὀφθαλμοῦ Gen. Sg. *Auge*	
d	καὶ *und*						ἰδού (Interjekt.) *siehe*
e					ἡ *der*	δοκὸς Nom. Sg. *Balken*	ist
		ἐν *in*		σοῦ pers. 2.Sg.Gen. *deinem*	τῷ	ὀφθαλμῷ Dat. Sg. *Auge*	
5a						ὑποκριτά Vok. *Heuchler*	
b		ἐκ *aus*	πρῶτον Adv. temp. *zuerst*	σοῦ pers. 2.Sg.Gen. *deinem*	τοῦ	ὀφθαλμοῦ Gen. Sg. *Auge*	ἔκβαλε 2.Sg. Imp. Aor. Akt. *zieh heraus*
					τὴν *den*	δοκόν Akk. Sg. *Balken*	
c	καὶ *und*		τότε Adv. temp. *dann*				διαβλέψεις 2.Sg. Fut. Akt. *wirst du zusehen*

---

[2] Hier, wie auch unten in V. 5c (διαβλέψεις) wäre die Futurform besser deliberativ mit „*kannst du sagen*" (bzw. „*kannst du zusehen*") zu übersetzen (vgl. BDR § 366). Da das MNT aber eine konkordante Übersetzung anstrebt (s. o. 2.2 Info: Übersetzungstypen), steht hier die Futurform.

6. Grammatische Analyse

V.	Konj.	Präp.	Adv. u. a. Part.¹	Pron.	Art.	Subst.	Verben
d					τὸ den	κάρφος Akk. Sg. Span	ἐκβαλεῖν Inf. Aor. Akt. herauszuziehen
		ἐκ aus			τοῦ dem	ὀφθαλμοῦ Gen. Sg. Auge	
				σου pers. 2.Sg.Gen. deines	τοῦ	ἀδελφοῦ Gen. Sg. Bruders	

Sie sehen in der Tabelle, dass die einzelnen Wortarten nicht einfach hintereinander in die Spalten sortiert wurden, sondern dass der Verszusammenhalt auf der horizontalen Ebene gewahrt wurde. So lässt sich auch in dieser Form der Verlauf des Textes noch nachvollziehen und später in der Auswertung (s. u. Beispiel 23) dann auch die Verteilung einzelner Wortarten, gleicher Wörter, gleicher Flexionsformen etc. über den gesamten Text betrachten. Die Binnengliederung der Verse und ihre Kennzeichnung mit Kleinbuchstaben greift bereits auf die Segmentierung voraus, die unten (s. 6.2) noch näher erläutert wird. Zur Auswertung der Tabelle finden Sie nachfolgend im Katalog der Auswertungsfragen jeweils kurze Abschnitte, die sich konkret auf Mt 7,1–5 beziehen.

Die Erstellung einer solchen Tabelle bedeutet einige Mühe. Bei einfacher gestalteten Texten können Sie sich einen Überblick über die Häufigkeit der verwendeten Wortarten auch verschaffen, indem Sie diese in Ihrer Perikope einfach unterschiedlich farbig markieren.

Wofür auch immer Sie sich entscheiden – nun müssen Sie den Befund auch noch *auswerten*. Dazu gibt ihnen der unten folgende Katalog von Fragen eine Orientierung, wobei am Ende nur das erwähnenswert ist, was sich als signifikant für den Text erweist. Das zu bestimmen ist nicht immer ganz einfach, vor allem nicht, wenn Sie sich noch am Anfang ihrer biblischen und exegetischen Studien befinden. Denn einzuschätzen, ob eine bestimmte Wortart besonders häufig auftritt oder unterrepräsentiert ist, fragt nicht nur nach einer Relation *innerhalb* des Textes, sondern vor allem auch nach einer Verhältnisbestimmung in Bezug zu *anderen* Texten und setzt ein gewisses Wissen von dem voraus, was als „normal" anzusehen wäre. Sie können sich hier einerseits selbst helfen, indem Sie sich die Texte im Umfeld Ihrer Perikope anschauen und sich einen (groben) Überblick über deren Wortgebrauch und syntaktischen Aufbau verschaffen. Andererseits finden Sie Hinweise auf Auffälligkeiten im Aufbau und im Wortschatz Ihrer Perikope in der Regel auch in exegetischen Kommentaren (s. u. 16.2) – und zwar sowohl im Abschnitt zur Perikope selbst als auch in den einführenden Kapiteln des Kommentars, wo es meistens auch Angaben zum sprachlichen Stil der Gesamtschrift gibt. Das, was Sie dort in Erfahrung bringen, können Sie dann wiederum in Beziehung zu Ihrer Perikope setzen.

Im folgenden **Fragenkatalog zur Auswertung** finden Sie als Hilfestellung ebenfalls bereits Hinweise auf eher „typische" Befunde in neutestamentlichen Texten, insbesondere aus den Evangelien, und außerdem knappe Auswertungen der Wortebene in Bezug auf Mt 7,1–5 (s. o. Beispiel 19):

- Gibt es im Text bestimmte *Wortarten*, die deutlich *dominieren*? *Fehlen* andere Wortarten dagegen vielleicht ganz? – Erzählende Texte weisen oft Verben und Substantive in größerer Zahl auf, ohne dass das an sich schon besonders ist. Auffällig wäre aber z. B. ein deutliches Überwiegen von Verben gegenüber Substantiven oder umgekehrt. Auffällig wäre auch eine Häufung von Adjektiven, denn insgesamt zeichnen sich insbesondere die Evangelien durch einen sehr zurückhaltenden Erzählstil aus, der wenig ausschmückt.

  In Mt 7,1–5 (s. o. Beispiel 19) tritt kein einziges Adjektiv auf. Das ist, wie eben betont, nicht ungewöhnlich für einen Evangelientext. Die Zahl von achtzehn Substantiven gegenüber fünfzehn Verbformen lässt sich ebenfalls als unauffällig einschätzen, hervorzuheben ist aber, dass fast alle Substantive mit bestimmtem Artikel auftreten. Dabei ist außerdem interessant, dass diese Fülle von Artikeln sich auf die Verse 3–5 beschränkt. Diese Beobachtung wird in der Analyse der Textebene (s. u. 6.3 mit Beispiel 23) noch einmal aufzugreifen und mit weiteren Beobachtungen zu korrelieren sein.

- Sind die verwendeten *Konjunktionen* abwechslungsreich oder eher gleichförmig? – In erzählenden Evangelientexten stoßen Sie z. B. oft auf ein wiederholtes Auftreten von καί („und"). Auch ein verknüpfendes δέ („und, aber") und begründendes γάρ („denn") sind häufig. Argumentative Texte greifen dagegen in der Regel auf differenziertere Konjunktionen zurück, um Schlussfolgerungen, Begründungen, Bedingungen etc. ausdrücken zu können. Das führt dann unter Umständen auch zu komplexeren Satzverhältnissen, die im nächsten Schritt der grammatischen Analyse auf Satzebene genauer betrachtet werden müssen (s. u. 6.2 und dort speziell die Info zu Konjunktionen).

- Welche Art von *Pronomen* (Demonstrativ-, Relativ-, Possessiv-, Personalpronomen etc.) kommen im Text vor und wie viele? – Pronomen sind besonders wichtig für den Zusammenhalt des Textes (d. h. seine Kohäsion, s. u. 6.3), sie werden also in der Analyse der Textebene nochmals eine Rolle spielen.

Achtung: Dort, wo im Griechischen einfach eine Verbform steht, aus deren finiter Form auch das Subjekt hervorgeht, muss im Deutschen dieses pronominale Subjekt (fast) immer genannt werden. Diese Differenz zwischen den beiden Sprachen wird oben in der Verb-Spalte in Beispiel 19 sehr gut deutlich. Hier gibt es in der deutschen Übersetzung von Mt 7,1–5 neun Personalpronomen, die im Griechischen nur als Teil der Verbform präsent sind.

Ein pronominales Subjekt wird im Griechischen dagegen dann explizit aufgeführt, wenn es besonders betont ist (z. B. in den sog. Antithesen ἐγὼ δὲ λέγω ὑμῖν ὅτι, „und *ich* sage euch ...", vgl. Mt 5,22.28.32.34.39.44.). Eine solche Verwendung im Text wäre erwähnenswert.

Insgesamt fällt bei den insgesamt elf Pronomen im griechischen Text von Mt 7,1–5 eine Häufung von σου auf. Dieser Genitiv des Personalpronomens der 2. Person Singular dominiert ab Vers 3 in der (im Griechischen sehr üblichen) Funktion als Ersatz für das Possessivpronomen. Ein echtes Possessivpronomen liegt dagegen nur in V. 3b vor.

- Werden *Eigennamen* genannt oder wird auf Dinge und Personen eher allgemein verwiesen? (In Heilungsgeschichten erfahren wir z. B. selten den Namen der Geheilten, so dass diese Geschichten paradigmatisch für weitere Heilungen stehen können.)
- Welches *Tempus* dominiert bei den *Verben*? Geht es im Text um Gegenwart, Vergangenheit oder Zukunft?
- *Wer* handelt oder spricht (*aktive* Verbformen)? Wem widerfährt etwas (*passive* Verbformen)? Spricht der Text Menschen an (2. Person)? Und wenn ja, wie? Gibt es z. B. *Imperative* und/oder *Interjektionen*?

In Mt 7,1–5 dominiert bei den Verbformen eindeutig die 2. Person. Es werden also Menschen direkt angesprochen, dabei ist von V. 1–2 zu V. 3–5 ein Wechsel vom Plural in den Singular festzustellen, die Anrede wird also intensiviert und auf eine Person zugespitzt. Es gibt auch drei Imperative und mit der erstarrten Imperativform ἰδού („siehe") eine Interjektion. V. 5a bietet außerdem einen Vokativ. Der anredende, fordernde Charakter des Textes lässt sich also deutlich herausstellen.

6.2 Untersuchung der Satzebene mit Hilfe der Textsegmentierung

Um die Oberflächenstruktur eines Textes auf Satzebene zu untersuchen, ist eine *Segmentierung* des Textes hilfreich. Das heißt, dass Sie Ihre Perikope in kleinere syntaktische Einheiten aufgliedern und dabei gewissermaßen den „Bauplan" des Textes offenlegen. Mit der Übersetzung des MNT können Sie auch anhand der deutschen Textfassung eine in Einzelfällen nicht ganz identische, aber doch sehr nah am griechischen Textaufbau liegende Segmentierung erstellen. Anhand der Segmentierung fällt es dann sehr leicht, abschließend die Arten der (Teil-)Sätze und deren Zusammenhang zu beschreiben

Praktisches Vorgehen in drei Schritten

Für die Segmentierung gliedert man den Text *zuerst* in verschiedene Zeilen und markiert *dann* anhand einer entsprechenden Einrückung und Nummerierung der Zeilen, in welchem hierarchischen Verhältnis die syntaktischen Einheiten zueinander stehen.

In *Schritt 1* orientieren Sie sich vor allem an den Verbformen des Textes und teilen nicht nur Haupt- und Nebensätze auf verschiedene Zeilen auf, sondern geben auch Infinitiv- und Partizipialkonstruktionen je eine eigene Zeile. Als grobe Regel kann also gelten, dass es pro Zeile nicht mehr als eine Verbform samt ihren direkten Bezugswörtern gibt (mehrteilige Verbformen, z. B. „ist gekommen" oder „musste gehen", gehören natürlich zusammen). Bei den Partizipien (die im Griechischen sehr viel häufiger als im Deutschen verwendet werden), kann es aber auch zu Abweichungen von der Regel kommen, wenn ihr verbaler Charakter stark abgeschwächt ist.

Eine solche Abschwächung des verbalen Charakters kann man bei *substantivierten* und häufig auch bei *attributiv gebrauchten Partizipien* feststellen (s. BDR §§ 412–416). Die deutsche Übersetzung des MNT nimmt Ihnen die Entscheidung in solchen Fällen meistens bereits ab, z. B. wenn τὸ ὕδωρ τὸ ζῶν in Joh 4,11 als „das lebendige Wasser" (im Sinne von Quell- oder Frischwasser) wiedergegeben wird und ein deutsches Adjektiv die Stelle des griechischen attributiven Partizips vertritt. Unten, in Beispiel 20, finden Sie einen ähnlichen Fall für die Übersetzung eines substantivierten Partizips. *Adverbial gebrauchte Partizipien*, die im Griechischen zumeist in Form eines *participium coniunctum* oder in der Konstruktion eines *genitivus absolutus* begegnen (s. BDR §§ 417–423), haben dagegen noch mehr von ihrem verbalen Charakter erhalten und sind in der deutschen Übersetzung häufig bereits in einen adverbialen Nebensatz umgeformt. Denn anders lassen solche Partizipien sich meist gar nicht wiedergeben. Während Sie bei der Arbeit mit dem MNT an einer solchen Stelle daher unter Umständen gar nicht mehr auf ein Partizip stoßen, sondern auf einen Adverbialsatz mit finitem Verb, bleibt Ihnen bei der Arbeit mit dem griechischen Text ein Nachdenken über die Einordnung des jeweiligen Partizips nicht erspart. Da Sie den Text aber bereits selbst übersetzt haben (s. o. 2.1), können Sie hier auf Überlegungen zurückgreifen, die Sie bereits in diesem Zusammenhang zwangsläufig angestellt haben, um den Text sachgemäß auf Deutsch wiederzugeben.

Insgesamt lässt sich das Verteilen des Textes auf verschiedene Zeilen besser am Beispiel nachvollziehen, als theoretisch alle möglichen Fälle zu erörtern:

Beispiel 20

Wir greifen für den ersten Schritt der Segmentierung die Erzählung **Mt 9,9–13** aus Beispiel 18 noch einmal auf, und zwar in der deutschen Fassung des MNT *und* auf Griechisch. Je nach Ihren Sprachkenntnissen werden Sie diesen Schritt in Ihrer Exegese natürlich nur anhand des deutschen *oder* des griechischen Textes durchführen. Eine erste Aufteilung des Textes anhand der Verbformen ergibt folgendes Bild:

9 Und weitergehend Jesus von dort,
sah er einen Menschen,
sitzend bei der Zollstelle,
Matthaios genannt,
und er sagt ihm:
Folge mir!
Und aufstehend
folgte er ihm.
10 Und es geschah,
als er (zu Tisch) lag im Haus,
und siehe,
viele Zöllner und Sünder,
kommend,
lagen (zu Tisch) mit Jesus und seinen Schülern.
11 Und (es) sehend,
sagten die Pharisaier seinen Schülern:
Weshalb isst euer Lehrer mit den Zöllnern und Sündern?
12 Der aber,
hörend (es),
sprach:
Nicht nötig haben die Starken einen Arzt, sondern die,
denen es schlecht geht.

13 Hingehend
aber lernt,
was es ist:
Erbarmen will ich und nicht ein Opfer;
denn nicht kam ich,
zu rufen Gerechte, sondern Sünder.

9 Καὶ παράγων ὁ Ἰησοῦς ἐκεῖθεν
εἶδεν ἄνθρωπον
καθήμενον ἐπὶ τὸ τελώνιον,
Μαθθαῖον λεγόμενον,
καὶ λέγει αὐτῷ·
ἀκολούθει μοι.
καὶ ἀναστὰς
ἠκολούθησεν αὐτῷ.
10 καὶ ἐγένετο
αὐτοῦ ἀνακειμένου ἐν τῇ οἰκίᾳ,
καὶ ἰδοὺ
πολλοὶ τελῶναι καὶ ἁμαρτωλοὶ
ἐλθόντες
συνανέκειντο τῷ Ἰησοῦ καὶ τοῖς μαθηταῖς αὐτοῦ.
11 καὶ ἰδόντες
οἱ Φαρισαῖοι ἔλεγον τοῖς μαθηταῖς αὐτοῦ·
διὰ τί μετὰ τῶν τελωνῶν καὶ ἁμαρτωλῶν ἐσθίει ὁ διδάσκαλος ὑμῶν;
12 ὁ δὲ
ἀκούσας
εἶπεν ·
οὐ χρείαν ἔχουσιν οἱ ἰσχύοντες ἰατροῦ ἀλλ' οἱ κακῶς ἔχοντες.
13 πορευθέντες
δὲ μάθετε
τί ἐστιν·
ἔλεος θέλω καὶ οὐ θυσίαν·
οὐ γὰρ ἦλθον
καλέσαι δικαίους ἀλλ' ἁμαρτωλούς.

Unabhängig davon, welche der beiden Textaufteilungen Sie anschauen, fällt auf, dass Sie mit der oben beschriebenen groben Regel, dass es pro Zeile nur eine Verbform geben sollte, beim ersten Schritt der Segmentierung schon relativ weit kommen. Abweichungen von dieser „Regel" gibt es zum einen dort zu beachten, wo der *Satzzusammenhang unterbrochen* ist: Konkret haben Sie hier in der vierten Zeile von V. 10 und in der ersten Zeile von V. 12 jeweils kein Verb vorliegen, weil der Teilsatz in der jeweils übernächsten Zeile erst fortgesetzt wird. (Um diesen Zusammenhang deutlich zu machen, erhalten die beiden betroffenen Zeilen im zweiten Schritt der Segmentierung eine entsprechende Kennzeichnung: s. u. Beispiel 21.)

6. Grammatische Analyse

Q   Eine Abweichung von der „Regel" stellt auch der umgekehrte Fall dar, dass es *mehr als eine Verbform pro Zeile* gibt. Das liegt meistens an der eher als nominal einzustufenden Verwendung von Partizipien (s. o.) – so auch hier am Ende von V. 12. Auffällig ist, dass wir davon in der deutschen Fassung des MNT nichts wahrnehmen, genau an dieser Stelle aber auch die einzige signifikante Differenz in der Textgliederung der beiden sprachlichen Fassungen finden. Im Deutschen findet sich auf zwei Zeilen verteilt je ein finites Verb (kursiv hervorgehoben):

Nicht nötig *haben* die Starken einen Arzt, sondern die,
denen es schlecht *geht*.

Im Griechischen ist der gleiche Inhalt dagegen in einer Zeile enthalten:

οὐ χρείαν ἔχουσιν οἱ ἰσχύοντες ἰατροῦ ἀλλ' οἱ κακῶς ἔχοντες.

Genau genommen enthält der griechische Satz aber sogar drei Verbformen (kursiv hervorgehoben): ἔχουσιν (sie haben) als finites Verb und zwei substantivierte Partizipien. Das erste, οἱ ἰσχύοντες, das vom MNT völlig zutreffend mit „die Starken" übersetzt wird, verrät im Deutschen nichts mehr von seiner verbalen Herkunft – in der Segmentierung hat es somit auch keine eigene Zeile bekommen. Das zweite Partizip dagegen, οἱ κακῶς ἔχοντες, wird vom MNT mit Hilfe eines Relativsatzes wiedergegeben: „die, denen es schlecht geht." In der Segmentierung erscheint der Nebensatz demnach auf einer eigenen Zeile.

Während im Griechischen einem substantivierten Partizip, οἱ ἰσχύοντες, also ein anderes substantiviertes Partizip, οἱ κακῶς ἔχοντες, mit ἀλλά entgegengestellt wird und so (abgesehen vom zusätzlichen Adverb κακῶς im zweiten Fall), eine Parallelität in der Konstruktion vorliegt, lässt sich das im Deutschen nicht mehr erkennen. Nur wenn das MNT οἱ κακῶς ἔχοντες ebenfalls mit einem Substantiv und nicht mit einem Relativsatz übersetzt hätte, könnte die Entsprechung deutlich werden. Es gibt aber kein passendes Äquivalent für οἱ κακῶς ἔχοντες im Deutschen. Die „Kranken" (so z. B. die Übersetzung der Guten Nachricht) wäre bereits eine weitergehende Deutung, auf die das MNT bewusst verzichtet, sich damit aber eine nicht mehr direkt mit dem Griechischen vergleichbar Satzstruktur einhandelt.

Trotz dieser Abweichung an einer Stelle zeigt das Beispiel, dass das MNT generell eine gute Möglichkeit bietet, auch ohne biblische Sprachkenntnisse den Textaufbau gut nachvollziehen zu können. Die beschriebene Differenz lässt aber auch erkennen, dass die Arbeit am griechischen Text nicht wirklich ersetzbar ist und trotz guter Alternativen die Mühe unbedingt lohnt – vor allem dann, wenn Sie schon viel Zeit in das Erlernen des Griechischen gesteckt haben! In der Exegese kann sich unter Beweis stellen, wofür das nun nützlich ist.

Im *zweiten Schritt der Segmentierung* arbeiten Sie mit dem bereits vorbereiteten Text weiter und müssen nun entscheiden in welchem Abhängigkeitsverhältnis die einzelnen syntaktischen Einheiten in den verschiedenen Zeilen zueinander stehen. Das wird *zum einen* durch Einrückungen deutlich gemacht: Ohne Einrückung linksbündig stehen die Hauptsätze. Alle weiteren Teilsätze, adverbialen Partizipien und Infinitivkonstruktionen werden, je nach Hierarchie, mehr oder weniger weit eingerückt.

> ⓘ **Info: Griechische und deutsche Konjunktionen**
> Haupt- und Nebensätze werden häufig mit Konjunktionen verbunden. Ob Sie es mit einem Haupt- oder einem Nebensatz zu tun haben (und welcher Art dieser Satz ist), können Sie daher u. a. an den Konjunktionen erkennen. Es ist daher hilfreich, hier gut informiert zu sein. Die folgende Übersicht listet die wichtigsten der koordinierenden (beiordnenden) und subordinierenden (unterordnenden) Konjunktionen auf. Meistens entspricht eine griechische Konjunktion auch einer vergleichbaren deutschen Konjunktion. Manchmal findet sich im Deutschen als Äquivalent aber auch ein Adverb. Solche Konjunktionaladverbien sind im Folgenden dann entsprechend mit (Adv.) markiert, um sie von den Konjunktionen zu differenzieren.
>
> **Die häufigsten koordinierenden Konjunktionen und deren Funktion**
>
> | | | |
> |---|---|---|
> | καί, τέ (nachgestellt) | und | kopulativ (anknüpfend) |
> | δέ | und | kopulativ |
> | | aber | adversativ (entgegensetzend) |
> | ἀλλά, | aber, sondern | adversativ |
> | ἤ | oder | disjunktiv (trennend) |
> | γάρ | denn | kausal (begründend) |
> | οὖν, ἄρα | also (Adv.), folglich (Adv.) | konsekutiv (folgernd) |
> | διό | daher (Adv.) | konsekutiv |
>
> **Die häufigsten subordinierenden Konjunktionen und deren Funktion**
>
> | | | |
> |---|---|---|
> | ὅταν | wenn, sobald | temporal (Zeit bestimmend) |
> | ὅτε | als, nachdem, wenn | temporal |
> | πρίν | bevor, ehe | temporal |
> | ἕως (οὗ) | bis, bis dass | temporal |
> | ὡς | als, nachdem, während | temporal |
> | ὡς | wie | komparativ (vergleichend) |
> | ὅτι, ἐπεί | weil, da | kausal |
> | ὅπως, ἵνα | damit | final (Absicht anzeigend) |
> | ἵνα, ὥστε | so dass | konsekutiv |
> | ἵνα, ὅτι | dass | abhängigen Satz einleitend |
> | εἰ | ob | abhängigen Fragesatz einleitend |
> | εἰ, ἐάν | wenn, falls | konditional (bedingend) |
> | εἰ καί, καὶ ἐάν (κἄν) | obwohl, wenn auch | konzessiv (einräumend) |

Zum anderen werden die einzelnen Zeilen mit Kleinbuchstaben durchnummeriert. Dabei ist zu beachten, dass Satzzusammenhänge, die durch andere syntaktische Einheiten unterbrochen sind, den gleichen Buchstaben erhalten, der im zweiten Fall dann mit einem Strich (′) versehen wird (s. u. in Beispiel 21 die Teilverse 10d und 10d′ und 12a und 12a′).

Ein Spezialfall sind *Zitate* bzw. Abschnitte *wörtlicher Rede* innerhalb eines gegebenen Zusammenhangs. Das können ganze Erzählungen mit eigenen Handlungsträgern sein, wie z. B. die Gleichnisse, die mit kürzerer situativer Einleitung immer als wörtliche Rede Jesu begegnen. Das können aber auch kürzere Redeanteile und Zitate sein. Da mit ihnen eine neue Ebene eröffnet wird, werden Zitate und wörtliche Rede auch grafisch von der ersten Ebene abgehoben und insgesamt deutlich nach rechts eingerückt. Innerhalb des Zitates oder der wörtlichen Rede gelten dann wiederum die gleichen Regeln zur Kenntlichmachung der Abhängigkeitsverhältnisse, wie eben beschrieben. Den Kleinbuchstaben wird außerdem ein Z für Zitat angehängt.

Beispiel 21

Der bereits vorbereitete Text **Mt 9,9–13** aus Beispiel 20 präsentiert sich mit Einrückungen und Versuntergliederungen so:

9a	Und weitergehend Jesus von dort,
9b	sah er einen Menschen,
9c	sitzend bei der Zollstelle,
9d	Matthaios genannt,
9e	und er sagt ihm:
9fZ	| Folge mir!
9g	Und aufstehend
9h	folgte er ihm.
10a	Und es geschah,
10b	als er (zu Tisch) lag im Haus,
10c	und siehe,
10d	viele Zöllner und Sünder,
10e	kommend,
10d′	lagen (zu Tisch) mit Jesus und seinen Schülern.
11a	Und (es) sehend,
11b	sagten die Pharisaier seinen Schülern:
11cZ	| Weshalb isst euer Lehrer mit den Zöllnern und Sündern?
12a	Der aber,
12b	hörend (es),
12a′	sprach:
12cZ	| Nicht nötig haben die Starken einen Arzt, sondern die,
12dZ	| denen es schlecht geht.
13aZ	| Hingehend
13bZ	| aber lernt,
13cZ	| was es ist:

Q 13dZZ | || *Erbarmen will ich und nicht ein Opfer;*
   13eZ | denn nicht kam ich,
   13fZ | zu rufen Gerechte, sondern Sünder.

Da sich anhand dieser Darstellung der zweite Schritt der Segmentierung für den griechischen Text von Mt 9,9–13 weitgehend analog erschließen lässt, führe ich im Folgenden nur Vers 12 vollständig auf, weil sich hier eine strukturelle Abweichung in der deutschen Übersetzung gezeigt hatte (s. o. Beispiel 20):

12a   ὁ δὲ
12b   ἀκούσας
12a`   εἶπεν ·
12cZ | οὐ χρείαν ἔχουσιν οἱ ἰσχύοντες ἰατροῦ ἀλλ᾽ οἱ κακῶς
                                                    ἔχοντες.

Zur besseren Kennzeichnung der neuen Ebenen, die durch insgesamt drei Abschnitte mit direkter Rede im Text vorzufinden sind (V. 9fZ; V. 11cZ und V. 12cZ–13fZ), dienen im oben abgedruckten Text zusätzliche Linien. Innerhalb der letzten direkten Rede gibt es außerdem ein Zitat, so dass hier die Versunterteilung sogar 13dZZ lautet, weil erneut eine neue Ebene innerhalb der bereits abgegrenzten zu ermitteln ist.

Im *dritten Schritt* nehmen Sie einen Zwischenauswertung vor und beschreiben anhand der segmentierten Darstellung, wie ihr Text auf der Satzebene strukturiert ist: Auf welche Art werden Teilsätze miteinander verbunden? Welche Konjunktionen werden benutzt? Haben Sie mehr parataktische oder mehr hypotaktische Satzverbindungen? Ist der Satzbau eher als einfach oder als komplex einzuschätzen? Welche Sätze fallen im Zusammenhang eventuell besonders auf?

Q **Beispiel 22**
Über die Satzstruktur von **Mt 9,9–13** (s. o. Beispiel 21) lässt sich anhand der Segmentierung sagen, dass insgesamt einfache Satzkonstruktionen dominieren. Bis V. 12a' herrschen Hauptsätze mit mehreren adverbialen Partizipien vor. Auffällig ist im Rahmen dieser Aussagesätze vor allem der Aufforderungssatz in V. 9fZ, der als direkte Rede Jesu gestaltet ist, und der Genitivus absolutus in V. 10b (im Deutschen als temporaler Nebensatz wiedergegeben). Der Text endet mit einer längeren direkten Rede Jesu (V. 12cZ–13fZ), in der ebenfalls die Hauptsätze dominieren. (Der Relativsatz in V. 12dZ verdankt sich allein der deutschen Übersetzung und geht auf ein Partizip im Griechischen zurück; s. dazu oben Beispiel 20). Mit V. 13dZZ ist ein weiteres Zitat eingebunden, eine Infinitivkonstruktion bildet den Abschluss. In der Mitte findet sich ein Aufforderungssatz, wie schon in der ersten direkten Rede Jesu. Auffällige, wiederkehrende Satzstrukturen lassen sich nicht feststellen.

6.3 Untersuchung der Textebene

Als Abschluss der grammatischen Analyse ist auf der Textebene die *Kohäsion* der Perikope zu untersuchen. Vielleicht kennen Sie das Wort „Kohäsion" eher aus der Physik oder Chemie. Wie dort, so geht es auch in unserem Zusammenhang um die an der Oberfläche feststellbare *Bindekraft*, die unser Untersuchungsgegenstand aufweist. Wir wollen wissen, wie der Zusammenhalt unseres Textes – grammatisch-syntaktisch betrachtet – realisiert wird.

Achtung: Verwechseln Sie Kohäsion nicht mit Kohärenz! Kohäsion ist, wie eben schon gesagt, die Kraft des Zusammenhalts auf der sprachlichen *Oberfläche* des Textes, Kohärenz meint den *inneren*, inhaltlich-logischen Zusammenhang des Textes, nach dem erst in der semantischen Analyse gefragt wird (s. u. Kap. 7).

Kohäsion wird in einem Text wesentlich durch verschiedene Arten von **Wiederholungen**, durch sogenannte „**Pro-Formen**" und den Einsatz von bestimmten **Stilmitteln** hergestellt.

Praktisches Vorgehen

Wieder gibt es eine Dreiteilung der Arbeitsschritte:

1. Untersuchen Sie Ihren Text auf **Wiederholungen**
   - von Wörtern
   - von Formen (z. B. Verben, die immer in der gleichen Konjugationsform auftreten)
   - von bestimmten grammatischen Strukturen (z. B. präpositionale Ausdrücke, die sich gleich oder mit Varianten wiederholen)
   - von gleichen Konjunktionen
   - von gleichen Satzkonstruktionen etc.

   Beachten Sie auch, dass unten (3.) noch weitere Arten von Wiederholungen als *Stilmittel* aufgeführt sind. Hier können sich unter Umständen Überschneidungen ergeben.

2. Analysieren Sie die „**Pro-Formen**" in Ihrem Text.
   - Die „klassischen" Pro-Formen sind *Pronomen*. Ihre grammatische Funktion besteht darin, *für* (pro) andere Nomen zu stehen, die zuvor (bisweilen auch erst danach) genannt werden. Damit schaffen Pronomen, indem sie selbst inhaltsleer sind und ihre „Füllung" erst durch das Bezugswort gewinnen, textlichen Zusammenhalt.

- In ähnlicher Weise lassen sich aber auch manche Verben als *Pro-Verben* einordnen (z. B., wenn mit ποιέω, „tun" oder „machen", auf eine Tätigkeit verwiesen wird, die bereits mit einem anderen Verb konkret benannt wurde).
- *Pro-Adverbien* sind z. B. ἐπεί („dort") oder οὕτως („so").
- Auch *determinierte Artikel* können als Pro-Formen fungieren, indem sie durch die Kennzeichnung des betreffenden Nomens als *bestimmtes* Nomen auf etwas bereits genauer Festgelegtes verweisen.

Wichtig ist, dass Sie hier auch die *Bezüge* der Pro-Formen, besonders der Pronomen, überprüfen. Ist eigentlich klar, worauf sie sich beziehen? Oder bleibt das unbenannt? Wird das Bezugswort genannt, aber außerhalb Ihres Textabschnitts? (Oft wird Jesus z. B. im Text nicht namentlich erwähnt, sondern tritt nur als pronominales Subjekt auf.) Ist eine Offenheit im Bezug der Pro-Formen gewollt? Ist ein unklar bleibender Bezug möglicherweise Zeichen einer Unebenheit im Text, die auf die Verarbeitung von Quellen hinweist (s. u. Kap. 12)?

3. Prüfen Sie, ob Ihr Text besondere **stilistische Formen** aufweist, die auf ihre Weise für den Textzusammenhalt sorgen.

Kleine Übersicht über mögliche Stilmittel

Parallelismus (vgl. BDR § 489)
In zwei oder mehr (Teil-)Sätzen entspricht sich die syntaktische Gliederung. Im Hinblick auf den Inhalt lassen sich *synonyme* und *antithetische* Parallelismen unterscheiden:

Beispiel: Lk 1,46 f. (synonymer Parallelismus)

Μεγαλύνει	ἡ ψυχή μου	τὸν κύριον,
καὶ ἠγαλλίασεν	τὸ πνεῦμά μου	ἐπὶ τῷ θεῷ τῷ σωτῆρί μου,
Es macht groß	meine Seele	den Herrn,
und es jubelte	mein Geist	über Gott, meinen Retter.

Beispiel: Jak 1,9 f. (antithetischer Parallelismus)

Καυχάσθω δὲ	ὁ ἀδελφὸς ὁ ταπεινὸς	ἐν τῷ ὕψει αὐτοῦ,
	ὁ δὲ πλούσιος	ἐν τῇ ταπεινώσει αὐτοῦ
Es rühme sich aber	der niedrige Bruder	seiner Hoheit
	und der reiche	seiner Niedrigkeit.

Chiasmus (vgl. BDR § 477,2)
In zwei (Teil-)Sätzen entsprechen sich Wörter oder Satzteile in Überkreuzstellung – so wie die beiden Linien des griechischen Buchstaben χ.

6. Grammatische Analyse

Beispiel: 1 Kor 14,20
Ἀδελφοί, μὴ <u>παιδία</u> γίνεσθε ταῖς φρεσὶν
ἀλλὰ τῇ κακίᾳ <u>νηπιάζετε</u>
Geschwister, nicht <u>seid Kinder</u> im *Verstand*,
sondern *im Bösen* <u>seid Unmündige</u>.

Achtung: Manchmal stellt auch die deutsche Übersetzung einen Chiasmus her, der im Griechischen ein Parallelismus ist.

Beispiel: 1 Petr 5,5 und Jak 4,6 (beide Stellen zitieren Prov 3,34 LXX)
ὁ θεὸς   <u>ὑπερηφάνοις</u>   ἀντιτάσσεται,
       <u>ταπεινοῖς</u> δὲ   δίδωσιν χάριν
„Gott *widersteht* <u>den Hochmütigen</u>,
aber <u>den Demütigen</u> *gibt er Gnade*." (Luther 2017)

Inclusio (oder Rahmung)
Der mittlere Textteil ist von zwei gleichartigen (Teil-)Sätzen umschlossen bzw. gerahmt.

Beispiel: Mt 5,17–20 und 7,12
In beiden Abschnitten ist prägnant vom Tun bzw. Erfüllen dessen die Rede, was „das Gesetz und die Propheten" (ὁ νόμος καὶ οἱ προφῆται) vorgeben. Damit wird der Hauptteil der Bergpredigt nicht nur in stilistischer, sondern auch in inhaltlich programmatischer Weise gerahmt.

Figura etymologica (vgl. BDR § 153$_1$)
Zwei oder mehr benachbarte Wörter unterschiedlicher Wortarten weisen den gleichen Wortstamm auf.

Beispiel: Mt 7,2a.c (s. o. Beispiel 19)
ἐν ᾧ γὰρ <u>κρίμα</u>τι <u>κρίν</u>ετε ...
καὶ ἐν ᾧ <u>μέτρῳ</u> <u>μετρ</u>εῖτε ...
Denn mit welchem <u>Recht</u>sspruch ihr <u>richt</u>et ...
und mit welchem <u>Maß</u> ihr <u>mess</u>t ...

Anakoluth (vgl. BDR § 466–471)
Eine Satzkonstruktion wird begonnen, aber plötzlich abgebrochen oder durch eine andere Konstruktion weitergeführt. In der mündlichen Rede geschieht so etwas relativ häufig. Strenggenommen handelt es sich um einen grammatischen Fehler. In schriftlichen, bewusst gestalteten Texten kann ein Anakoluth aber auch der Hervorhebung einer Aussage dienen und stilistisch gewollt sein.

Beispiel: Lk 21,6
ταῦτα ἃ θεωρεῖτε ἐλεύσονται ἡμέραι ἐν αἷς οὐκ ἀφεθήσεται λίθος ἐπὶ λίθῳ ὃς οὐ καταλυθήσεται.
Dieses, was ihr seht – Tage werden kommen, an denen nicht ein Stein auf dem anderen gelassen werden wird, der nicht zerbrochen werden wird.

Anapher und Alliteration
Eine Anapher (vgl. BDR § 491) liegt vor, wenn mehrere (Teil-)Sätze hintereinander mit dem gleichen Ausdruck beginnen. Bei einer Alliteration (vgl. BDR § 488₇) weisen zwei oder mehr benachbarte Wörter den gleichen Anfangslaut auf.

Beispiel: Lk 6,20–22 (Anapher)
Μακάριοι οἱ πτωχοί ...
μακάριοι οἱ πεινῶντες νῦν, ...
μακάριοι οἱ κλαίοντες νῦν, ...
μακάριοί ἐστε ὅταν ...
Die Seligpreisungen mit dem wiederholten „Selig seid ihr ..." (vgl. auch Mt 5,3–11: „Selig sind die ...") sind eines der bekanntesten Beispiele für das Stilmittel der Anapher.

Beispiel: Röm 1,31 (Alliteration)
<u>ἀσυ</u>νέτους <u>ἀσυ</u>νθέτους <u>ἀσ</u>τόργους ᵀ <u>ἀ</u>νελεήμονας³
Unverständige, Treulose, Lieblose, Unbarmherzige
Mit dieser Aufzählung endet der Lasterkatalog aus Röm 1,29–31. Die Alliteration in V. 31 ist unter anderem deshalb besonders kunstvoll, weil anfangs die Übereinstimmung im Anlaut vier Buchstaben umfasst, dann noch zwei, zum Schluss nur noch den ersten Buchstaben. Auch die Endungen der ersten drei Glieder entsprechen sich (diese Stilform bezeichnet man als Homoioteleuton).

Nicht immer erlaubt es eine Übersetzung, Stilmerkmale des Griechischen vergleichbar auch im Deutschen sichtbar und hörbar zu machen. Sie sehen am letzten Beispiel aus Röm 1,31 gut, dass sich hier die Alliteration nur partiell auch in der deutschen Übersetzung wiedererkennen lässt.⁴

Q Beispiel 23
Anhand von Mt 7,1–5 soll nun demonstriert werden, welche Ergebnisse die grammatische Analyse insgesamt für einen Text erbringen kann. Mt 7,1–5 wurde bereits oben (s. Beispiel 19) hinsichtlich der Wortebene untersucht.

---

³ Die griechischen Akkusativformen erklären sich syntaktisch als Teil einer Infinitivkonstruktion, die bereits am Ende von Vers 28 den Lasterkatalog in Röm 1,29–31 eröffnet. Einige Handschriften fügen in V. 31 zwischen dritter und vierter Stelle (s. ᵀ) auch noch ἀσπόνδους, „Unversöhnliche", ein. Wie das textkritisch zu beurteilen ist, können Sie sich anhand von Kap. 4 inzwischen selbst erschließen. Deutlich ist aber bereits auf den ersten Blick (bzw. beim ersten Hören), dass mit <u>ἀσ</u>πόνδους die Stilform der Alliteration fortgeschrieben wird.

⁴ Deutlicher wird das in der Übersetzung des Verses als „<u>U</u>nverständige, <u>U</u>ngetreue, zur Liebe <u>U</u>nfähige, <u>U</u>nbarmherzige" in: Wolter, Michael: *Der Brief an die Römer. Teilband 1: Röm 1–8* (EKK VI/1). Neukirchen-Vluyn, Ostfildern 2014, 135.

6. Grammatische Analyse

Auch die Segmentierung lässt sich anhand der tabellarischen Aufstellung schon gut erkennen, nur die Hierarchisierung der syntaktischen Einheiten wird dort nicht deutlich. Da diese in den Versen 3–5 nicht sehr komplex ist (nur die Verse 4b–c wären als Zitatebene extra zu kennzeichnen und V. 5d als von 5c abhängige Infinitivkonstruktion zu markieren), soll sie hier nur für die Verse 1–2 dargestellt werden:

1a		Μὴ κρίνετε,
		Richtet nicht,
b		ἵνα μὴ κριθῆτε·
		damit ihr nicht gerichtet werdet.
2a		ἐν ᾧ γὰρ κρίματι κρίνετε
		Denn mit welchem Richtspruch ihr richtet,
b		κριθήσεσθε,
		werdet ihr gerichtet werden,
c		καὶ ἐν ᾧ μέτρῳ μετρεῖτε
		und mit welchem Maß ihr messt,
d		μετρηθήσεται ὑμῖν.
		gemessen werden wird euch.

Wie also lässt sich der Text Mt 7,1–5 nach all diesen Vorarbeiten hinsichtlich seiner sprachlichen Oberflächenstruktur (auf Wort-, Satz- und Textebene) beschreiben und welche Wirkungen des Textes lassen sich daraus bereits ableiten?

Der Text hat insgesamt einen stark appellativen Charakter. Er beginnt mit einem Imperativ, später gibt es noch einen weiteren Imperativ (V. 5b) und in V. 5c mit διαβλέψεις, „du wirst zusehen", eine Futurform in ähnlicher Funktion, außerdem in V. 5a einen Vokativ. (Der Imperativ in V. 4b gehört dagegen zur wörtlichen Rede und richtet sich direkt an die Figur des Bruders.) Auffällig ist ein Überwiegen der 2. Person bei den Verbformen. Anfangs werden Menschen im Plural angesprochen (V. 1–2). Sie lassen sich im unmittelbaren textlichen Umfeld nicht genauer bestimmen. Zur Identifikation könnte man höchstens auf die generelle Rahmung der Bergpredigt in Mt 5,1–2 verweisen. Dann intensiviert sich die Ansprache, indem sie in V. 3 zum „du" wechselt. An dieses „Du" werden zwei Fragen gerichtet, eingeleitet mit τί in V. 3a und mit πῶς in V. 4a. Diese Fragen sprechen aus dem Text heraus direkt die Leserin und den Leser an, da es wiederum keine klar erkennbare Bezugsfigur *im* Text gibt. Überdies nutzen die in V. 3–4 gestellten Fragen indikativische Verbformen und bieten für die Lesenden somit kaum eine Option der Distanzierung.

Das ist anders in V. 1–2, denn der negierte Imperativ in V. 1a lässt die Möglichkeit offen, ob die Lesenden der Aufforderung folgen oder nicht. Entsprechend wird dann auch die im finalen Nebensatz (V. 1b) ebenfalls durch μή negierte Absicht erreicht oder nicht. Begründet (vgl. γάρ in V. 2a) wird die Aufforderung aus V. 1a in V. 2 durch zwei weitgehend parallel gestaltete Satzgefüge (V. 2a.b und V. 2c.d), in denen jedoch die Reihenfolge Hauptsatz-

Nebensatz aus V. 1 umgekehrt aufgegriffen wird. Durch diese chiastische Anordnung entsteht ein Zusammenhalt zwischen V. 1 und 2, der zusätzlich durch die fünffache Wiederholung des gleichen Wortstamms (κρίν-) in den Versen 1a bis 2b untermauert wird.

In V. 2c.d verstärkt ein weitgehend parallel aufgebauter Satz zu 2a.b dessen Aussage. Auch in V. 2c.d wird der Wortstamm μετρ- dreifach verwendet und schafft so eine große Dichte. Die Verse 2b und 2d sind aber nicht vollständig parallel: Durch den Wechsel in die 3. Person in V. 2d gibt es in der scheinbar vorhersehbaren Satzstruktur (vgl. auch den regelmäßigen Wechsel von Aktiv und Passiv bei den Verbformen) vielmehr ein Überraschungsmoment, das den Text davor bewahrt, langweilig zu werden.

Ab V. 3 weist der Text außerdem auffällig viele Personalpronomen der 2. Person Singular im Genitiv in possessiver Verwendung auf. Alle sind entweder auf „Bruder" oder auf „Auge" bezogen oder bezeichnen in Kombination „das Auge deines Bruders". Dieses Syntagma[5] rahmt die Verse 3–5 in den beiden sehr ähnlichen Randversen 3a und 5d. „Dein Auge" kann dagegen je nach Kontext das Auge des Bruders in der Rede des Ichs sein (V. 4c), als auch das Auge des vom Text als „du" Angesprochen (V. 3b.4e.5b).

Durch die Wiederholung der Pronomina, aber auch der Substantive wird ein starker Zusammenhalt der Verse 3–5 hergestellt. Bei „Span" (κάρφος) und „Balken" (δοκός) wechselt nach zweimaligem Auftreten die Reihenfolge. Das entspricht der inhaltlichen Aufforderung im Text, dass auch das angesprochene „du" einen Wechsel in der Reihenfolge seiner Aktivitäten vornehmen und sich „zuerst" (πρῶτον) um sich und erst „dann" (τότε) um den „Bruder" kümmern soll, wie es auch die beiden einzigen temporalen Adverbien in V. 5b.c ausdrücken.

Insgesamt erweist sich Mt 7,1–5 somit als ein sehr wirkungsvoll komponierter Text, der durch seine grammatische Struktur die inhaltliche Aussage (um die es hier eigentlich noch gar nicht geht, von der man aber auch bei der grammatischen Analyse nicht völlig absehen kann) gut unterstützt. Zugleich ist deutlich geworden, dass zwischen den Versen 1–2 und 3–5 wenig Kohäsion besteht: Struktur und Verbformen sind anders, andere Wortarten dominieren und die Wiederholungen von gleichen oder stammverwandten Wörtern, die die gesamte Perikope auszeichnen, stellen nur *innerhalb* der beiden Teileinheiten einen Zusammenhalt her.

Diese zuletzt aufgeführte Beobachtung lässt sich auch als ein Bruch im Text deuten, der auf die redaktionelle Zusammenstellung zweier ursprünglich unabhängiger Texte hinweist. Diese Spur ist in der Literarkritik bzw. im synoptischen Vergleich dann wieder aufzunehmen (s. u. Kap. 12 u. 13.2 mit Beispiel 64).

---

[5] Ein Syntagma bezeichnet in der Sprachwissenschaft die spezifische Zusammenstellung mehrerer Wörter (vgl. auch „Syntax", „syntaktisch", von griech. συντάσσω, „zusammenstellen, anordnen").

6. Grammatische Analyse

🛠 Hilfsmittel

Brinker, Klaus: *Linguistische Textanalyse. Eine Einführung in Grundbegriffe und Methoden*. Bearbeitet von Sandra Ausborn-Brinker. (ESV basics 29) 7., durchges. Aufl. Berlin 2010.

Für die grammatische Erschließung des griechischen Textes finden Sie wichtige Hilfsmittel bereits oben in Kap. 2.1 zur Übersetzung angeführt. Wenn Sie mit dem deutschen Text des MNT arbeiten und eine Auffrischung grundlegender grammatischer Sachverhalte benötigen, wird der Blick in eine deutsche Grammatik hilfreich sein. Hier sind z. B. entsprechende Publikationen des Duden-Verlags zu empfehlen.

ⓒ Verknüpfung mit anderen Exegeseschritten

Sie haben sich mit der grammatischen Analyse eine wichtige Grundlage für alle weiteren Exegeseschritte erarbeitet, weil Sie den Text nun bis in Einzelheiten sehr gut kennen. Die Segmentierung stellt Ihren Text in einer auch grafisch sofort ins Auge fallenden Gliederung dar, die Ihnen einen hervorragenden Überblick über die Argumentations- und/oder die Handlungsstruktur Ihrer Perikope gibt. Das wird sich v. a. in der narratologischen Analyse (s. u. Kap. 8) und in der Gattungsanalyse (s. u. Kap. 10) als hilfreich erweisen. Die differenzierte Binnennummerierung erlaubt es, nötigenfalls genauer auf bestimmte Elemente des Textes zu verweisen, als es allein mit der Versangabe möglich ist. Die Analyse der syntaktischen Zusammenhänge wird in der Wortsemantik bei der Untersuchung der syntagmatischen Sinnrelationen (s. u. 7.2) partiell wieder aufgegriffen. Die Frage nach Wiederholungen und nach Pro-Formen und also nach Kohäsion auf der Textoberfläche lässt sich erneut nutzen bei der Frage nach Sinnlinien und also nach Kohärenz im Hinblick auf die Tiefenstruktur des Textes (s. u. 7.4). Insgesamt profitiert auch die pragmatische Analyse (s. u. Kap. 9) von einer sorgfältigen Analyse der Textbeschaffenheit, die Sie hier geleistet haben.

Wenn Sie mit dem griechischen Text arbeiten, können Sie die Segmentierung auch bereits im Zusammenhang mit der Erarbeitung Ihrer eigenen Übersetzung vornehmen, denn im Zuge des Übersetzens müssen Sie sich bereits über Satzzusammenhänge und die Textstruktur Gedanken machen.

7. Semantische Analyse –
Wie lässt sich die Bedeutung von Wörtern im Text und dessen inhaltlicher Zusammenhang ermitteln?

7.1 Vorverständigungen: Das Diskursuniversum eines Textes und das Weltwissen der Leserinnen und Leser

Jeder Text entsteht in einem bestimmten sozio-historischen Zusammenhang und wird in diesem oder einem anderen sozio-historischen Zusammenhang rezipiert. Diese Zeitgebundenheit blenden die sog. „synchronen" Exegeseschritte keineswegs aus (s. o. Einführung in Teil B). Allerdings ist es für die Durchführung der folgenden Schritte wichtig, zwischen dem **Diskursuniversum** des *Textes* und dem **Weltwissen** bzw. der **Enzyklopädie** der *Leserinnen und Leser* zu unterscheiden

Als **Diskursuniversum**[1] bezeichnet man jene *Welt, die der Text selbst setzt* und die sich von den Regeln und Gegebenheiten jener Zeit, in der ein Text entsteht oder gelesen wird, unterscheiden kann. Bei dem Märchen von Dornröschen ist diese Welt beispielsweise eine ganz andere als bei dem Leitartikel einer aktuellen Tageszeitung. Beides sind Texte, die wir fast zeitgleich lesen und verstehen können. Während es bei Dornröschen aber völlig selbstverständlich ist, dass es Feen gibt und man aus einem Zauberschlaf von 100 Jahren so frisch und schön erwacht, wie am Tag des Einschlafens, gehören solche Annahmen nicht in jene Welt, die die Leitartikel aktueller Zeitungen voraussetzen. Wenn Sie ein Märchen so lesen, als wäre es ein Zeitungsartikel, sind Sie bereits bei der ersten Erwähnung einer Fee irritiert und können den Text nicht mit Gewinn und Vergnügen rezipieren, weil sie ihn ständig im Konflikt mit der von Ihnen vorausgesetzten Welt sehen. Umgekehrt werden Sie auch einen Leitartikel kaum sinnvoll verstehen, der zum Beispiel von der wissenschaftlichen Erforschung eines Impfstoffs berichtet, wenn Sie sich die ganze Zeit fragen, warum man

---

[1] Vgl. zur Begriffsprägung für die Exegese v. a. Alkier, Stefan: *Neues Testament*. (UTB 3404) Tübingen; Basel 2010, 146.

hier nicht einfach die Zauberkräfte von Feen positiv einsetzt. Es ist daher wichtig, das Diskursuniversum, das ein Text voraussetzt, genau wahrzunehmen, um diesen Text verstehen zu können.

Mit **Enzyklopädie** wiederum bezeichnet man das **Weltwissen** der Leserinnen und Leser zu je verschiedenen Zeiten, und zwar nicht das individuelle, sondern dessen konventionalisierte Teile innerhalb einer bestimmten Gesellschaft und Kultur.[2] Für uns als Menschen in Mitteleuropa zu Beginn des 21. Jahrhunderts gehört dazu beispielsweise, dass wir wissen, was ein Auto ist und dass die Erde von einer Ozonschicht umgeben ist, die schädliche Strahlung abhält, aber durch Umweltverschmutzung immer dünner bzw. löchriger wird. Zum Weltwissen eines Menschen, der zum Beispiel im ersten Jahrhundert in Ephesus mit der Christus-Botschaft in Kontakt kommt, gehören diese Inhalte zweifellos nicht, wohl aber – was wiederum nicht Teil unserer heutigen allgemeinen Enzyklopädie ist – das Wissen um die Verehrung der Stadtgöttin Artemis und deren Platz im griechischen Götterhimmel (vgl. Apg 19).

Während das Weltwissen sich also wandelt und wir in Mitteleuropa heute über eine andere Enzyklopädie verfügen, als die ersten Leserinnen und Leser neutestamentlicher Texte, setzt ein jeder Text sein eigenes Diskursuniversum. Indem wir zuerst auf das achten, was der Text selbst mitbringt, wie er aufgebaut ist und was er voraussetzt, laufen wir in geringerem Maße Gefahr, Vorstellungen aus unserer eigenen Enzyklopädie in den Text bzw. seine Deutung einzutragen (oder auch für die damalige Zeit zu unterstellen). In diesem Sinne bleibt der Text selbst als ein Ganzes unser wesentlicher Untersuchungsgegenstand. Aber auch eine sorgfältige Rückfrage nach dem Weltwissen der ursprünglich Adressierten wird für die semantische Analyse eine Rolle spielen.

Die Semantik, in die Sie im Folgenden etwas näher eingeführt werden, ist ein komplexes und voraussetzungsreiches Wissens- und Forschungsgebiet, das mit einigen spezifischen Fachtermini hantiert. An einigen Stellen wird daher ein etwas weiteres Ausholen nötig.

---

[2] Der Begriff Enzyklopädie stammt von Umberto Eco; vgl. ders.: Metaphor, Dictionary, and Encyclopedia. *New Literary History* 15 (1984), 255–271.

7.2 Wortsemantische Analyse – Was bedeuten die Wörter in ihrem sprachlichen Zusammenhang?

Die wortsemantische Analyse fragt nach der *Bedeutung* von Wörtern bzw. Wortverbindungen *in ihrem vorliegenden textlichen Zusammenhang* und *ihrem Äußerungskontext*. Warum die Beachtung dieser Kontexte so wichtig ist, um den Text auch in seiner semantischen Tiefenstruktur richtig zu verstehen, soll eine kleine **Übung** zeigen:

Ausgangspunkt ist der Satz a) „Der Ball war schön."
- Überlegen Sie kurz, was jetzt vor Ihrem inneren Auge für ein Bild entsteht!
- Lesen Sie jetzt die folgenden beiden Sätze! Welcher passt zu Ihrem inneren Bild?
  b1) „Er war gut besucht und viele Leute tanzten."
  b2) „Er war prall und leuchtete rot."

Entweder geht es in Satz a also um ein festliches Tanzvergnügen oder um ein Spielzeug bzw. Sportgerät. Erst durch Satz b wird das deutlich.

Wenn Sie „Ball" in einem Lexikon, z. B. im Duden, aufsuchen, begegnet Ihnen das Wort dort als ein **Lexem**. Es handelt sich dabei um das Wort *ohne* einen bestimmten textlichen Zusammenhang. Aufgelistet finden Sie dann die möglichen **Denotationen** des Lexems „Ball" – also alles das (Dinge, Sachverhalte, Ereignisse etc.), worauf sich das Lexem im außersprachlichen Bereich beziehen *kann*. Ob es das dann – als ein **Wort** in einem konkreten textlichen Zusammenhang – auch tut und welche der verschiedenen möglichen Denotationen dabei realisiert wird, kann das Lexikon nicht wissen. Mit den möglichen Denotationen befindet man sich daher auf der Ebene der **Kompetenz** eines Wortes/Lexems.

Ihr steht die Ebene der **Performanz** gegenüber, also jene Ebene, auf der ein Wort sein „Können" dann in bestimmter Weise konkret „vorführt" – und zwar, indem es in einem textlichen Zusammenhang auftritt. Das Gegenstück zu den Denotationen ist auf dieser Ebene die **Referenz** des Wortes, d. h. derjenige Sachverhalt oder Gegenstand in der außersprachlichen Welt, auf den sich das Wort „konkret" bezieht.[3] In einer Übersicht stellt sich das Ganze so dar:

---

[3] Die hier eingeführten Termini sind in dem Zweig der gegenwärtigen Exegese, der sich viel mit den sogenannten synchronen Analysemethoden beschäftigt (s. o. die Einleitung in Teil B), recht weit verbreitet. Sprachwissenschaftlich ließe sich über jedes dieser Wörter, angefangen mit „Bedeutung", eine längere Diskussion führen. Als alternative Bezeichnungen für „Denotation" finden Sie

Ebene der Kompetenz: Lexem Denotation(en) Lexikoneintrag
Ebene der Performanz: Wort Referenz Textzusammenhang und
Äußerungskontext

Wie die Übersicht schon zeigt, ist für die Bestimmung der Referenz nicht nur der textliche Zusammenhang wichtig, sondern auch der Äußerungskontext. Im Beispiel mit dem Ball oben fehlt uns dieser Äußerungskontext – es sei denn, wir nähmen die Verwendung als Beispiel in einem Exegesebuch als solchen (und das wäre auch völlig richtig, führte uns aber auf eine Metaebene und machte die Betrachtung daher unnötig kompliziert). Stellen wir uns also für Satz a, gefolgt von Satz b1, vor, dass uns ein Kommilitone von seinem letzten Abend beim Abiball seiner jüngeren Schwester erzählt. Dann wissen wir nicht nur, dass mit „Ball" auf ein geselliges Tanzereignis *referiert* wird, sondern auch genau, um welchen Ball es sich handelt. Dafür ist es aber nötig zu wissen, *wer eine Äußerung in welcher Situation an wen gerichtet hat.*

In den biblischen Texten fehlt uns dieser Äußerungskontext mehr oder weniger, denn wir sind nicht die Erstleserinnen und Erstleser, sondern Teil einer langen Überlieferungskette. Im Fall der authentischen Paulusbriefe wissen wir immerhin, wer schreibt und an wen. Aber dennoch ist unsere Kenntnis dieser Personen(-gruppen) relativ gering im Vergleich zur ursprünglichen Kommunikationssituation eines solchen Briefes. Sowohl bei den Paulusbriefen als auch bei den anderen Schriften des Neuen Testament lassen sich aber sowohl aus der jeweiligen Schrift selbst als auch aus einem Wissen über zeitgeschichtliche Sachverhalte Informationen über den Äußerungskontext erschließen. Diese Informationen sind keineswegs vollständig, verbessern aber unsere Möglichkeiten deutlich, bei der semantischen Analyse die Referenz von Wörtern präziser zu bestimmen. Solche Informationen erhalten Sie in erster Linie aus Einleitungen zum Neuen Testament oder auch aus den einführenden Kapiteln von exegetischen Kommentaren (s. o. Kap. 5 Hilfsmittel).

---

z. B. auch „lexikalische Bedeutung", für „Referenz" die Entsprechung „Äußerungsbedeutung", nicht überall wird zwischen Lexem und Wort differenziert. Die damit zusammenhängenden Theorien sind weitaus komplexer als das hier Dargestellte. Die biblische Exegese bedient sich aufgrund ihrer spezifischen Bezugnahme auf das Textkorpus Bibel bei den Nachbarwissenschaften also durchaus eklektisch, dessen sollte man sich bewusst sein (für tiefergehende Infos zur Semantik: s. u. Hilfsmittel).

7. Semantische Analyse

Um die Bedeutung eines Wortes genauer zu ermitteln, ist außerdem die Analyse der **syntagmatischen** und **paradigmatischen Sinnrelationen** wichtig, die es aufweist. Anders gesagt, geht es im Folgenden um die *Beziehungen*, in denen ein Wort im semantischen Sinne steht oder stehen kann. Oben, in der kleinen Übung, war es z. B. entscheidend zu erfahren, ob der „Ball" in Satz a zum Prädikat „gut besucht sein" in Satz b1 oder zu den Prädikaten „prall gefüllt sein" und „rot sein" in Satz b2 in Beziehung stand, um zu wissen, von was für einem Ball in Satz a die Rede war. Solche Art von *Anordnungs*-Beziehungen zwischen Satzgliedern nennt man in der Semantik **syntagmatische Sinnrelationen**.[4] Um den Ball als Spielzeug bestimmen zu können, wären aber auch syntagmatische Relationen denkbar, wie sie z. B. in den Sätzen: „Der Ball rollt." oder „Der Ball springt." erkennbar sind. Es ist also wiederum angezeigt, zwischen den theoretisch möglichen und den praktisch umgesetzten Sinnrelationen zu differenzieren und hinsichtlich der Bedeutung also die Kompetenz-Ebene von der Performanz-Ebene zu unterscheiden. Ob der Ball ein Spielzeug oder eine Tanzveranstaltung ist, lässt sich theoretisch anhand verschiedener syntagmatischer Beziehungen feststellen, zu denen der jeweilige Ball „fähig" ist. Je nachdem, in welchen konkreten syntagmatischen Relationen ein Wort in einem vorgegebenen Textzusammenhang tatsächlich auftritt, lässt es sich in seiner Bedeutung genauer erfassen.

Damit sind wir schon bei den **paradigmatische Sinnrelationen** (als *Austausch*-Beziehungen) angelangt. Denn indem wir „Ball" in eine Beziehung mit „Spielzeug" oder mit „Tanzveranstaltung" gebracht haben, um deutlicher zu machen, von welcher Art Ball wir reden, haben wir das Wort jeweils in ein **Paradigma** eingeordnet. Ein semantisches Paradigma beinhaltet inhaltlich assoziierbare Wörter der gleichen Wortart, die (theoretisch) gegeneinander ausgetauscht werden können, so dass ein immer noch sinnvoller Textzusammenhang bestehen bleibt. Das Wort „Ball", das nicht nur mehrdeutig ist, sondern den Spezialfall eines Homonyms darstellt,[5] verlangt besonders dringend nach einer

---

[4] Zum Terminus Syntagma s. schon oben Kap. 6.3 Anm. 5. Nicht zufällig ähnelt diese Bezeichnung der in der grammatischen Analyse untersuchten *Syntax* von Sätzen (s. o. 6.3). Der semantisch ausgerichteten Frage nach syntagmatischen Beziehungen geht es aber nicht um den korrekten Satzbau und die grammatische Kongruenz, sondern darum, welchen Einfluss die Anordnung der Wörter im Hinblick auf den *Sinn* der Aussage hat.

[5] Ein *Homonym* ist ein Wort mit zwei (oder mehr) völlig unterschiedlichen Bedeutungen, das aber äußerlich gleich ist. Auf einen Schlag haben wir es daher

solchen Bedeutungsklärung. Nicht nur die syntagmatische Sinnrelation gibt jedoch wesentliche Hinweise auf die Bedeutung von „Ball" in dem einen oder dem anderen Kontext, sondern auch seine Zuordnung zu einem semantischen Paradigma. Auch für andere Wörter, die keine Homonyme sind, kann die Frage nach paradigmatischen Sinnrelationen aufschlussreich sein.

Um das Zusammenspiel von syntagmatischen und paradigmatischen Sinnrelationen noch etwas näher zu erläutern, nehmen wir uns ein weiteres **Beispiel** zu Hilfe. Das **Wort** γυνή, „Frau", begegnet relativ häufig in verschiedenen neutestamentlichen Texten. Inzwischen ahnen Sie bereits, dass man die Hinzufügung der deutschen Übersetzung (wie Sie sie an vielen Stellen dieses Buches finden, um seine Lesbarkeit auch ohne Griechischkenntnisse zu ermöglichen) durchaus kritisch hinterfragen könnte, da sie sehr viel voraussetzungs- und folgenreicher ist, als es auf den ersten Blick scheint. Denn wenn Sie γυνή als Lemma im Wörterbuch nachschlagen, ist „Frau" nur eine von verschiedenen Denotationen. Im Bauer (Sp. 335 f.) finden Sie neben „Frau" z. B. außerdem „Jungfrau", „Ehefrau", „Witwe" und „Braut". Alle diese Denotationen stehen zugleich auch in einer paradigmatischen Relation zu „Frau". Ein Paradigma ist aber nicht identisch mit der Sammlung der Denotationen aus einem Lexikon, sondern umfasst z. B. auch Überbegriffe (Hyperonyme) und gegensätzliche Wörter (Antonyme). In einer paradigmatischen Beziehung zu „Frau" können also auch „Mensch", „Lebewesen", „Mann", „Kind" oder „Mädchen" etc. stehen.

In einem konkreten textlichen Zusammenhang lässt sich die Frage nach paradigmatischen Sinnrelationen vor allem in zwei Hinsichten erkenntnisgewinnend einsetzen: Zum einen ist zu schauen, ob es im Text (oder auch im Äußerungskontext, wenn man etwas darüber weiß) weitere Wörter aus dem gleichen Paradigma gibt, die sich gegenseitig interpretieren. (Diese Suche findet sich erweitert unten in Kap. 7.3 in der Analyse von semantischen Feldern wieder.) Zum anderen kann es in manchen Fällen weiterführend sein sich zu fragen, warum gerade dieses eine Wort aus der Fülle möglicher Wörter eines Paradigmas im Text genutzt wird und kein anderes. Dabei spielen natürlich auch die syntagmatischen Relationen eine Rolle, die die Möglichkeiten des paradigmatischen Austauschs begrenzen. Wenn also in Mt 15,22 erzählt

---

mit *zwei* (oder mehr) Paradigmen zu tun. Denken Sie z. B. auch an Wörter bzw. Lexeme wie „Bremse" oder „Bank".

wird, dass eine kanaanäische Frau Jesus um die Befreiung ihrer *Tochter* von einem Dämon bittet, dann lässt sich „Frau" offensichtlich nicht durch „Jungfrau" ersetzen.

Beispiel 24

In Lk 10,38–42 wird von der Aufnahme Jesu bei Maria und Marta erzählt. Marta wird dabei zuerst als γυνή τις vorgestellt, als „(irgend)eine Frau" (V. 38). Im nächsten Vers wird Maria, die Schwester Martas erwähnt. „Schwester" lässt sich ebenso in das Paradigma „Frau" einordnen. Marta wird durch diese Erwähnung selbst zur Schwester einer Schwester. Das bestätigt auch die syntagmatische Sinnrelation καὶ τῇδε ἦν ἀδελφὴ καλουμένη Μαριάμ („und diese [d. h. Marta] hatte eine Schwester namens Maria"). Tatsächlich spielt das Verhältnis der Schwestern zueinander dann auch eine gewisse Rolle im folgenden Text.

Fragen kann man sich des Weiteren, ob es für das Textverständnis wichtig ist, dass Marta am Anfang so dezidiert als Frau eingeführt wird. Wäre die Geschichte anders verlaufen, wenn „irgendein Mensch/Mann" Jesus aufgenommen hätte? Alles, was Marta tut, setzt im Hinblick auf die syntagmatischen Sinnrelationen ja, grob betrachtet, nur voraus, dass ein erwachsenes menschliches Wesen agiert. Das stimmt aber tatsächlich nur auf einer sehr oberflächlichen Ebene, denn der Konflikt, der erzählt wird, hat mit bestimmten geschlechterspezifisch verteilten Rollen in einem antiken Haushalt zu tun. Um das zu erkennen, braucht es etwas sozialgeschichtliches Wissen über die damalige Zeit – auch das gehört zum Äußerungskontext (s. o.). Schon die erste Aussage über eine Frau namens Marta, die Jesus (gastlich in ihr Haus) aufnahm (ὑπεδέξατο αὐτόν), ist in diesem Rahmen nämlich überraschend. Eigentlich wäre das die Aufgabe des Hausherrn, also des Mannes im Haus gewesen. Die syntagmatische Relation zwischen γυνή, also einer weiblichen Figur in der Rolle des Subjekts, und ὑποδέχομαι ist keineswegs eine besonders häufig auftretende, typische.[6] Überhaupt gibt es in dieser Erzählung noch einiges zu entdecken, was nicht unbedingt den typischen Rollenbildern entspricht. Typisch für die Rolle der Frau im Haus ist dann jedoch wieder Martas Mühe um die Versorgung des Gastes (s. u. Beispiel 25 und Beispiel 34).

Praktisches Vorgehen

Um die Bedeutung von Wörtern im Textzusammenhang zu klären, gehen Sie in drei Schritten vor:

---

[6] Nur noch in Hebr 11,31 und Jak 2,25 wird im Neuen Testament mit Rückgriff auf Jos 2 von einer Frau erzählt, die Männer bei sich aufnahm, hier handelt es sich aber mit Rahab um eine Prostituierte.

1. Schlagen Sie das Wort in einem griechisch-deutschen Lexikon nach (s. u. Hilfsmittel) und verschaffen Sie sich einen Überblick über mögliche **Denotationen**.
   - Wenn Sie mit einer deutschen Übersetzung arbeiten, ist es unbedingt notwendig, dass Sie das zugrunde liegende *griechische* Wort herausfinden und dieses in einem entsprechenden Lexikon nachschlagen (dafür brauchen Sie eine Interlinearversion Ihres Textes oder Bibelsoftware – s. o. Kap. 3 Hilfsmittel). Sie sollten also *nicht* zum Duden o. Ä. greifen, denn dort finden Sie nur die für die deutsche Gegenwartssprache relevanten Denotationen – das hilft für die biblischen Texte aber nicht weiter!
   - Achtung: Je nachdem, welches Lexikon Sie hier nehmen, bietet es Ihnen bereits (zum Teil weitreichende) Hinweise auf die Wortbedeutung an bestimmten Stellen oder im Rahmen bestimmter biblischer Schriften. Das mag auf den ersten Blick hilfreich erscheinen, stellt aber bereits eine Interpretation der Verfasserin oder des Verfassers des jeweiligen Artikels bzw. Lexikons dar. Sie sollten sich hier daher nicht vorschnell festlegen lassen! Bleiben Sie erst einmal offen für verschiedene Möglichkeiten und behalten Sie vor allem die speziellen Verhältnisse in Ihrer Perikope fest im Blick (s. Schritt 2!).
2. Grenzen Sie die möglichen Denotationen durch die Frage nach **syntagmatischen** und **paradigmatischen Beziehungen** des Wortes ein und formulieren Sie einer Hypothese über dessen Bedeutung im vorliegenden Kontext (s. o. Beispiel 24).
   - Manchmal gibt es nur wenige Sinnrelationen, die die Bedeutung einengen. Auch das ist ein Ergebnis! Es sollte Ihnen zuerst einmal signalisieren, dass die Bedeutung im vorliegenden Text aufgrund des textlichen Umfelds recht offen ist. Das mag für die ursprünglichen Rezipienten eventuell anders gewesen sein, weil sie zur Referenzbildung mehr Wissen über den Äußerungskontext hatten. Es kann also helfen, sich insgesamt über die Kommunikationssituation der Gesamtschrift in einer Einleitung ins Neue Testament näher zu informieren (s. o. Kap. 5 Hilfsmittel).
3. Überprüfen Sie Ihre Hypothese zur Bedeutung, indem Sie weitere Vorkommen des Wortes (oder auch eines bestimmten Syntagmas) in der gleichen NT-Schrift aufsuchen (dafür brauchen Sie eine griechische Konkordanz oder Bibelsoftware: s. u. Hilfsmittel) und klären Sie, ob das Wort dort in ähnlichen Sinnrelationen vorkommt und Ähnliches bedeutet.

- Mit diesem Schritt versuchen Sie, etwas näher an den weitgehend fehlenden Äußerungskontext heranzukommen, indem Sie sich zumindest den typischen Sprachgebrauch innerhalb einer Schrift etwas besser erschließen.
- Bei sehr häufig vorkommenden Wörtern können Sie einen solchen Abgleich nur exemplarisch vornehmen.
- Auch wenn andere Vorkommen des Wortes anderes zu bedeuten scheinen, muss das nicht notwendig gegen Ihre Bedeutungshypothese sprechen. Sie sollten sie aber anhand der Textsignale (s. Schritt 2) noch einmal überprüfen und entsprechend begründen.

Q **Beispiel 25**

In der Erzählung von Maria und Marta in **Lk 10,38–42** (s. auch oben Beispiel 24) lesen wir in V. 40 Folgendes (MNT): „Martha aber war überbeschäftigt mit viel Dienst; hintretend aber sprach sie: Herr, nicht kümmert dich, dass meine Schwester allein mich zurückließ zu dienen? Sprich nun zu ihr, damit sie mir beisteht." – Was genau ist mit „Dienst" und „dienen" gemeint? Hier bietet sich eine wortsemantische Untersuchung an:

1. Schritt: Sie ermitteln mit einer Interlinearausgabe des NTs oder mit Bibelsoftware, dass es im Griechischen um die Wörter/Lexeme διακονία und διακονέω geht. Diese können Sie jetzt in einem Lexikon nachschlagen, z. B. dem EWNT (s. u. Hilfsmittel), wo Sie beide bereits gemeinsam in einem Artikel verhandelt finden. Nach einem ersten Abschnitt, der das Vorkommen im NT dokumentiert, folgt ein zweiter, in dem die „Grundbedeutung" des Verbs mit *„bei Tisch aufwarten"* angegeben wird und erweitert mit *„für den Lebensunterhalt sorgen"* und schließlich ganz allgemein *dienen*."[7] Etwas weiter unten im gleichen Abschnitt finden Sie *„bei Tisch dienen"* als eine speziell für das NT relevante Grundbedeutung hervorgehoben; dann außerdem auch: „Die Wortgruppe bezeichnet den apostolisch-missionarischen Verkündigungsdienst: der Zwölf Apg 1,17.25 [...] anderer Verkündiger und Mitarbeiter [...]."[8] Später im Artikel werden schließlich einzelne biblische Schriften speziell in den Blick genommen. Diese Abschnitte brauchen Sie im Moment aber nicht. Zusammenfassend lässt sich sagen, dass Sie als mögliche Denotationen für das Lexem διακονία/διακονέω gefunden haben:

a) bei Tisch aufwarten
b) für den Lebensunterhalt sorgen
c) dienen (= helfen, unterstützen)
d) Verkündigungsdienst

---

[7] Weiser, Alfons: Art. διακονέω, διακονία, διάκονος. In: *EWNT* Bd. 1. Stuttgart u. a. 1980, 726–732, hier 732.
[8] Ebd. 733.

2. Schritt: Nun überprüfen Sie anhand der Sinnrelationen im Text von Lk 10,38–42, um welche dieser Bedeutungen es geht. Option d fällt ziemlich schnell aus: Marta ist offensichtlich nicht mit Verkündigungsdienst befasst. Auch um den Lebensunterhalt insgesamt (Option b) scheint es nicht zu gehen, vielmehr haben wir die Situation der Versorgung eines Gastes vor uns. Und auch wenn nicht ausdrücklich von einem Essen berichtet wird, so gehört das im Rahmen antiker Gastfreundschaft unbedingt zur Aufnahme eines Gastes dazu. Als Hypothese für die Bedeutung von „dienen/Dienst" in Lk 10,38–42 lässt sich also formulieren, dass es um den Gesamtkomplex von Essenszubereitung und Bedienung beim Essen geht („bei Tisch aufwarten" [s. o.] ist dabei eine eher ungünstige Formulierung, denn Esstische im heutigen Sinne gab es in der Antike eher nicht).

3. Schritt: In einer Konkordanz finden Sie zum Vorkommen von διακονία und διακονέω bei Lk folgende Textstellen, die Sie nach dem Fund jeweils einzeln überprüfen müssen (für die Anzahl hier ist dieser Aufwand vertretbar): Wer also „dient" wem in welchem Zusammenhang?
a) Lk 4,39: Schwiegermutter des Petrus „dient" Jesus und den Menschen im Haus
b) Lk 8,3: Maria, Johanna und Susanna „dienen" Jesus und den Zwölfen mit ihrer Habe
c) Lk 12,37: der Herr „dient" seinen Knechten beim Essen
d) Lk 17,8: der Knecht „dient" dem Herrn beim Essen
e) Lk 22,26 f.: beim Essen „dienen" allgemein und Jesus als ein solcher „Diener"

Die meisten dieser Texte (mit Ausnahme von b, wo es um den Lebensunterhalt geht) bezeugen eine Verwendung von διακονία und διακονέω im Zusammenhang mit der Bereitstellung und Darreichung von Essen. Die bereits in Schritt 2 gut begründete Hypothese, dass es sich auch in Lk 10,40 um diesen Zusammenhang handelt, bestätigt sich somit.

Welche Wörter sollten wortsemantisch untersucht werden?

Im Sinne eines exemplarischen Arbeitens wollen und können Sie natürlich nicht alle sinntragenden Wörter einer Perikope wortsemantisch untersuchen. Es kommt also darauf an, jene Wörter herauszufinden, für die eine solche Analyse besonders wichtig und informativ wären. Das sind zweifellos Wörter, die an zentraler Stelle im Text und/oder wiederholt auftreten. Generell sollten Sie auch Wörter in die engere Auswahl nehmen, die bei Ihnen selbst Fragen nach ihrer Bedeutung aufwerfen. Dabei müssen Sie kritisch prüfen, ob eine Sachklärung (s. o. Kap. 3) Ihre Fragen vielleicht bereits klärt. (Letzten Endes lassen sich Wortsemantik und Sachklärung aber nur schwer vollständig trennen.)

Wichtige Hinweise könnte auch der Übersetzungsvergleich gegeben haben (s. o. 2.2). Wenn Sie dort auf texttragende Wörter gestoßen sind, die auffällig verschieden übersetzt wurden, kann eine wortsemantische Analyse nun Klarheit bringen. Eine Untersuchung lohnen auf jeden Fall auch sogenannte *Containerwörter*, also Wörter, die vieles umfassen, bekannt erscheinen, aber alles andere als trennscharf in ihrer Bedeutung sind. 2014 hat die EKD in ihrer Fastenaktion zu „Sieben Wochen ohne große Worte" aufgerufen. Die in diesem Zusammenhang publizierte Postkarte (s. u. Abb. 1) bietet Ihnen eine Auswahl solcher Containerwörter (hier allerdings auf typische Substantive der Predigtsprache konzentriert). Bereits daran können Sie aber erkennen, dass mit solchen Containerwörtern in der Regel mentale Konzepte verbunden sind (also umfassendere Vorstellungskomplexe), die mehr oder weniger zeitgebunden sind. Hier gilt es, bei der Auslegung neutestamentlicher Texte besonders aufmerksam zu sein. Was wir heute z. B. unter „Familie" verstehen, deckt sich nicht mit dem, was diese Institution in antiken Kontexten ausmachte usw.

SIEBEN WOCHEN OHNE Große Worte.
49 Beispiele...

Auferstehung
Buße Christus Erbarmen Bund
Erlösung Ewigkeit Freiheit Seele Zorn [Gottes]
Gehorsam Gerechtigkeit Herr Gericht Glaube
Gnade Gott Heiligkeit Herrlichkeit Herrschaft
Jesus Kreuz Liebe [Gottes] Messias Hoffnung
Nächstenliebe Rechtfertigung Reich [Gottes]
Barmherzigkeit Schwachheit Frieden Strafe
Sünde Trost Treue Umkehr Unendlichkeit
Verborgenheit [Gottes] Gesetz Böse Geist
Verheißung Verkündigung Heil Versöhnung
Versuchung Wahrheit Weisheit Leiden

Abb. 1: Fastenaktion der EKD 2014 © Zentrum für evangelische Predigtkultur, Wittenberg (https://www.ohne-grosse-worte.de/)

Hilfsmittel

Biblisch-exegetische Lexika:

Exegetisches Wörterbuch zum Neuen Testament. Hg. v. Horst Balz und Gerhard Schneider. 3 Bde. Stuttgart 1980–1983; inzwischen ³2011. (IATG-Abkürzung: EWNT)

Theologisches Begriffslexikon zum Neuen Testament. Hg. v. Lothar Coenen und Klaus Haacker. Neubearb. Aufl. 2 Bde. Wuppertal, Neukirchen, 1997–2000. (IATG-Abkürzung: TBLNT)

Louw, Johannes P.; Nida, Eugene Albert: *Greek-English Lexicon of the New Testament Based on Semantic Domains.* 2 vols. 2nd ed. New York 1989.
- bietet keine alphabetische Reihenfolge, sondern präsentiert sämtliche Lemmata (zum Teil mehrfach) im Rahmen der für ihr Auftreten im NT relevanten semantischen Felder

Theologisches Wörterbuch zum Neuen Testament. 10 Bde. Hg. v. Gerhard Kittel u. Gerhard Friedrich. Stuttgart 1933–1979. (IATG-Abkürzung: ThWNT)
- verfolgt insbesondere in den ersten Bänden einen in der Forschung inzwischen kritisierten Ansatz, die Bedeutung von Wörtern in starkem Maße über deren etymologische Herkunft zu klären, wobei semantische Einsichten weithin außer Acht gelassen werden
- Achtung: in Artikeln der ersten vier Bände (erschienen 1933–1942) zum Teil antijüdische, antisemitische Tendenzen
- trotz des Alters und der problematischen Geschichte bedeutsam wegen der Fülle der herangezogenen antiken Quellenschriften (meist in Originalsprache ohne Übersetzung!)
- Hinweise zum kritischen Gebrauch des Lexikons finden sich in dem einleitenden Artikel von Lukas Bormann: Das Theologische Wörterbuch zum Neuen Testament im 21. Jahrhundert. Überlegungen zu seiner Geschichte und heutigen Benutzung, enthalten im Neudruck des ThWNT durch die Wissenschaftliche Buchgesellschaft, Darmstadt 2019, V–XXII

Weitere Lexika und Wörterbücher s. o. Kap. 2.1 Hilfsmittel.

Konkordanz:

Vollständige Konkordanz zum griechischen Neuen Testament unter Zugrundelegung aller modernen kritischen Textausgaben und des Textus Receptus (ANTT 4,1–2). Neu zusammengestellt unter der Leitung von Kurt Aland. 2 Bde. Berlin; New York 1978 u. 1983.

Schmoller, Alfred: *Handkonkordanz zum griechischen Neuen Testament.* 16., von Beate Köster neu bearb. Aufl. Stuttgart 1989.
- In einer Konkordanz finden Sie alphabetisch sortiert die wichtigsten (oder sogar alle) Wörter, die in dem entsprechenden Textkorpus vorkommen, mit der Angabe der Belegstelle und häufig auch einem kurzen Auszug aus dem Kontext. Sie können sich also z. B. einen Überblick über alle

7. Semantische Analyse

Vorkommen von ἀγάπη („Liebe") im Neuen Testament verschaffen (und werden feststellen, dass das Wort in erstaunlicher Anzahl und Konzentration in den johanneischen Schriften vorkommt). Es gibt auch deutsche Konkordanzen zur Bibel, die sich dann auf eine bestimmte Übersetzung beziehen und naturgemäß gewisse Unschärfen gegenüber dem griechischen Wortgebrauch beinhalten.

– Bibelsoftware erleichtert die Suche nach Vorkommen des gleichen Wortes innerhalb einer Schrift oder einer Gruppe von Schriften erheblich, weil Ihnen hier verschiedenste Suchoptionen, z. B. genauere Eingrenzung des Suchradius oder auch Kombinationssuchen zur Verfügung stehen: s. u. Kap. 18.

Für Sachklärungen s. o. Kap. 3 Hilfsmittel.

Für eine Annäherung an den ursprünglichen Äußerungskontext s. o. Kap. 5 Hilfsmittel.

Allgemeine Einführungen in die Semantik:

Schwarz-Friesel, Monika; Chur, Jeannette: *Semantik. Ein Arbeitsbuch.* 6., grundlegend überarb. und erw. Aufl. Tübingen 2014.
Busse, Dietrich: *Semantik* (UTB 3280). Paderborn 2009. (auch als E-Book)

Verknüpfung mit anderen Exegeseschritten

Es kann sein, dass Sie bei der wortsemantischen Untersuchung auf eine sogenannte „Tradition" stoßen, also auf eine *besonders geprägte Bedeutung eines Wortes oder eines Syntagmas.* Dies ist der Fall, wenn Sie sich die besondere Bedeutung eines Wortes oder einer Wortverbindung nicht allein über die Denotationen erschließen und im Zusammenspiel mit den Sinnrelationen im Text spezifizieren können, sondern wenn Sie dafür ein weiterreichendes Wissen brauchen, das auch in anderen alttestamentlich-jüdischen oder frühchristlichen Texten vorausgesetzt scheint (s. u. Beispiel 26). Oft finden Sie dann auch in den Lexika bereits Hinweise auf entsprechende Texte. Sie untersuchen solche Traditionen im Schritt der Traditionsanalyse (s. u. Kap. 11) näher.

Die ermittelten syntagmatischen und paradigmatischen Sinnrelationen greifen Sie in der Analyse von semantischen Feldern und Sinnlinien (s. u. Kap. 7.3 und 7.4) nochmals auf.

Beispiel 26

In **Mk 10,47 f.** erklärt sich die Anrede „Sohn Davids", die der blinde Bartimäus an Jesus richtet, nicht vollständig aus dem textlichen Kontext heraus. Denn zuerst werden wir in der Perikope durch die ebenfalls auftretende Bezeichnung des Bartimäus als „Sohn des Timäus" auf die Spur der leiblichen Vater-Sohn-Beziehung gesetzt. Die Anrede an Jesus lässt sich im Rahmen dieser Sinnrelation also erst einmal als vergleichbaren Hinweis auf Jesu genealogische Herkunft verstehen. Sie reicht aber darüber hinaus, weil es die zeitgenössisch-jüdische Vorstellung gibt, dass aus dem Geschlecht Davids der kommende Messias erwartet wird und sich mit dem leiblichen Sohn Davids, Salomo, außerdem besonders starke Heilungserwartungen verbinden. Dieses Wissen lässt sich allein über die semantischen Bezüge aber nicht ermitteln (s. u. Beispiel 53).

7.3. Semantische Felder und Schemata – Wie wird das Weltwissen einbezogen?

Im Gegensatz zu den gerade (s. o. 7.2) beschriebenen Paradigmen, die ganz „ordentlich" innerhalb einer Wortart bleiben und in sich hierarchisch strukturiert sind, folgt die Zusammensetzung eines *semantischen Feldes* keinen so strikten Regeln. Es umfasst und vernetzt vielmehr Wörter unterschiedlicher Wortarten, die semantisch ähnlich sind und sich einem gemeinsamen Lebens- und Erfahrungsbereich zuordnen lassen. Diese eher assoziative Art der Vernetzung ist gemäß den Erkenntnissen aus der kognitiven Semantik diejenige Art und Weise, auf die Menschen ihr (Sprach- und Welt-)Wissen organisieren, speichern und verfügbar halten. Semantische Felder gleichen somit in gewisser Weise Mindmaps und werden auch häufig so dargestellt.

Beispiel 27
Das semantische Feld LICHT könnte beispielsweise so aussehen:

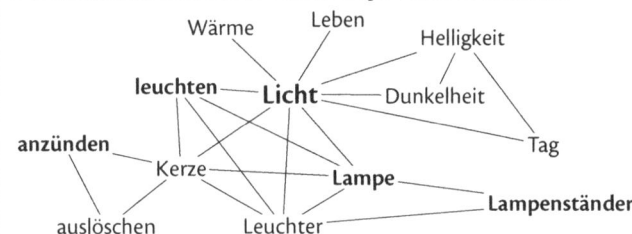

Wenn Sie, wie im Fall einer Exegese, bereits einen Text vorliegen haben, gestaltet sich die Frage nach semantischen Feldern nicht ganz so kreativ, braucht aber auch ein gewisses spielerisches Herangehen, denn indem Sie prüfen, welche Wörter im Text gemeinsamen semantischen Felder angehören könnten, stoßen Sie meist auf verschiedene Möglichkeiten: Einerseits können Wörter zu unterschiedlichen semantischen Feldern gleichzeitig gehören (und Sie dürfen sie auch doppelt zuordnen). Andererseits kann man solche Felder unterschiedlich groß und mehr oder weniger differenziert anlegen. Es kann sein, dass Sie bestimmte Wörter zwar einem gemeinsamen Feld zuordnen können, die Markierung dieses Feldes aber wenig Erkenntnisgewinn im Hinblick auf den Text bringt (s. u. das Feld TIER in Beispiel 30). Es gibt für einen bestimmten Text also nie nur eine einzige Option. Einen guten Eindruck von semantischen Feldern, auf die Sie in neutestamentlichen Texten stoßen könnten, gibt das Wörterbuch von Louw/Nida (s. o. 7.2 Hilfsmittel), das Wörter nicht in erster Linie alphabetisch, sondern nach „semantic domains" sortiert.

Was aber ist überhaupt der Sinn hinter der Suche? *Erstens* bestimmen sich die Wörter eines semantischen Feldes gegenseitig näher, was sich als hilfreich für die *Bedeutungsfindung* erweist. Hier können Sie also direkt an die wortsemantische Analyse mit ihrer Frage nach Sinnrelationen anknüpfen (s. o. 7.2) und deren Ergebnisse eventuell noch präzisieren oder bestätigen (und notfalls korrigieren).

Zweitens können semantische Felder innerhalb eines Textes *Kohärenz* stiften, indem ein bestimmter Wissens-, Lebens- oder Erfahrungsbereich durch mehrere Wörter an verschiedenen Stellen im Text immer wieder aufgerufen wird. Diesem Aspekt geht das unten folgende Kapitel (7.4) in Form der Analyse von Sinnlinien nach.

Drittens wird durch einige wenige Wörter eines bestimmten semantischen Feldes im Text jeweils das Feld als solches aktiviert bzw. weitere assoziierte Felder, die zu *komplexeren Wissensstrukturen* verbunden sein können. Solche mentalen Organisationseinheiten werden in der kognitiven Semantik auch als **Schemata** (Singular: Schema) bezeichnet. In der Analyse ist nun zu fragen, (1.) welche semantischen Felder durch einzelne Wörter des Feldes im Text aufgerufen werden und welche Themen der Text somit anspricht und (2.) ob damit in Form von Schemata Wissensbestände in den Text eingespielt werden sollen, die für dessen Bedeutung wesentlich sind. Insgesamt ist es wichtig zu bedenken, dass ein semantisches Feld oft eine Vielzahl assoziativer Anknüpfungsmöglichkeiten bietet. Es ist wichtig, nur die für den vorliegenden Text relevanten Teile davon zu betrachten und nicht völlige abseitige Aspekte künstlich in die Perikope hineinzutragen. Dazu muss man vom semantischen Feld aus wieder auf den ganzen Text schauen und prüfen, welche Hinweise sich dort finden lassen.

Q **Beispiel 28**
Oben, im semantischen Feld in Beispiel 27, sehen Sie einige Wörter fettgedruckt. Das sind Wörter, die sich in der Perikope **Mt 5,14–16** tatsächlich finden (bzw. deren griechische Äquivalente φῶς, καίω, λύχνος, λυχνία und λάμπω). Ob und welche der übrigen Assoziationen im semantischen

Feld LICHT für das Textverständnis relevant sind, gilt es aber zu prüfen. In Mt 5,14–16 spielt vor allem die *Sichtbarkeit* des Lichtes eine große Rolle (vgl. οὐ δύνασθαι κρυβῆναι, „nicht verborgen sein können", in V. 14 und ἰδεῖν, „sehen", in V. 16). Dass Licht auch Wärme spendet, Leben entstehen lässt und ausgelöscht werden kann, wird im Text dagegen nicht fokussiert.

Zu beachten ist außerdem, dass auch das in semantischen Feldern und in Schemata organisierte Wissen zeitgebunden ist und als Teil des Weltwissens der ursprünglichen Adressatinnen und Adressaten verstanden (und entsprechend sorgsam rekonstruiert) werden muss.

Praktisches Vorgehen

1. Suchen Sie im Text nach semantisch ähnlichen Wörtern, die sich dem gleichen Lebens- und Erfahrungsbereich zuordnen lassen. Legen Sie sich dabei nicht von vornherein auf bestimmte Zuordnungen fest, sondern „spielen" Sie ein wenig mit verschiedenen Gruppierungen und bedenken Sie, dass ein Wort auch verschiedenen Felder angehören kann. Sie können Ihre Analyse auch damit beginnen, dass Sie zuerst nach Wörtern suchen, die in einer paradigmatischen Sinnrelation zueinander stehen (s. o. 7.2), also z. B. Bewegungsverben, Berufe etc. und diese Sammlung dann in Richtung semantisches Feld erweitern. Wählen Sie für jedes **semantische Feld**, das Sie identifiziert haben, eine Bezeichnung, die dessen Inhalt möglichst gut wiedergibt. Das kann, muss aber kein Wort sein, das selbst auch im Text vorkommt.

   In jedem Fall sollten Sie sich darüber im Klaren sein, dass die ermittelten semantischen Felder *übergreifende* mentale Strukturen darstellen. Um zu unterscheiden, wann man von einem konkreten Wort *im Text* redet und wann man das ganze semantische Feld meint, hat es sich in der Forschung eingebürgert, die Bezeichnung von kognitiven Konzepten, semantischen Feldern und Schemata in KAPITÄLCHEN zu setzen.

2. Prüfen Sie, welche **Schemata** im Text durch einzelne Wörter oder semantische Felder aufgerufen werden. Welche Wissensbestände werden im Text damit als bekannt vorausgesetzt und sind für die Textdeutung näher zu erschließen? Hier können sich eventuell Überlappungen mit der Sachanalyse ergeben. Nehmen Sie sich exegetische Wörterbücher und Lexika mit zeitgeschichtlichen Informationen zu Hilfe (s. o. Kap. 3 und 5 Hilfsmittel), um dieses zeitgebundene Weltwissen korrekt zu rekonstruieren.

7. Semantische Analyse

Q Beispiel 29

In **Mt 9,9–13** (s. o. Beispiel 21) wird mit den Wörtern τελώνιον („Zollstelle") und τελώνης („Zöllner", 3 ×) das semantische Feld ZOLL/ZÖLLNER aufgerufen und zugleich ein Schema aktiviert, das für die Deutung des Textes wesentliche Wissensbestände enthält. Dabei ist weniger wichtig, was ein Zöllner konkret *tut*, denn das wird in V. 9c in keiner Weise betont, sondern vielmehr, welchen *Status* ein Zöllner hat. Das wird deutlich durch die doppelt auftretende Zusammenstellung von „Zöllnern" mit „Sündern" in V. 10d und 11cZ, die der Text offensichtlich als gegeben voraussetzt und nicht erläutert. Mindestens aus der Perspektive der Pharisäer gehört ἁμαρτωλός fraglos mit ins semantische Feld ZÖLLNER hinein, und Jesu Antwort stellt diese Zuordnung auch nicht in Frage (vgl. V. 13fZ). Für den Text wichtig sind also Hintergrundinformationen (z. B. aus einem Bibellexikon), die diesen Status der Zöllner als Sünder näher erschließen, denn für damalige Leserinnen und Leser ist dieses Wissen als allgemein verfügbar anzusehen.[9]

Theoretisch bilden auch die im Text erwähnten Berufe „Zöllner", „Lehrer" und „Arzt" ein Paradigma, das durch „Schüler" und „die, denen es schlecht geht" zu einem semantischen Feld BERUFLICHE TÄTIGKEIT ergänzt werden könnte. Für die Deutung des Textes bietet dieses Feld aber keine weiterreichenden Erkenntnisse. Oder anders formuliert: Welchen Beruf jemand ausübt, spielt nur im Hinblick auf die Zöllner eine Rolle. (Im Übrigen ist BERUF schon wieder eines jener mentalen Konzepte, die dringend im Rahmen des jeweiligen Weltwissens näher bestimmt werden müssten.)

Schließlich könnte auch das in V. 13dZZ vereinzelt auftretenden Wort „Opfer" zweifellos ein umfassenderes Schema aufrufen. Für den vorliegenden Text sind vertiefte Kenntnisse des damaligen Opferkultes aber nicht von großer Relevanz.

---

[9] Anhand der empfohlenen Bibellexika (s. o. Kap. 3 Hilfsmittel) lässt sich als Hintergrundinformation ermitteln, dass Zöllner aufgrund ihrer Kollaboration mit der ungeliebten römischen Oberherrschaft schlecht angesehen waren. Sie pachteten ihre Zollstellen von den Statthaltern oder Klientelfürsten der einzelnen von Rom abhängigen Regionen (in Galiläa war das zur Zeit des Wirkens Jesu Herodes Antipas), mussten also so viel Gewinn erwirtschaften, dass es neben der Bezahlung der Pacht auch für das eigene Auskommen reichte. Da die Höhe der Abgaben häufig nicht genau festgelegt war, wurde ihnen oft Betrug vorgeworfen und sie waren insgesamt ausgesprochen unbeliebt. Aus religiöser Perspektive fiel außerdem negativ ins Gewicht, dass es der *heidnische* Staat war, mit dem die Zöllner Geldgeschäfte machten. Das alles trug dazu bei, dass die Zöllner aus Sicht der Pharisäer (und anderer jüdischer Menschen) als prototypische Sünder galten.

7.4 Sinnlinien – Wie wird im Text Kohärenz hergestellt?

Abschließend kommt innerhalb der semantischen Analyse hier nun der Text als Ganzes in den Blick. Zu fragen ist, ob der Text **kohärent** ist, wie es also (oder ob es) dazu kommt, dass ein inhaltlich-thematischer Zusammenhang zu erkennen ist. Dafür können wir auf die Analyse der semantischen Felder zurückgreifen (s. o. 7.3). Denn Wörter, die zu einem semantischen Feld (oder auch nur zu einem Paradigma) gehören, sind inhaltlich miteinander verbunden. Nun geht es aber zusätzlich um die Frage nach ihrer *Verteilung* über den Text. Es interessieren daher auch alle Wiederholungen des gleichen Wortes und ebenso alle Wiederaufnahmen durch Pronomen und vergleichbare Pro-Formen (s. o. 6.3). Aber Achtung: Keineswegs alle ermittelten semantischen Felder müssen sich wie ein roter Faden durch den ganzen Text ziehen. Es ist auch nicht nötig, besonders viele Sinnlinien entdecken zu wollen. Konzentrieren Sie sich vielmehr auf das, was besonders ins Auge fällt. Es reicht völlig ein bis drei Sinnlinien zu finden und zu markieren. Häufig bestimmen auch semantische *Oppositionen* (also z. B. hell – dunkel; gehen – stehen; Gerechte – Sünder) entweder das Gegenüber zweier Sinnlinien oder eine Entwicklung innerhalb des Textes.

Praktisches Vorgehen

1. Gehen Sie von den oben (7.3) ermittelten semantischen Feldern aus und schauen Sie, in welcher Weise sich die Felder über den Text verteilen, indem Sie auch auf Wiederaufnahmen durch Wortwiederholungen und Pro-Formen achten. Nutzen Sie dazu eine geeignete Textdarstellung und markieren Sie die Vorkommnisse farbig.
2. Suchen Sie außerdem nach semantischen Oppositionen, schreiben Sie sie als Gegensatzpaare auf, markieren Sie sie ebenfalls im Text und prüfen Sie deren Zugehörigkeit zu bereits ermittelten semantischen Feldern.
3. Wählen sie eventuell Felder aus, die Sie näher als Sinnlinien beschreiben (mehr als drei ist in der Regel nicht sinnvoll). Geben Sie den Sinnlinien einen zum Inhalt passenden Titel.
4. Fassen Sie nun Ihre Ergebnisse zusammen, beurteilen Sie, ob Ihr Text kohärent ist, und nutzen Sie dabei folgende Fragen:

- Wie verlaufen die einzelnen Sinnlinien? Ziehen sie sich durch den ganzen Text oder sind sie nur in Teilen zu finden?
- Wie verhalten sich die Sinnlinien zueinander? Laufen sie parallel? Lösen sie sich ab? Kreuzen sie sich?
- Welche Rolle spielen die Oppositionen? Sind sie einzelnen/verschiedenen semantischen Feldern zuzuordnen?
- Wenn es mehrere Oppositionspaare im Text gibt: Wie verhalten diese sich zueinander?
- Bleiben die Oppositionen als solche im Text bestehen oder lösen sie sich auf? Wie entwickelt sich, semantisch gesehen, das Geschehen im Text vom Anfangs- bis zum Endzustand? Gibt es eine Veränderung?

Q **Beispiel 30**

Der kurze Text **Mt 6,19–21** (mit Übersetzung des MNT) weist drei Sinnlinien auf:
Sinnlinie 1: SCHATZ bzw. WERTVOLLER BESITZ
Sinnlinie 2: ORT (mit Oppositionspaar: Erde – Himmel)
Sinnlinie 3: ZERSTÖRUNG UND RAUB (mit Opposition in Form von Negation)

19 Μὴ θησαυρίζετε ὑμῖν θησαυροὺς ἐπὶ τῆς γῆς,	19 Sammelt euch nicht Schätze auf der Erde,
ὅπου σὴς καὶ βρῶσις ἀφανίζει	wo Motte und Wurm vernichten
καὶ ὅπου κλέπται διορύσσουσιν	und wo Diebe einbrechen
καὶ κλέπτουσιν·	und stehlen;
20 θησαυρίζετε δὲ ὑμῖν θησαυροὺς ἐν οὐρανῷ	20 sammelt euch aber Schätze im Himmel,
ὅπου οὔτε σὴς οὔτε βρῶσις ἀφανίζει	wo weder Motte noch Wurm vernichten
καὶ ὅπου κλέπται οὐ διορύσσουσιν οὐδὲ κλέπτουσιν·	und wo Diebe nicht einbrechen und nicht stehlen;
21 ὅπου γάρ ἐστιν ὁ θησαυρός σου, ἐκεῖ ἔσται καὶ ἡ καρδία σου.	21 denn wo dein Schatz ist, dort wird sein auch dein Herz.

Kurze formale Beschreibung: Die Sinnlinien im Text lassen sich vor allem anhand der einfachen Wiederholungen der zugehörigen Wörter erkennen. Nur Sinnlinie 2 weist in deutlicher Überzahl Adverbien auf, die als Pro-Formen die zuvor genannten Orte aufgreifen. Sinnlinie 2 enthält in sich außerdem ein Oppositionspaar. Die Sinnlinien 1 und 2 kann man sogar insgesamt als gegensätzlich zueinander einstufen. Die Sinnlinien 1 und 2 laufen durch den ganzen Text durch. Sinnlinie 3 endet vor dem letzten Vers. Sie lässt sich mit der zu Sinnlinie 2 gehörenden Opposition von Erde und Himmel verbinden, denn auch sie beinhaltet durch die Negationen in V. 20 gegensätzliche Aussagen, die sich Erde und Himmel genau zuordnen lassen. Die Kohä-

renz des Textes ist als ausgesprochen hoch einzustufen (die Sinnlinien laufen weitgehend durch und fast alle Wörter gehören einer der Sinnlinien an).
(Nebenbemerkung: Natürlich könnten Sie „Motte" und „Wurm" auch dem semantischen Feld TIER zuordnen. Für den vorliegenden Text bringt das aber keine weiterführenden Einsichten. Das Schema TIER wird vom Text nicht aktiviert, auch wenn er zwei Tiere aufführt, mit dem Schema SCHÄDLING wären Sie dagegen schon eher auf einer weiterführenden Spur.)

Inhaltliche Auswertung: Das Thema WERTVOLLER BESITZ der Sinnlinie 1 ist im Text mit Sinnlinie 2 gekoppelt, beide laufen parallel. Inhaltlich jedoch sind die genannten Orte für die Sammlung und Aufbewahrung eines „Schatzes" ungewöhnlich, zu erwarten wäre eher „Schatzkiste", „verschlossene Truhe", „Versteck" etc. statt „Erde" und „Himmel". Zum Schluss bleibt der Ort mit „dort" (ἐκεῖ) in seiner Referenz völlig offen. Wichtig für die Textaussage ist auch, dass die zu Sinnlinie 1 insgesamt gegensätzliche Sinnlinie 3 vor dem Schluss der Perikope bereits abgeschlossen ist. Am Ende geht es nur noch um den SCHATZ und um den ORT. Außerdem taucht neu das Wort καρδία („Herz") auf,[10] das keiner Sinnlinie zugeordnet werden kann, das aber vom letzten Satz in Beziehung zur Sinnlinie 2 gebracht wird. Der ganze Text läuft somit auf die *Positionierung* des „Herzens" zu, die in direkter Verbindung zum *Ort* des Schatzes steht. Dieser bleibt, wie schon betont, unbestimmt. Durch die zuvor klar miteinander korrelierten Gegensatzpaare der Sinnlinien 2 und 3 (Erde = Vernichtung; Himmel = keine Vernichtung) ist aber klar, welche Option sich mit welchem Ort verbindet und also auch, welche Option die Adressierten am besten wählen sollten.

Hilfsmittel

Für die Ermittlung von Sinnlinien und semantischen Feldern brauchen Sie vor allem eine gute Textbeobachtung und etwas kreativen Sinn für das Entdecken von Sprach- und Sinnmustern.

Für allgemeine Einführungen in die Semantik s. o. 7.2 Hilfsmittel.

Für eine zeitgemäße Rekonstruktion des aufgerufenen Weltwissens s. o. Kap. 3 und 5 Hilfsmittel.

---

[10] Dieses Wort bedarf der wortsemantischen Klärung: Gemeint ist mit καρδία im vorliegenden Zusammenhang *nicht* das Organ, sondern vielmehr der im Inneren des Menschen verortete Sitz von Denken, Wollen und auch von Gefühlen, wenn auch deutlich untergeordnet und abweichend von unserem gegenwartssprachlichen Gebrauch! Das zeigt z. B. Mt 15,19 sehr gut: „Denn aus dem Herzen kommen böse *Gedanken*: Morde, Ehebrüche …".

⌘ Verknüpfung mit anderen Exegeseschritten

Auf Schemata, die ein Text aufruft, sind Sie möglicherweise schon in der Sachanalyse gestoßen, wenn Sie etwas klären mussten, das der Text zwar voraussetzt, aber selbst nicht näher erläutert. Eventuell können Sie in Ihrer Exegese die Sachanalyse auch mit der semantischen Analyse zusammenfassen.

Das Fehlen von Kohärenz kann ein Hinweis auf Brüche im Text sein, die in der Literarkritik (s. u. Kap. 12) aufzugreifen sind.

8. Narratologische Analyse – Was wird erzählt und auf welche Weise?

8.1 Einführung: Was sind erzählende Texte und WER erzählt?

Handelt es sich bei einer Perikope um einen erzählenden Text, so kann er mit Mittel der narratologischen Analyse vertiefend untersucht werden. Aber was ist eigentlich ein erzählender Text? In ihrer „Einführung in die Erzähltheorie" formulieren die beiden Autoren Matías Martínez und Michael Scheffel im Anschluss an die umgangssprachliche Vorstellung, was eine Erzählung sei: „so heißt eine Rede offenbar eine ‚Erzählung', wenn diese Rede einen ihr zeitlich vorausliegenden Vorgang vergegenwärtigt, der als ‚Geschehnis' oder ‚Begebenheit' bestimmt werden kann."[1]

Für die Belange der Exegese lässt sich an diesem sehr allgemeinen, daher aber auch breit anschlussfähigen Verständnis von Erzählung gut anknüpfen, denn das Wichtigste wird hier bereits deutlich: Ausgehend von der Grundfrage, wie es überhaupt zum Erzählen kommt, könnte man formulieren, dass ein erzählender Text auf „Was ist passiert?" eine Antwort gibt. Dabei gibt es jemanden, der erzählt und mit der Erzählung etwas vergegenwärtigt, das dem Erzählten selbst als Geschehen vorausliegt.[2] Es lässt sich also auf mindestens drei Ebenen fragen nach:

a) dem *Geschehen*
b) dem, *was* erzählt wird (Ablauf der Handlung, Personen, Konstellationen …)
c) dem, *wie* erzählt wird (distanziert, wertend, langsam, schnell, geordnet, mit Einblendungen, aus der Perspektive einer bestimmten Figur …)

---

[1] Martínes/Scheffel, Einführung 12 (s. u. Hilfsmittel).
[2] Damit ist nichts über die Faktualität oder Fiktionalität dieses Geschehens ausgesagt (s. u. 8.2).

In der Narratologie unterscheidet man die beiden zuletzt genannten Fragerichtungen nach dem Was und dem Wie angelehnt an die englischsprachige Erzählforschung als:

b) Frage nach der Geschichte/der Story („story")
c) Frage nach dem Diskurs („discourse")

In die Frage nach der Story fließt partiell auch etwas von der Frage nach dem Geschehen (a) ein, dessen Untersuchung prinzipiell aber außerhalb der Narratologie liegt (s. u. 8.2).

Neuere Ansätze fragen außerdem häufiger nicht nur danach, *wie* erzählt wird, sondern genauer danach, *wer* für das Wie verantwortlich ist, also: Wer erzählt (wem)? Dieses Interesse darf nicht mit der einfachen Frage nach dem Autor oder der Autorin eines Erzähltextes gleichgesetzt werden, sondern thematisiert die Rolle des „Erzählers", ohne den es keine Erzählung gäbe, der aber in sehr unterschiedlicher Weise im Erzähltext präsent sein kann. Er kann mit einer Person der Erzählung identisch sein (homodiegetisches Erzählen), im Spezialfall als Ich-Erzähler auftreten, oder aber außerhalb der erzählten Welt bleiben (heterodiegetisches Erzählen). Dabei kann der Erzähler durch Reflexionen und Kommentare auf sich aufmerksam machen, unter Umständen auch biografische Informationen liefern (offener Erzähler), oder sich so stark im Hintergrund halten, dass man meinen könnte, die Erzählung erzähle sich selbst (verborgener Erzähler).

„Erzähler" lässt sich auch durch die neutraleren Bezeichnungen der *Erzählinstanz* oder der *Erzählstimme* ersetzen. Denn, es ist zwar möglich, dass sich die Erzählinstanz im Hinblick auf ihre Manifestationen im Text eher als männlich konstruiert zeigt, das muss aber keineswegs so sein und kann auch gänzlich unbestimmbar bleiben.

In den biblischen Erzähltexten haben wir es in der Regel mit einem heterodiegetischen Erzähler zu tun, der eher im Hintergrund agiert, sich aber, wie zum Beispiel in Mt 1,22–23 oder Joh 4,54, durch erläuternde Erzählerkommentare an verschiedenen Stellen in Erinnerung bringt.

Das Gegenüber zum Erzähler sind entsprechend seiner narratologischen Position als Instanz *im* Text nicht die realen Leserinnen und Leser, sondern der ebenfalls textintern angelegte implizite Leser.[3]

---

[3] Der Terminus wurde geprägt von Wolfgang Iser (u. a. in: *Der Akt des Lesens. Theorie ästhetischer Wirkung* [UTB 636]. München 1976).

8.2 WAS wird erzählt? – Die Ebene der Story

Bei der Analyse der Story geht es um eine nähere Untersuchung des *Inhalts*, der erzählt wird. Wie wir gesehen haben, handelt es sich bei der Erzählung um die Vergegenwärtigung eines vorausliegenden *Geschehens* (s. o. 8.1). Aber Achtung: Ob das, was erzählt wird, auch tatsächlich irgendwann einmal so stattgefunden hat oder ob es nur vorgestellt ist (also ob es *faktual* oder *fiktional* ist oder eine Mischung aus beidem), macht für die narratologische Analyse keinen Unterschied. Das Märchen von Hänsel und Gretel kann mit narratologischen Mitteln genau so betrachtet werden, wie das, was Sie von einem Erlebnis bei Ihrer letzten Zugfahrt erzählen.

Durch die narratologische Analyse einer biblischen Erzählung, z. B. einer Heilungsgeschichte, wissen Sie also noch nichts Näheres über die **Faktizität des Geschehens** hinter der Erzählung. Natürlich können Sie auch diese Frage weiterverfolgen und sich der Rekonstruktion des Geschehens so widmen, dass Sie versuchen zu ermitteln, was *tatsächlich* (im Sinne von faktisch, belegbar, beweisbar, durch andere Quellen gesichert) geschehen ist. Das geschieht dann aber nicht mehr im Rahmen der Narratologie. Solche Fragen, die im Zusammenhang mit dem im Neuen Testament Erzählten durchaus auch von Relevanz sind, gehören zur historischen Rückfrage (s. u. Kap. 14).

Um den Inhalt einer Erzählung zu analysieren, gibt es verschiedene narratologische Ansätze und Fragerichtungen, die hier nur in Auszügen vorgestellt werden können. Für die Exegese haben sich vor allem folgende Aspekte als hilfreich für ein tieferes Verständnis der Texte erwiesen:

a) die Frage nach den kleinsten Elementen der Handlung und deren chronologischer Abfolge (Handlungsgerüst)
b) die Frage, wie sich der Fortgang der Handlung angesichts verschiedener Möglichkeiten gestaltet (Handlungslogik und Knotenpunkte)
c) die Frage nach den Figuren, die im Text auftreten, ihrem Verhältnis zueinander und danach, wie sie charakterisiert sind (Figurenanalyse).

Dabei hängt es immer vom konkreten (narrativen) Text ab, welche der im Folgenden näher erläuterten Analyseschritte sich für die Ergründung der jeweiligen Perikope als besonders ertragreich erweisen.

a) Analyse des Handlungsgerüstes

Die Handlung einer Erzählung lässt sich in einzelne Elemente zerlegen, die zumeist als *Ereignisse* (*events*) oder auch als *Motive* bezeichnet werden.[4] Ein Ereignis wird narratologisch auch als eine Zustands- oder Situationsveränderung definiert. Diese kann sich sowohl unbeabsichtigt bzw. unbeeinflussbar ereignen (z. B. „Die Sonne ging unter."), als auch von handelnden Figuren intendiert sein (z. B. „Sie kamen nach Kapernaum."; „Er befahl ihm zu gehen."). In einer Erzählung stehen die einzelnen Ereignisse in einem zeitlichen und oft auch einem kausalen Zusammenhang zueinander. Allerdings bietet nicht jede Erzählung die Ereignisse auch in ihrer chronologischen und logischen Abfolge, sondern macht von Rückblenden (*Analepsen*) und Vorhersagen (*Prolepsen*) Gebrauch. Das Handlungsgerüst auf Story-Ebene ist vorerst aber nur an der Aufstellung der einzelnen Handlungselemente in *ihrer zeitlichen und logischen Reihenfolge* interessiert.

Erst auf Diskursebene (s. u. 8.3) ist dann zu fragen, ob die Erzählung die Handlung in einer anderen Abfolge präsentiert (wie z. B. in einem klassischen Kriminalroman, in dem erst nach und nach enthüllt wird, wer das Verbrechen auf welche Weise begangen hat).

Relevant für die Ermittlung der einzelnen Ereignisse in einem Text sind die finiten *Verben* (und partiell auch die vielen Partizipien, die das Griechische nutzt: s. o. 6.2). Verben beschreiben jedoch nicht nur *dynamische Ereignisse*, sondern auch *statische* Sachverhalte, nämlich *Zustände* und *Eigenschaften*. Bei der chronologischen Anordnung der Ereignisse im Handlungsgerüst, lassen sich Zustands- und Eigenschaftsbeschreibungen oft nur schwer genau einordnen. Manchmal kann man aber einen Zeitraum, den Beginn oder das Ende eines Zustands ermitteln.

Praktisches Vorgehen

Für die Ermittlung des Handlungsgerüstes hat die Segmentierung des Textes (s. o. 6.2) eine doppelt wichtige Vorarbeit geleistet. Denn erstens orientiert man sich für das Handlungsgerüst ebenfalls an den *Verbformen*, zweitens ist es auch hier wichtig, verschiedene *Erzählebenen* voneinander zu unterscheiden.

---

[4] Die Rede von *Motiv* ist aber tendenziell missverständlich, denn als Motiv wird in der Narratologie auch die *Motivation* einer Figur bezeichnet, etwas zu tun oder zu lassen.

Das heißt zum einen, Sie können der Segmentierung folgen und tendenziell für jeden Teilvers das dort geschilderte Ereignis oder den beschriebenen Zustand (bzw. die Eigenschaft) in einen kurzen Aussagesatz umformulieren (und eventuell nummerieren: s. u. Beispiel 31). Wenn Sie dabei die Hierarchisierung der Ebenen beibehalten, bekommen Sie zugleich eine Gewichtung der einzelnen *events*, denn in der Regel wird das Wichtigere im Hauptsatz gesagt.

Zum anderen müssen Sie bei den Abschnitten mit direkter Rede bzw. eingeleiteten Zitaten den gesamten Abschnitt in einen *Sprechakt* umformen. Das heißt: Wenn eine Figur in einer Erzählung etwas sagt oder gar selbst eine kleine Geschichte erzählt, dann gehört nur der Sprechakt selbst (also z. B.: sagen, fragen, antworten, erzählten, auffordern, drohen, loben etc.), *nicht* aber der *Inhalt* des Sprechaktes in das Handlungsgerüst mit hinein (s. u. in Beispiel 31 die V. 9e und 9fZ aus Mt 9,9). Sollte es sich bei diesem Inhalt um eine eigene Erzählung handeln (vgl. beispielsweise Lk 15,4–6 innerhalb von Lk 15,1–3.7), dann lässt sich dafür ein eigenes Handlungsgerüst erstellen.

Hinter diesem Vorgehen steht die Differenzierung verschiedener Erzählebenen in Abhängigkeit vom jeweiligen Erzähler. Wenn wir es, wie meistens bei den biblischen Erzähltexten (s. o. 8.1), mit einem heterodiegetischen Erzähler zu tun haben, der *außerhalb* der Handlung steht, lässt dieser sich im Hinblick auf die Erzählebenen gleichzeitig als *extradiegetischer Erzähler* bestimmen. Wenn dieser extradiegetische Erzähler erzählt, was eine *Figur innerhalb* der Erzählung sagt oder erzählt, dann wird diese Figur damit zum *intradiegetischen Erzähler*. Zu jedem Erzähler gehört eine eigene Erzählebene. Diese Ebenen darf man im Handlungsgerüst nicht miteinander vermischen. (Wie der Verweis auf Kap. 8.1 schon zeigt, gehört diese Differenzierung genau genommen zur Frage danach, *wer* erzählt.)

Schließlich ist noch die zeitliche Abfolge zu beachten. Sollte der Text Prolepsen und/oder Analepsen aufweisen (s. u. 8.3), müssen Sie diese für die Erstellung des Handlungsgerüsts entsprechend umstellen und in den *chronologischen* Ablauf einordnen. Wenn Ihr Text Zustands- und Ereignisschilderungen enthält, ist zu fragen, ob sich Genaueres über deren zeitliche Erstreckung ermitteln lässt. Sinnvollerweise tragen Sie die Zustands- und Ereignisbeschreibungen an der Stelle in das Handlungsgerüst ein, wo sie zuerst erwähnt werden, markieren sie aber als solche und erläutern anschließend, was sich über deren Dauer sagen lässt.

Beispiel 31

Greifen wir auf den Text **Mt 9,9–13** aus Beispiel 21 zurück und konzentrieren uns auf V. 9, den wir dort bereits segmentiert hatten:

9a Und weitergehend Jesus von dort,
9b sah er einen Menschen,
9c sitzend bei der Zollstelle,
9d Matthaios genannt,
9e und er sagt ihm:
9fZ | Folge mir!
9g Und aufstehend
9h folgte er ihm.

Das daraus entwickelt Handlungsgerüst könnte so aussehen:

  1 Jesus geht weiter. (9a)
  2 Jesus sieht einen Menschen. (9b)
      Zustand 1: Der Mensch sitzt an der Zollstelle. (9c)
      Eigenschaft 1: Er heißt Matthäus. (9d)
  3 Jesus fordert Matthäus zum Nachfolgen auf. (9e+9fZ)
      4 Matthäus steht auf. (9g)
  5 Matthäus folgt Jesus. (9h)

Im Hinblick auf die *events* weist der Text eine chronologische Struktur auf, es muss für das Handlungsgerüst also nichts umgestellt werden. Wie lange Matthäus bereits am Zoll sitzt (Zustand 1), bevor Jesus kommt und ihn zum Nachfolgen auffordert, lässt sich aus dem Text dagegen nicht ermitteln. „An der Zollstelle sitzen" kann außerdem sowohl das konkrete Dort-Sitzen meinen, als auch die Berufsausübung überhaupt (das ließe sich sowohl wortsemantisch als auch später im Hinblick auf die Gattung noch differenzierter analysieren). Klar ist, dass mit Ereignis 4 dieser Zustand beendet ist. Wiederum stellt sich aber die Frage, ob Matthäus damit auch den Beruf als Zöllner aufgibt oder nur in diesem Moment aufsteht und mitgeht (und am nächsten Tag wieder am Zoll sitzt). Narratologisch lässt sich das nicht klären, aber der bereits angeführte Hinweis auf die wortsemantische Untersuchung (die hier zusätzlich auch das Bedeutungsspektrum des Nachfolgens analysieren müsste) und die Einordnung in die Gattung der Nachfolgegeschichte (s. u. Beispiel 52) lassen auf eine generelle Beendigung der Tätigkeit als Zöllner schließen. (Dafür liefert im Übrigen auch der Name Matthäus ein Indiz, denn er findet sich in der Jüngerliste in Mt 10,3 als Μαθθαῖος ὁ τελώνης, „Matthäus, der Zöllner," wieder und enthält mit diesem Zusatz einen Hinweis auf die *früher* ausgeübte Tätigkeit des Matthäus.) Dass Matthäus schon immer so hieß (Eigenschaft 1), lässt sich nur vermuten, es spricht aber nichts dagegen. (Dass er in den Paralleltexten bei Mk und Lk Levi heißt, spielt für die narratologische Analyse des Mt-Textes keine Rolle. Es handelt sich dabei vielmehr um eine Beobachtung, die in der Redaktionsgeschichte ihren Platz hat: s. u. Kap. 13.)

Angesicht der generellen Knappheit, mit der biblische Geschichten erzählt sind und wenig ausschmücken, macht ein Handlungsgerüst auch oft deutlich, wie viele Ereignisse *nicht* erzählt werden. Das ist allerdings nicht nur ein Merkmal biblischer Erzählungen. Generell gilt, dass die Story einer Erzählung nie alles enthält, was vom Geschehen „hinter" der Geschichte (s. o. 8.1) vorausgesetzt wird. Das funktioniert unter anderem deshalb, weil Rezipientinnen und Rezipienten von Erzähltexten über Kenntnisse bestimmter *frames* und zugehöriger *scripts* verfügen. Das heißt, dass sie anhand einiger erzählter Ereignisse etwas in einen größeren *Rahmen (frame)* einordnen können, innerhalb dessen üblicherweise bestimmte *Handlungsverläufe (scripts)* zu erwarten sind. Zum Beispiel kann Einkaufen als *frame* verstanden werden, dem Sie sicher ohne viel Nachdenken typische Handlungsabläufe zuordnen können. Wenn Sie in einer Erzählung lesen, dass die Hauptfigur in ein Geschäft geht, sich dort für eine Tiefkühlpizza entscheidet und diese am Abend zubereitet, dann gehen Sie in der Regel davon aus, dass sie für diese Pizza im Laden auch bezahlt hat, obwohl das nicht eigens erzählt wird.

Das bedeutet, dass ein Teil der Handlung einer Erzählung sich der Konstruktion durch die Leserinnen und Leser verdankt und nicht bis ins letzte durch den Erzähltext festgeschrieben ist. Dabei spielt das *Weltwissen* der Leserinnen und Leser, von dem schon in der semantischen Analyse (s. o. 7.1) die Rede war, erneut eine wichtige Rolle, denn selbstverständlich sind die Ausprägungen von *frames* und *scripts* kultur- und zeitabhängig.

Q Beispiel 32

Das Handlungsgerüst für **Lk 10,38–42** (s. o.) könnte folgendermaßen dargestellt werden:

Jesus und seine Jünger sind unterwegs – Jesus geht in ein Dorf hinein – Marta nimmt Jesus auf – (Zustand: Marta hat eine Schwester, Maria) – Maria setzt sich zu Jesu Füßen und hört ihm zu – Marta macht sich viel Arbeit mit der Bewirtung – Marta stellt sich hin – Marta beklagt sich bei Jesus – Marta fordert ein Wort von Jesus an Maria – Jesus antwortet Marta

Dass Martas übermäßiges Beschäftigt-Sein (περιεσπᾶτο in V. 40) mit der Bewirtung des Gastes zu tun hat, hatte bereits die wortsemantische Analyse von διακονία und διακονέω oben in Beispiel 25 ergeben. Insgesamt ruft die ganze Geschichte den *frame* der Aufnahme eines Gastes auf, ohne dass alle *scripts* einzeln aufgeführt werden. Die Erzählung setzt z. B. voraus, dass man weiß, dass zur Aufnahme eines Gastes unbedingt auch seine Versorgung mit

Essen gehört. Nur so erklärt sich die Bedeutung, die Marta dieser Bewirtung beimisst, und der Aufwand, den sie darum treibt.

Bei den drei letzten Ereignissen, die im Handlungsgerüst aufgeführt sind, handelt es sich um Sprechakte. Es ist jeweils bereits ein Stück Interpretation, wenn man einen Sprechakt nicht nur als „sagte" beschreibt, sondern z. B. als „Marta *beklagte* sich". Diese Beschreibung ist vom Inhalt des Sprechaktes (Lk 10,40) aber sehr gut gedeckt. Schwieriger wird es, beim letzten Sprechakt etwas anderes als „Jesus *antwortet* Marta" zu schreiben, denn das, was Jesus dort sagt (Lk 10,41–42), lässt sich nicht so leicht in einem Wort zusammenfassen und birgt zweifellos auch die Möglichkeit für verschiedene Interpretationen. Diese können durch die Aufstellung eines Handlungsgerüstes aber nicht geklärt werden. Die Methode kommt hier an ihre Grenze. Immerhin sieht man jedoch deutlich, dass Jesus der Aufforderung von Marta nicht nachkommt, denn er antwortet Marta und wendet sich nicht, wie Marta es wollte, an Maria. Außerdem zeigt das Handlungsgerüst, wie aktiv Marta in dieser Geschichte ist. Das alles sind Punkte, die in der Figurencharakterisierung (s. u. Abschnitt c) noch einmal eine Rolle spielen werden.

b) Analyse der Handlungslogik und der Knotenpunkte

Das Handlungsgerüst hat die einzelnen Ereignisse der Handlung *chronologisch* aufgeführt. In der Regel kann man hinter der zeitlichen Abfolge aber auch eine *Handlungslogik* erkennen: So, wie die Ereignisse zeitlich aufeinander folgen, bewirkt auch ein Ereignis das nächste. Aber: Nicht immer ist der Zusammenhang der Ereignisse tatsächlich so klar, und nicht immer geschieht das, was zu erwarten gewesen wäre. Versteht man die Ereignisse der Handlung als Knotenpunkte, so könnte es an jedem dieser Knotenpunkte theoretisch in verschiedene Richtungen weitergehen, die Story realisiert aber nur eine Variante davon.[5] Nicht alle Ereignisse einer Handlung erweisen sich als interessante Knotenpunkte. Spannend wird es aber dort, wo es echte Alternativen gibt oder die Handlung eine überraschende Wendung nimmt. Auf solche Stellen sollten Sie Ihre Aufmerksamkeit richten, denn auf ihnen liegt in der Erzählung offenbar besonderes Gewicht.

Im Hintergrund spielen wiederum *frames* und *scripts* eine Rolle (s. o.), die für einen bestimmten Erwartungshorizont bei den Lesenden sorgen. Auch das Wis-

---

[5] Die Ermittlung von Knotenpunkten geht ursprünglich auf Claude Bremond (Logique du récit. Paris 1973) zurück. In der gegenwärtigen narratologischen Forschung begegnet sie abgewandelt vor allem in den komplexeren „possible world theories", vgl. Ryan, Marie-Laure: Possible Worlds. In: Hühn, Peter et al. (eds.): *the living handbook of narratology*. Hamburg (http://www.lhn.uni-hamburg.de/article/possible-worlds).

sen um die Gattung eines Textes oder das Wiedererkennen bestimmter Figuren-Charaktere mit typischen Handlungsmustern kann zu einer spezifischen Erwartungshaltung beitragen. So überrascht es in Mt 15,21–28 zum Beispiel, dass Jesus, den die Leserinnen und Leser bereits aus anderen Heilungsgeschichten als zugewandten Helfer kennen, auf die Bitte der kanaanäischen Frau um Heilung für ihre Tochter zuerst gar nicht reagiert und dann vorerst mit einer Ablehnung. Hier werden Erwartungen durchkreuzt, die in der Charakterisierung der Figur begründet liegen.

Bei biblischen Texten, die wir in ihrem Handlungsablauf sehr gut kennen, fühlt es sich manchmal übertrieben künstlich an, nach Handlungsalternativen zu suchen. Aber nur die Probe kann zeigen, ob man so nicht doch neue Erkenntnisse über die Geschichte gewinnt. So suggeriert zwar der intradiegetische Erzähler Jesus am Anfang vom Gleichnis vom verlorenen Schaf (Lk 15,4–6) durch eine rhetorische Frage, dass es ganz selbstverständlich sei, dass ein Mensch seine 99 Schafe verlässt, um das eine, verlorene zu suchen. Vielleicht wäre es aber doch die näherliegende Option, für das Wohl der 99 zu sorgen und das eine, vielleicht gar nicht mehr auffindbare Schaf verlorenzugeben? Für die Deutung des Gleichnisses in seinem textlichen Rahmen (vgl. besonders Lk 15,1–3) ist die Wahrnehmung dieser verschiedenen Handlungsoptionen sogar ganz entscheidend, denn in ihnen spiegelt sich einerseits das Handeln Jesu, der sich den aus der Gemeinschaft Ausgeschlossenen zuwendet, und andererseits die Position der Pharisäer und Schriftgelehrten, die dieses Verhalten nicht befürworten.

Praktisches Vorgehen

Stellen Sie die Ereignisse und deren Verknüpfung grafisch dar und markieren sie auch eine Auswahl weiterer Handlungsoptionen, die denkbar sind, aber in der Story nicht realisiert werden. Die simpelste Variante ist die, dass Sie einem eingetretenen Ereignis einfach sein Nicht-Eintreten als Alternative hinzufügen. Aber Sie werden merken, dass jeder Text anhand seiner Schilderung von Handlungen und Figuren und anhand der Muster, die er aufruft, bestimmte Erwartungshaltungen weckt (s. o.), die über Ja-Nein-Optionen hinausreichen.

Werten Sie dann aus, was sie anhand Ihrer Darstellung über die Handlung Ihres Textes erkennen können.

Teil B: Der Text als ein Ganzes

Beispiel 33

Für die Geschichte von Maria und Marta (**Lk 10,38–42**) können wir das oben (s. Beispiel 32) erstellte Handlungsgerüst nutzen, um es hier in eine Knotenpunktdarstellung umzuformen:

In Ebene 3 habe ich mich dafür entschieden, zwei Ereignisse der Geschichte nebeneinanderzustellen. Im Text werden sie hintereinander erzählt: Zuerst wird erzählt, dass Maria sich zu Jesu Füßen hinsetzt und ihm zuhört, dann von Martas vieler Arbeit mit der Bewirtung. Es lässt sich aber nicht sicher ausmachen, dass Marias Handeln der Grund für Martas Handeln ist. Meine Deutung der Geschichte ist die, dass beide Frauen auf die gastliche Aufnahme Jesu (Ebene 2) auf ihre Weise reagieren, aber nicht in Abhängigkeit voneinander. Dafür spricht m. E., dass Marta auch später (Ebene 5) keinen Wechsel der Positionen will (so, als hätte sie sich zuvor nur um die Bewirtung kümmern müssen, weil Maria es nicht gemacht hat), sondern dass sie vielmehr Hilfe bei ihrer Arbeit einklagt. Dass sie sich selbst hinsetzen und Jesus zuhören könnte, ist keine Option für sie. Ebenso ist auffällig, dass Marta auf Ebene 5 zwar Hilfe von Maria will, aber nicht Maria direkt anspricht. Auf Ebene 6 lässt sich feststellen, dass Jesus der Erwartung der Erzählfigur Marta mit seiner Handlung auf jeden Fall nicht entspricht, denn er wendet sich nicht an Maria, sondern zurück an Marta.

c) Figurenanalyse

Am Beginn der Figurenanalyse sollte man sich einen *Überblick* verschaffen, welche Figuren in der betrachteten Perikope überhaupt vorkommen. Zu den Figuren zählen dabei nicht nur menschliche Personen, sondern prinzipiell alle Größen, die innerhalb der Erzählung zu Handlungen fähig sind, also z. B. auch personifizierte Dinge, Tiere oder transzendente Wesen, wie Engel, Gott, Gottes Geist, der Teufel etc. In der Geschichte von der Sturmstillung in Mk 4,35–41 spricht Jesus beispielsweise den sturmgepeitschten See an, befiehlt ihm zu schweigen (V. 39), und der See „gehorcht" (V. 41). Er gehört also ebenfalls zu den Figuren dieser Geschichte. Ebenso zählen zu den Figuren auch solche, die im untersuchten Text zwar nicht direkt auftreten, die aber in der Rede anderer Figuren vorkommen. Da Jesus in Mk 14,36 sein Gebet im Garten Gethsemane mit αββα ὁ πατήρ („Abba, Vater") beginnt, gehört z. B. auch Gott mit zu den Figuren der Gethsemaneperikope (Mk 14,32–42 parr.).

Besonders interessant wird die Frage nach Gott als Figur der Handlung in der Kreuzigungsszene, wo er in der Figurenrede Jesu in der markinischen und matthäischen Version zwar erwähnt, aber zugleich als abwesend charakterisiert wird (vgl. Mk 15,34 par. Mt 27,34).

Grob lassen sich Figuren in *„runde"* und *„flache" Charaktere* einteilen. Je wichtiger eine Figur für die Handlung ist, desto differenzierter wird sie in der Regel auch dargestellt (runder Charakter), Nebenfiguren können dagegen sehr schemenhaft bleiben (flache Charaktere). Ob eine Figur ein runder oder ein flacher Charakter ist, sollte in jedem Fall aber anhand einer genaueren Analyse begründet werden.

Was aber trägt alles zur Charakterisierung einer Figur bei? Prinzipiell sind *explizite und implizite Charakterisierungen* zu unterscheiden:

– *Explizit* wird eine Figur durch *direkte Aussagen der Erzählinstanz* charakterisiert, vgl. beispielsweise die Beschreibung Josefs als „gerecht" (δίκαιος) in Mt 1,19 oder das Auftreten *„falscher Zeugen"* (ψευδομάρτυρες) in Mt 26,60.
– *Implizite* Charakterisierungen finden sich sehr viel häufiger und lassen sich (1.) aus dem *Handeln, Verhalten, Reden und Denken der Figur* erschließen.
– *Implizit* kann eine Figur (2.) auch *durch andere Figuren* charakterisiert werden. Das geschieht *zum einen* durch das, was andere Fi-

guren über die Figur *explizit* sagen – und was auf jeden Fall anders beurteilt werden muss, als eine explizite Charakterisierung durch die (allwissende) Erzählinstanz: z. B. die Behauptung von Jesu Familie, dass er „von Sinnen" sei (ἔλεγον γὰρ ὅτι ἐξέστη; Mk 3,21). *Zum anderen* kann eine Figur auch durch kontrastiv gestaltete Figuren *implizit* charakterisiert werden. In Gleichnissen begegnen solche kontrastiven Figuren beispielsweise überall dort, wo anhand einer ähnlichen Ausgangslage zwei oder drei Figuren(gruppen) unterschiedlich agieren (z. B. Priester, Levit und Samaritaner in Lk 10,30–35 oder die klugen und die törichten Jungfrauen in Mt 25,1–13: s. u. Kap. 10.3c).
- Eine weitere (3.) Variante *impliziter* Charakterisierung ist die *äußere Erscheinung einer Figur*. Dabei geht es nicht nur um Aussehen und Kleidung etc., sondern auch um Namen und Beinamen einer Figur, anhand derer man unter Umständen sozialen Stand, religiöse Zugehörigkeit und/oder Herkunft ermitteln kann. So hebt z. B. das schneeweiße Gewand des Engels (τὸ ἔνδυμα λευκὸν ὡς χιών) in Mt 28,3 dessen himmlische Herkunft hervor.
- Schließlich können auch typische Figurenkonstellationen und/oder gattungsspezifische Figurenrollen zur Charakterisierung einer Figur beitragen, indem ihr bestimmte Eigenschaften und Handlungsmuster über diese Typologie zugeschrieben werden können.

Häufig begegnen solche typischen Rollen z. B. in Streitgesprächen (plötzliches Auftreten und schematische Darstellung der Gegner) und in Gleichniserzählungen (komplementäre und kontrastive Rollen) – mehr dazu s. u. Kap. 10.3.

Praktisches Vorgehen

Erstellen Sie zuerst eine Übersicht über die Figuren in Ihrer Perikope. Überlegen Sie dann, für welche der Figuren eine nähere Untersuchung der Charakterisierung lohnt. Unter Berücksichtigung der oben dargestellten Möglichkeiten expliziter und impliziter Charakterisierung (also nicht durch fantasievolle Ergänzung und emotionales Einfühlen!) können Sie für die Figurenanalyse zum Beispiel das folgende Frageraster nutzen:[6]

---

[6] Die Übersicht orientiert sich grob an der Aufstellung bei Finnern, Sönke; Rüggemeier, Jan: *Methoden der neutestamentlichen Exegese. Ein Lehr- und Arbeitsbuch* (UTB 4212). Tübingen 2016, 198–201.

1. Was erfahren Sie über die *äußere Erscheinung* der Figur (einschließlich ihrer *Namen*)? Was lässt sich daraus über ihren sozialen Stand, ihr Umfeld etc. schließen?
2. Wird die Figur *explizit* charakterisiert? Wenn ja, wie?
3. Werden *Gefühle* der Figur sichtbar?
4. Welche *inneren Bedürfnisse und Wünsche* können Sie bei der Figur erkennen?
5. Welche *Motivationen* lassen sich hinter den Handlungen der Figur erkennen? Ist das Verhalten der Figur *vorhersehbar*?
6. Welche *Sinne* setzt die Figur ein? Worauf ist die *Wahrnehmung* der Figur gerichtet? Schränkt sie selbst den Radius ihrer Wahrnehmung ein oder wird er durch die Umstände begrenzt?
7. Über welches *Wissen* verfügt die Figur? Gefragt wird dabei einerseits nach relevanten Teilen von Weltwissen, über das die Figur vermutlich verfügt, aber auch nach ihrem Wissen über das erzählte Geschehen.

   In Mt 1,18 beispielsweise erfahren die Leserinnen und Leser sofort, dass Maria „aus dem heiligen Geist", ἐκ πνεύματος ἁγίου, schwanger ist. Josef, als Figur innerhalb der Erzählung, weiß davon dagegen vorerst nichts, sondern erfährt es erst in V. 20.

8. Lassen sich *Werte und Normen* der Figur ermitteln? Ist sie von einem bestimmten Pflichtbewusstsein erfüllt, das ihre Handlungen (einschließlich Redeanteile) bestimmt? Erfüllt sie Normen und Pflichten eher formell oder aus eigener Überzeugung?
9. Wird die Figur *durch andere Figuren* charakterisiert und wie passt das zu dem bisher Ermittelten?
10. Gibt es *Veränderungen* in der Charakterisierung der Figur im Verlauf der Erzählung?
11. Ist die Figur Teil einer *(gattungs-)typischen Figurenkonstellation*? Können ihr daraus bestimmte Merkmale und/oder Handlungsweisen zugesprochen werden?

Wenn eine Figur nicht nur in der untersuchten Perikope vorkommt, sondern auch darüber hinaus (zweifellos ist das natürlich bei Jesus der Fall), sollte die Analyse sich zwar auf die Perikope konzentrieren, aber weitere Hinweise zur Charakterisierung aus dem Gesamttext in sinnvollem Maße aufgreifen. Aber Achtung: Der Rahmen der Gesamterzählung darf dabei nicht verlassen werden. Man kann also einer Figur aus einer Perikope im Matthäusevangelium keine Merkmale zuschreiben, die die gleiche Figur in einer der synoptischen Parallelen aufweist, oder Maria und Marta in Lk 10,38–42 um Züge der beiden gleichnamigen Schwestern aus Joh 11 und 12 ergänzen.

Q Beispiel 34

Wir greifen nochmals die Geschichte von Maria und Marta aus **Lk 10,38–42** auf (s. o. Beispiel 32 und Beispiel 33), die insgesamt nur drei Figuren aufweist, und fragen nach der Charakterisierung von Marta:

1. Was erfahren Sie über die *äußere Erscheinung* der Figur (einschließlich ihrer *Namen*)? Was lässt sich daraus über ihren sozialen Stand, ihr Umfeld etc. schließen?	Der Name Marta bedeutet im Aramäischen „Herrin". Da ein Mann nicht erwähnt wird, ist sie offensichtlich die Hausherrin. Als solche spricht sie die Einladung an Jesus aus. Die Erzählung ist in einem Dorf situiert. Da außer Maria keine weiteren Mitglieder des Hausstandes erwähnt werden, ist es vermutlich ein eher kleinerer Haushalt ohne weitere Familienmitglieder oder Sklavinnen und Sklaven.
2. Wird die Figur *explizit* charakterisiert?	nein
3. Werden *Gefühle* der Figur sichtbar?	In V. 40 äußert Marta ihre Unzufriedenheit mit ihrer Situation: Sie fühlt sich von ihrer Schwester alleingelassen und von Jesus nicht wahrgenommen. Zugleich geht Marta die Veränderung der Situation aktiv an. Die vorwurfsvolle und fordernde Art, in der sie sich äußert, zeugt von Ärger.
4. Welche *inneren Bedürfnisse und Wünsche* können Sie bei der Figur erkennen?	Marta will die Hilfe der Schwester bei der Bewirtung des Gastes. Marta möchte außerdem von Jesus wahrgenommen werden. Sie fordert ein „Machtwort" von ihm an Maria. Insgesamt will Marta eine Veränderung ihrer Situation.
5. Welche *Motivationen* lassen sich hinter den Handlungen der Figur erkennen? Ist das Verhalten der Figur *vorhersehbar*?	Im Gegenüber zu Maria, die Jesus in der Position der Schülerin zu seinen Füßen zuhört, lässt sich fragen, ob auch Marta primär an der Botschaft Jesu interessiert war und ihn deshalb aufgenommen hat. Zunächst schiebt sich die Notwendigkeit (= Motivation) in den Vordergrund, den Gast zu bewirten. Dass diese Arbeiten Marta dabei *übermäßig* beschäftigen, ist nicht vorherzusehen. Ihr entschiedenes Auftreten in V. 40 folgt der dreifachen Motivation, Marias Hilfe, Jesu Aufmerksamkeit und sein Eingreifen zu erreichen (s. o. Punkt 4). Überraschend ist, dass Marta sich nicht direkt an Maria wendet.

8. Narratologische Analyse

6. Welche *Sinne* setzt die Figur ein? Worauf ist die *Wahrnehmung* der Figur gerichtet? Schränkt sie selbst den Radius ihrer Wahrnehmung ein oder wird er durch die Umstände begrenzt?	Marta nimmt das Kommen Jesu wahr und lädt ihn ein. Im Folgenden ist sie auf das Wohlergehen des Gastes fokussiert, aber einseitig. Sie nimmt auch ihre Schwester nur selektiv wahr, nämlich, als nicht Helfende, aber nicht als die, die dem Gast zuhört. In ihrer Unzufriedenheit ist sie mit ihrer Wahrnehmung zunehmend bei sich selbst.
7. Über welches *Wissen* verfügt die Figur?	Als Hausherrin hat Marta die Aufsicht über alle Belange des Hauses. Sie weiß, was die Aufnahme eines Gastes bedeutet.
8. Lassen sich *Werte und Normen* der Figur ermitteln? Ist sie von einem bestimmten Pflichtbewusstsein erfüllt, das ihre Handlungen (einschließlich Redeanteile) bestimmt? Erfüllt sie Normen und Pflichten eher formell oder aus eigener Überzeugung?	Marta ist dem Ideal orientalischer Gastfreundschaft verpflichtet. Die gute Versorgung des Gastes hat Priorität. Diese Norm zweifelt sie nicht an, gerät aber dennoch in Konflikt mit ihr, weil sie der Doppelrolle als aufnehmende Hausherrin und als Frau im Haus, die für die Bewirtung des Gastes zuständig ist, nicht genügen kann.
9. Wird die Figur *durch andere Figuren* charakterisiert und wie passt das zu dem bisher Ermittelten?	Martas vieles Tun wird durch die Figur der Maria, die sich nur hinsetzt und zuhört, kontrastiert und damit noch deutlicher hervorgehoben. Jesus charakterisiert Marta in ähnlicher Weise durch den Hinweis darauf, dass sie um „vieles" (πολλά) sorgt und beunruhigt, und stellt dem „eins" (ἕν) gegenüber.
10. Gibt es *Veränderungen* in der Charakterisierung der Figur im Verlauf der Erzählung?	Zu Beginn der Perikope scheint Marta im Einklang mit ihrer Situation zu sein: Sie agiert und nimmt den Gast auf. Daraus entwickelt sich ein Konflikt (s. o. Punkt 8), der sie als unzufrieden und ärgerlich erscheinen lässt. Wiederum agiert sie, nun aber nicht mit dem Wohl des Gastes im Fokus, sondern um ihre Situation zu ändern.

Q 11. Ist die Figur Teil   nein
einer *(gattungs-)*
typischen Figuren-
konstellation?

Ob Sie in Ihrer Exegese die Charakterisierung in Form einer Tabelle anlegen, bleibt Ihnen überlassen. Aber es hilft sehr, den Text tatsächlich nach allen einzelnen Punkten abzufragen. Wie Sie sehen, bietet auch eine so kurze Perikope wie Lk 10,38–42 erstaunlich viele Informationen, die sich im Hinblick auf die Figurencharakterisierung auswerten lassen und Wichtiges zur Deutung des Textes beitragen.

8.3 WIE wird erzählt? – Die Ebene des Diskurses

Auch für die Analyse der Diskurs-Ebene kann hier nur eine Auswahl möglicher Fragestellungen präsentiert werden. Wir konzentrieren uns auf den Umgang mit der Zeit, auf die Erzählperspektive und auf den Raum.

a) Erzählte Zeit und Erzählzeit

Keine Erzählung kommt ohne *Raffungen* aus. Wenn das Erzählen immer so lange dauerte wie das Geschehen, das seinen Inhalt bildet, wenn also die *Erzählzeit* genauso lang wäre wie die *erzählte Zeit*, ginge uns genau das aus, worum es hier geht: nämlich die Zeit. Blicken wir zuerst auf den Aspekt der **Dauer**, so lässt sich feststellen, dass einzelne Phasen innerhalb einer Erzählung aber durchaus *zeitdeckend* erzählt werden können – also in etwa so viel Zeit in Anspruch nehmen, wie das (faktuale oder fiktionale) Geschehen tatsächlich gedauert haben mag (z. B. in Passagen mit viel wörtlicher Rede) – oder sogar *zeitdehnend*. Letzteres geschieht oft dann, wenn innere, mentale Prozesse erzählt werden (s. u. Abschnitt c).

Q **Beispiel 35**
Zeitdehnendes Erzählen begegnet bei der Heilung der blutflüssigen Frau in **Mk 5,25–34**. Als diese Frau von hinten an Jesus herantritt und seine Kleidung berührt (V. 27), erzählt Mk 5,29, dass „sogleich" (εὐθύς) ihr Blutstrom austrocknete. Dazwischen wird in V. 28 aber noch die innere Erwägung der Frau mitgeteilt, die dieses Berühren begleitet und damit zeitlich streckt: „Denn sie sagte sich: Wenn ich sein Gewand anfasse, werde ich gerettet werden" (ἔλεγεν γὰρ ὅτι ἐὰν ἅψωμαι κἂν τῶν ἱματίων αὐτοῦ σωθήσομαι).

Am häufigsten begegnet man in den neutestamentlichen Texten aber tatsächlich dem zeitraffenden Erzählen.

Untersuchen kann man unter dem Gesichtspunkt Zeit des Weiteren, *wie oft* einzelne Ereignisse erzählt werden (Aspekt der **Wiederholung**). Der Normalfall ist, dass ein einmaliges Ereignis auch einmal erzählt wird (= *singulatives* Erzählen). Ein einmaliges Ereignis kann aber auch mehrfach erzählt werden (= *repetitives* Erzählen), z. B. aus verschiedenen Figurenperspektiven oder zu verschiedenen Zeitpunkten in der Erzählung. Das ist beispielsweise der Fall in Apg 9,1–31; 22,5–16 und 26,12–20, wo jeweils das sog. Damaskuserlebnis des Paulus erzählt wird, zuerst vom heterodiegetischen Erzähler, dann retrospektiv noch zweimal von Paulus als intradiegetischem Erzähler (zu den unterschiedlichen Erzählebenen s. o. 8.1). Es ist klar, dass auf diese Weise die Wichtigkeit dieses Ereignisses im Leben des Paulus betont wird und die weichenstellende Funktion, die es hat.

Damit bleibt noch eine dritte Variante zu benennen: Wenn sich Ereignisse mehrfach wiederholen, in der Erzählung aber nur einmal oder zumindest seltener als die Zahl ihrer „tatsächlichen" Wiederholungen erzählt werden, liegt *iteratives* Erzählen vor. (Genau genommen sind Ereignisse natürlich nie völlig gleich, aber sie können annähernd gleich sein.)

Q Beispiel 36

Das Verfahren iterativen Erzählens lässt sich im Gleichnis von den Arbeitern im Weinberg in Mt 20,1–16 gut beobachten. Zuerst wird von der Anwerbung der Arbeiter durch den Besitzer des Weinbergs frühmorgens und zur dritten Stunde erzählt, dann folgt iterativ zusammengefasst: „Und er ging wieder hinaus um die sechste und neunte Stunde und machte es ebenso" (V. 5). Die Anwerbung der letzten Arbeiter zur elften Stunde wird dann wieder ausführlich erzählt (V. 6 f.), weil diese für die nun folgende Auszahlung des Lohns eine besondere Rolle spielen. Denn der Verwalter wird in V. 8 angewiesen, bei der Lohnauszahlung mit diesen anzufangen und so fortzufahren ἀπὸ τῶν ἐσχάτων ἕως τῶν πρώτων („von den letzten bis zu den ersten"). Wieder wird durch iteratives Erzählen zusammenfasst, was einzeln erzählt langweilig wäre, und zugleich die Aufmerksamkeit auf das gelenkt, worauf es der Erzählung ankommt: nämlich die Bezahlung der zuletzt eingestellten Arbeiter, die einen Denar bekommen, und der zuerst eingestellten, die nun mehr erwarten, aber auch nur den vereinbarten Denar erhalten (V. 9 f.).

Eine weitere wichtige Möglichkeit des Erzählers mit der Zeit umzugehen, liegt in der Anwendung von Vorgriffen (*Prolepsen*) und Rückblenden (*Analepsen*). Zu fragen ist also nach der zeitlichen Anordnung der Ereignisse. Fällt diese nicht mit der chronologischen Abfolge zusammen, die das Handlungsgerüst aufzeigt (s. o. 8.2a), liegen *Anachronien* vor, die nicht nur als Prolepsen oder Analepsen näher zu bestimmen sind, sondern auch in ihrer zeitlichen *Reichweite*. *Interne Analepsen* sind Rückgriffe auf Ereignisse, die zu einem früheren Zeitpunkt der Handlung stattfanden, aber erst zu einem späteren Zeitpunkt vom Erzähler sozusagen „nachgeliefert" werden (vgl. z. B. die in Mk 6,17–29 eingefügte Erzählung vom Tod Johannes des Täufers durch Herodes Antipas). *Externe Analepsen* beziehen sich auf etwas, das *vor* der erzählten Handlung liegt. Entsprechend sind *interne Prolepsen* Vorhersagen, die noch innerhalb der Erzählung eintreffen (oder auch nicht), *externe Prolepsen* reichen über den zeitlichen Rahmen des erzählten Geschehens hinaus.

Q **Beispiel 37**

In Mk 3,13–19 wird von der Berufung der zwölf Jünger Jesu erzählt. Der Zusatz zu Judas Iskariot als ὃς καὶ παρέδωκεν αὐτόν („der, der ihn auch auslieferte") ist dabei ein Vorgriff auf Ereignisse, die erst später folgen (s. Mk 14,10), es handelt sich also um eine interne Prolepse. Die Vorhersage des Jünglings im Grab in Mk 16,7, dass der auferweckte Jesus den Jüngerinnen und Jünger vorangehen werde nach Galiläa, wo sie ihn sehen würden, reicht über den Rahmen des Markusevangeliums hinaus, das ursprünglich vermutlich mit 16,8 endete, und ist somit eine externe Prolepse. (Auch der sekundäre Markusschluss in 16,9–20 schildert aber keine Begegnung in Galiläa.)

b) Fragen der Erzählperspektive

Was der Erzähler einer Erzählung vom Geschehen wahrnimmt und was er davon weiß, hat wesentlich mit der **Perspektive** zu tun, die er als Beobachter einnimmt. Einflussreich sind in der Narratologie hier nach wie vor die Untersuchungen Gérard Genettes zur Fokalisierung.[7] Demnach kann der Erzähler *extern*, also außerhalb des Geschehens verortet sein, oder *intern*, also innerhalb des Geschehens, d. h. an eine Figur der Erzählwelt gebunden sein. Von dieser Positionierung hängen auch die Möglichkeiten ab, in das Innenleben der Figuren bli-

---

[7] Vgl. Genette, Gérard: *Die Erzählung*. 3., durchges. u. korr. Aufl. Paderborn 2010, 118–135. Zur Kritik an gewissen Ausführungen in der Theorie Genettes, die hier nur knapp in Form der zusätzlichen Thematisierung der Ideologie des Erzählers (s. u.) aufgenommen wird, vgl. Lahn/Meister: Einführung, 120 f. (s. u. Hilfsmittel).

cken zu können. Der externe Erzähler verfügt über diese Möglichkeit *nicht*, ein intern fokalisierter Erzähler kennt nur das Innenleben derjenigen Figur, an die er mit seiner Perspektive gebunden ist. Liegt eine sogenannte Nullfokalisierung vor, dann ist der Erzähler in seinen Wissens- und Wahrnehmungsmöglichkeiten dagegen durch nichts eingeschränkt. Systematisiert stellen sich die verschiedenen Fokalisierungen folgendermaßen dar:

externe Fokalisierung	= Außensicht	Der Erzähler weiß *weniger* als die Figuren, kann nicht in sie hineinblicken und hat kein übergreifendes Wissen von der Handlung.
interne Fokalisierung auch: aktoriale oder personale Perspektive	= Mitsicht (gekoppelt an eine Figur; Spezialfall: Ich-Perspektive)	Der Erzähler weiß etwa *genau so viel* wie eine Figur, kennt auch das Innenleben dieser Figur, aber nicht das der anderen.
Nullfokalisierung auch: auktoriale Pespektive	= Übersicht (über den Figuren stehend)	Der Erzähler weiß *mehr* als die Figuren, kann in verschiedene Figuren hineinblicken und weiß über die Handlung an verschiedenen Orten und zu verschiedenen Zeiten Bescheid; er kann die Ereignisse kommentieren und deuten.

Die Fokalisierung innerhalb eines Textes kann auch wechseln. Vorherrschend in neutestamentlichen Erzähltexten ist die Nullfokalisierung, die aber immer wieder auch von kürzeren Abschnitten mit externer oder interner Fokalisierung abgelöst wird. Während eine partielle externe Fokalisierung nicht immer besonders analysiert werden muss, sondern sich auch gut in die übergreifende Nullfokalisierung einordnen lässt (als eine kürzere Phase, in der der auktoriale Erzähler sein übergreifendes Wissen nicht an die Leserinnen und Leser weitergibt), sind Abschnitte mit einer personalen Perspektive genauer zu betrachten. Hier ist vor allem darauf zu achten, dass man die an eine Figur gebundenen Wahrnehmungen nicht automatisch als allgemein gültige Wahrnehmungen und allen Figuren in der Perikope verfügbares Wissen versteht. Zumindest ist zu *prüfen*, ob das, was die eine Figur wahrnimmt und weiß, auch dem entspricht, was für *andere* Figuren in der Perikope zugänglich ist (s. u. Beispiel 39).

Beispiel 38

In **Mk 10,17–22** stoßen wir auf einen für viele neutestamentliche Erzähltexte typischen Wechsel in der Fokalisierung: Zuerst wird eher neutral und von außen das Zusammentreffen eines Mannes mit Jesus erzählt, der ihn nach dem ewigen Leben fragt. Auch die sich anschließende und bis V. 17 reichende Wiedergabe eines Dialogs bleibt der Außensicht verhaftet. Dann aber zeigt sich eine deutliche Nullfokalisierung, denn der Erzähler sieht sowohl in Jesus als auch in den Mann hinein und beschreibt deren Gefühlsregungen: Jesus „gewann ihn lieb", fordert ihn sogar zur direkten Nachfolge auf, verlangt aber vorher, dass er seinen ganzen Besitz verkauft und an die Armen verteilt. Daraufhin weiß der Erzähler, dass der Mann „erschrocken über dieses Wort, traurig davonging" (V. 22). Dann liefert der Erzähler gleich noch einen Beweis seines übergreifenden Wissens nach, der die zuletzt geschilderte Emotion begründet: „... denn er hatte viel Besitz."

Beispiel 39

In der markinischen Erzählung von der Taufe Jesu (**Mk 1,9–11**), lässt sich eine interne (= personale) Fokalisierung feststellen, wenn es unmittelbar nach der Taufe über Jesus heißt: „Und sogleich, als er aus dem Wasser stieg, *sah er*, wie der Himmel aufriss und der Geist wie eine Taube herabkam auf ihn. Und es geschah eine Stimme vom Himmel: Du bist mein geliebter Sohn, an dem ich Gefallen habe" (Mk 1,10f.). Der Akkusativ mit Partizip (AcP) nach Verben der Wahrnehmung (εἶδεν σχιζομένους τοὺς οὐρανοὺς καὶ τὸ πνεῦμα ὡς περιστερὰν καταβαῖνον εἰς αὐτόν) ist eine typische griechische Konstruktion und beschreibt, was vom Subjekt wahrgenommen wird (vgl. BDR § 416). Im vorliegenden Fall nutzt der Erzähler diese Konstruktion, um das visionäre Erlebnis des offenen Himmels mit der Taube und der Himmelsstimme als *Mitsicht* zu beschreiben. Er teilt die Perspektive Jesu. Damit haben zwar auch die Leserinnen und Leser Anteil an diesem Wissen, nicht aber notwendigerweise die anderen Figuren der Erzählung. Ob also auch Johannes der Täufer die Himmelsstimme hört und erfährt, dass es sich bei Jesus um den geliebten Gottessohn handelt, können wir dem Text nicht entnehmen (vgl. dagegen ganz anders Joh 1,31–34!). Das ist wiederum ein wichtiges Indiz im Hinblick auf die Charakterisierung der Figur des Johannes (s. o. 8.2c), für die hier aus der Analyse der Erzählperspektive wichtige Erkenntnisse gewonnen werden können. (Auf noch andere Weise als Mk und Joh verfahren Mt und Lk in ihrer Erzählung von der Taufe und der Himmelsstimme.)

Ein Erzähler kann auch von einer bestimmten **Ideologie** geleitet sein, die sein Erzählen in bestimmter Weise bestimmt und seine Wahrnehmung der Figuren und Handlungen beeinflusst. (Immer ist dabei zu bedenken, dass wir mit dem Erzähler keine reale Person, sondern eine fiktive Instanz meinen, die vom Autor oder der Autorin entworfen wird, um die Geschichte zu erzählen). Welche Wertmaßstäbe den Erzähler leiten, ist oft nur indirekt zu ermitteln. Sie können sich in direkten Charakterisierungen von Figuren zeigen (s. o. 8.2c), sie können aber auch mit den Maßstäben und Normen einzelner Figuren im Text identisch sein. Zu fragen ist also unter anderem, ob sich der Erzähler einer oder mehreren Figuren in deren Meinung anschließt.

c) Positionierung des Erzählers im Raum

Wie etwas erzählt wird, hängt auch von der Positionierung des Erzählers im erzählten Raum ab. Je nach Erzählperspektive (s. o. Abschnitt b) kann die Position im Raum auch an die Position einer Figur in diesem Raum gekoppelt sein. In jedem Fall gilt: Ist der Erzähler nah am zentralen Geschehen dran, entsteht der Eindruck von *Unmittelbarkeit*, entfernt er sich davon, stellt sich bei den Leserinnen und Lesern ein Gefühl der *Distanz* zum Erzählten ein.

Aufschlussreich ist es dabei, auf die Wiedergabe von direkter Rede zu achten, denn die lässt sich nur aus der Nähe wahrnehmen. Zu fragen ist aber, ob die Personen, die man in der Erzählung gerade sprechen hört, im Zentrum der Handlung oder eher an der Peripherie zu finden sind. So ist man in Heilungsgeschichten in der Regel nah am Geschehen der Heilung und hört, was Jesus und die Heilung Suchenden sprechen. Zum Schluss kann es aber wie z. B. in Mk 2,12 sein, dass man plötzlich die Menschen in der versammelten Menge reden hört und somit aus dem Zentrum der Geschichte herausgeleitet wird.

Um die Verortung des Erzählers im Raum in Relation zum Geschehen zu beurteilen, kann es hilfreich sein, sich die Erzählung als einen Film vorzustellen. Fragen Sie sich, wo die Kamera gerade ist: Geht sie mit? Gibt es eine Großaufnahme? Oder eher eine Weitwinkeleinstellung, die das ganze Geschehen überschaut? Wie im Film auch, kann die Einstellung wechseln.

Q Beispiel 40

In der Erzählung von der Auferweckung der Tochter des Jaïrus in **Mk 5,21–24.35–43** ist man als Leserin oder Leser teilweise ganz nah am Geschehen dran. In V. 39 spricht Jesus direkt mit den versammelten Menschen und vertreibt sie aus dem Haus. Die „Kamera" bleibt bei ihm, als er mit den Eltern zusammen in den Raum geht, wo das Mädchen liegt, als er die Hand des Mädchens ergreift, und „nimmt" die Worte „auf", die er direkt zu ihr spricht. Dass unmittelbar danach aber die Übersetzung dessen geboten wird, was Jesus da gesagt hat, ruft Ihnen deutlich in Erinnerung, dass Sie nicht direkt daneben stehen, sondern jemand anders für Sie diese Geschichte erzählt (bzw. „filmt") und mit Kommentaren versieht – die „Kamera" nimmt sozusagen wieder eine entferntere Position ein und Sie bekommen einen „Untertitel" eingeblendet, der die Illusion des direkten Dabeiseins zurücknimmt. Die synoptische Parallele in Mt 9,23–26 kommt zwar ohne den erläuternden „Untertitel" aus, lässt dafür aber sowohl die direkte Rede Jesu als auch die Eltern, die mit ihm hineingehen, unerwähnt. Dadurch entsteht insgesamt mehr Distanz zum Geschehen als bei Mk.

Praktisches Vorgehen

a) Zeit:
   - Bestimmen Sie das Verhältnis von erzählter Zeit zu Erzählzeit. Beachten Sie dabei, dass Zeitraffungen eher üblich sind. Aber: Gibt es signifikante Zeitdehnungen? Wird über weite Teile des Textes zeitdeckend erzählt? Welche Teile der Erzählung werden auf diese Weise besonders hervorgehoben?
   - Prüfen Sie, ob bestimmte Ereignisse in Ihrem Text repetitiv (= häufiger als eigentlich vorkommend) oder iterativ (= zusammenfassend) erzählt werden. Wenn ja, weshalb?
   - Prüfen Sie, ob der Text Analepsen oder Prolepsen enthält. Bestimmen Sie deren Reichweite.
b) Perspektive:
   - Ermitteln Sie, mit welcher Art von Fokalisierung Sie es in Ihrem Text zu tun haben. Gibt es signifikante Wechsel? Gibt es Passagen, in denen die Perspektive ganz mit der Blickrichtung einzelner Figuren zusammengeht? Erfahren die Leserinnen und Leser mehr als die Figuren im Text? Was bedeutet das für die Wahrnehmung des Geschehens?
   - Prüfen Sie, ob sich in der Erzählung eine ideologische Positionierung des Erzählers gegenüber der Geschichte und ihren Figuren feststellen lässt.
c) Raum:
   - Ermitteln Sie die Position des Erzählers im erzählten Raum. An welchen Stellen der Erzählung wird eine große Unmittelbarkeit zum Erzählten hergestellt? Was wird damit inhaltlich „ins Rampenlicht" gestellt, welche Figuren sind wichtig?

Hilfsmittel

Lahn, Silke; Meister, Jan Christoph: *Einführung in die Erzähltextanalyse.* Mit Beiträgen von Matthias Aumüller u. a. 3., akt. und erw. Aufl. Stuttgart 2016. (auch als E-Book)

✂ Martínez, Matías; Scheffel, Michael: *Einführung in die Erzähltheorie*. 11. aktual. u. überarb. Aufl. München 2019. (auch als E-Book)
Zimmermann, Ruben: Art. Narratologische Analyse; Erzähltextanalyse. In: Das wissenschaftlich-religionspädagogische Lexikon im Internet (www.wirelex.de), 2019 (https://www.bibelwissenschaft.de/stichwort/200628/).

⚭ Verknüpfung mit anderen Exegeseschritten

Das ermittelte Handlungsgerüst lässt sich in der Gattungsanalyse (s. u. Kap. 10) zum Vergleich mit anderen Texten heranziehen. Knotenpunkte und Figurencharakterisierung können in der pragmatischen Analyse (s. u. Kap. 9) aufgegriffen werden. Die Analyse der Diskursebene weist gewisse Verbindungen zur Redaktionsgeschichte auf (s. u. Kap. 13).

9. Pragmatische Analyse –
Wie nutzt der Text Sprache, um etwas zu bewirken?

9.1 Einführung: Sprechakttheorie und Vier-Seiten-Modell einer Nachricht

Während die vorangegangenen Kapitel sich viel mit der Analyse des Aufbaus und des Inhalts von Texten befasst haben, fragt die Pragmatik nach der *Funktion* eines Textes:

- Was will der Text bewirken?
- Welche sprachlichen Mittel setzt er dafür in welcher Weise ein?

Zweifellos lässt sich das nicht unabhängig von Aufbau und Inhalt eines Textes bestimmen, daher werden uns die vorausgegangenen Analysen aus den Kapiteln 6–8 wertvolle Hilfe leisten. Auch die Frage nach der Gattung (s. u. Kap. 10) hat viel mit der Frage nach der kommunikativen Funktion von Texten zu tun. Dass sie dort separat behandelt wird, hat v. a. forschungsgeschichtliche Gründe.

Im Hintergrund der pragmatischen Fragestellung steht die sprachwissenschaftliche **Sprechakttheorie**, die alle sprachlichen Äußerungen als *Handlungen* auffasst, deren Absichten man dementsprechend untersuchen kann. Eine weithin rezipierte Klassifizierung unterschiedlicher Sprechakte stammt von John R. Searle:[8]

Sprechakte	*Absicht*	*passende* verba dicendi
repräsentative Sprechakte (Behauptungen, Feststellungen, Zusicherungen)	sagen oder behaupten, wie sich etwas verhält	sagen, behaupten, mitteilen, berichten, offenbaren, deuten
regulative bzw. **direktive** Sprechakte (Bitten, Anweisungen)	jemanden zu einer Handlung bewegen	bitten, befehlen, vorschlagen, ermahnen, auffordern, anordnen

---

[8] Vgl. Searle, John R.: A Taxonomy of Illocutionary Acts (1975). In: Ders.: *Expression and Meaning. Studies in the Theory of Speech Acts.* Cambridge 1979, 1–29, hier: 12–20; s. dazu auch Brinker: Textanalyse, 94–119 (vollständige Literaturangabe s. o. 6.3 Hilfsmittel).

Sprechakte	Absicht	passende verba dicendi
kommissive (d. h., sich verpflichtende) Sprechakte (Versprechungen, Drohungen)	sich selbst auf eine Handlung festlegen	versprechen, geloben, vereinbaren, anbieten, drohen
expressive Sprechakte (Gefühlsäußerungen)	den eigenen psychischen Zustand ausdrücken	danken, grüßen, klagen, gratulieren, sich entschuldigen
deklarative Sprechakte (Erklärungen)	den Wechsel eines Zustands hervorrufen	ernennen, befördern, entlassen, verhaften, erklären für, taufen

Natürlich wird die Absicht eines Satzes oder Textes nicht immer durch so explizite „Verben des Sagens" (*verba dicendi*) verdeutlicht, wie wir sie in dieser Tabelle finden. Gerade in den neutestamentlichen Briefen finden wir sie aber an einigen Stellen. So lesen wir im Ersten Petrusbrief beispielsweise: „Die Ältesten unter euch nun *ermahne* ich …" (1 Petr 5,1), und es ist unschwer zu erkennen, dass der Verfasser die Lesenden damit zu einem bestimmten Verhalten bewegen will (regulativer Sprechakt). Wenn Paulus in 1 Kor 1,4 schreibt, „Ich *danke* meinem Gott allezeit euretwegen für die Gnade Gottes, die euch gegeben ist in Christus Jesus", wird ebenfalls schnell deutlich, dass er hier mit Hilfe eines expressiven Sprechakts seine Freude und Dankbarkeit ausdrückt. Zugleich könnten sich gerade mit diesem zuletzt zitierten Satz aus 1 Kor 1,4 aber, pragmatisch betrachtet, noch weitere Absichten verbinden als nur jene, die offensichtlich benannt ist. Denn dass Paulus sich dankbar zeigt für die Gnade Gottes, die den Gläubigen in Korinth gegeben sei, könnte sich in deren Ohren vielleicht auch wie eine Aufforderung angehört haben, dass sie nicht nachlassen sollten, entsprechend dieser Gnadengabe zu leben.

Um für solche Nuancen sensibel zu werden (die sich in einer aktuellen Kommunikation allerdings leichter analysieren lassen, als in nicht primär an uns gerichteten Briefen aus dem 1. Jahrhundert nach Christus), hilft das **Vier-Seiten-Modell**, das Friedemann Schulz von Thun im Anschluss an Karl Bühler und Paul Watzlawick entwickelt hat.[9] Es beschreibt vier mögliche Aspekte (oder Seiten), die in einer Nachricht enthalten sein können:

---

[9] Schulz von Thun, Friedemann: *Miteinander reden*. Bd. 1: *Störungen und Klärungen. Allgemeine Psychologie der Kommunikation*. Hamburg 1981.

- Sachinhalt
- Selbstoffenbarung
- Beziehung
- Appell

Diesen vier Seiten entsprechen vier „Ohren", mit denen man eine Nachricht hören kann:

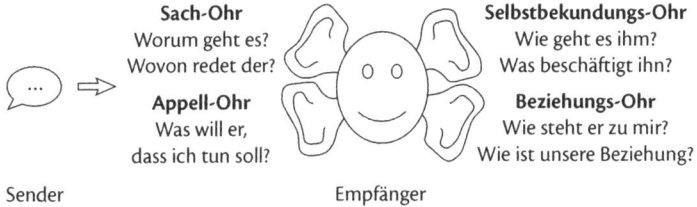

Das Modell lässt sich gut in Ergänzung zu den oben aufgeführten Sprechakten nutzen. Es macht vor allem zweierlei noch deutlicher: Zum einen müssen Aussagen und Texte nicht nur auf eine Absicht beschränkt sein (wiewohl meistens eine dominiert). Zum anderen kann der Sender einer Nachricht zwar etwas Bestimmtes intendieren, es kann beim Empfänger aber anders ankommen – also im „falschen Ohr" landen.

Bei der Untersuchung der Pragmatik von Texten lässt sich prinzipiell unterscheiden zwischen der intratextuellen Pragmatik (s. u. 9.2) und der Textpragmatik (s. u. 9.3).

9.2 Intratextuelle Pragmatik

In der intratextuellen Pragmatik wird die allgemeine Frage der Pragmatik zugespitzt darauf, welche **Funktion** einzelne Sätze oder Textabschnitte **innerhalb des Textes** haben. Das lässt sich vor allem in *argumentativen Textpassagen* gewinnbringend untersuchen. Vergessen Sie dabei nicht: Auch narrative Texte können argumentative Abschnitte enthalten! Außerdem können Sie *Dialoge* in narrativen Texten im Hinblick auf deren intratextuelle Pragmatik analysieren.

Praktisches Vorgehen

a) Argumentativer Text oder Textabschnitt:
Analysieren Sie, wie das Argument aufgebaut ist. Dazu bietet Ihnen die grammatisch-syntaktische Analyse des Textes (s. o. 6.2 und 6.3) eine gute Grundlage, auf der Sie nun weiterfragen können:
- Werden im Text *Thesen* aufgestellt? Werden sie begründet? Bilden die Thesen den Ausgangspunkt für eine Argumentation oder eher ihr Ende?
- Gibt es *Beispiele*, die zur Begründung bestimmter Aussagen eingesetzt werden?
- Werden *Ziele* und *Folgen* von Handlungen oder Denkbewegungen beschrieben? (Hier kann z. B. die Analyse von Konditionalsätzen wichtig sein.)
- Werden *Stilmittel* eingesetzt, um ein Argument zu strukturieren? (Hier kommen noch weitaus mehr rhetorische Stilmittel in Frage, als jene, die oben in Kap. 6.3 im Hinblick auf die grammatische Struktur aufgeführt wurden: s. u. Hilfsmittel.)

Q Beispiel 41

Der zur Bergpredigt gehörende Abschnitt Mt 7,7–11 thematisiert das Bitten und Beten. Der Text beginnt mit einer *Aufforderung*, zu bitten, zu suchen und anzuklopfen und stellt den Erfolg der geforderten Handlungen in Aussicht. Begründet wird das, was V. 7 behauptet, in V. 8 trotz der Einleitung mit γάρ („denn") aber nicht wirklich, sondern nur noch einmal anders formuliert (V. 7: Imperativ → Erfüllung im Futur; V. 8: partizipialer Ausdruck „jeder, der ..." → Erfüllung im Präsens). Erst die Verse 9–10 präsentieren *Beispiele* aus der Lebenswelt der Angesprochenen in Form von *rhetorischen Fragen* zur Begründung. V. 11 zieht aus den Beispielen schließlich einen Schluss vom Kleinen zum Großen (Stilmittel: Schluss *a minore ad maius*) und plausibilisiert damit die Ausgangsforderung einschließlich der behaupteten Erfüllung.

b) Dialog in einem (narrativen) Text:
In der Anwendung auf Gesprächssituationen werden die oben (s. 9.1) beschriebene Sprechakttheorie und das Vier-Seiten-Modell am schnellsten plausibel. Liegt Ihnen also ein Dialog im Text vor, greifen Sie auf eines oder beide Modelle zurück und analysieren im Hinblick auf das dialogische Geschehen, was einzelne Äußerungen der Gesprächspartner jeweils für eine Funktion haben. Je nach Ausgestaltung und Umfang des narrativen Textes lässt sich unter Umständen sogar ermitteln, ob die Absicht, die die jeweils sprechende Figur mit ihrem

Sprechakt verbindet, beim Gegenüber entsprechend ankommt und zu einer Handlung (oder einem Sinneswandel etc.) führt. Gemeint ist hier natürlich das Gegenüber *im Text*, denn wir fragen gerade nach der *intra*textuellen Pragmatik. Übertragungen über den Text hinaus auf die Hörenden und Lesenden, wie sie unten dann die Textpragmatik untersucht (s. u. 9.3 und besonders Beispiel 46), sind hier dagegen nicht im Blick und – wenn überhaupt – nicht ohne eine methodische Reflexion möglich.

Beispiel 42

In Mt 9,9–13 (s. o. Beispiel 21) liegt die Frage der Pharisäer (V. 11cZ) trotz des einleitenden διὰ τί („Warum?") eher nicht auf der Sachebene (repräsentativer Sprechakt), sondern will Kritik an Jesu Verhalten äußern (s. o. Beispiel 29) und ist also als regulativer Sprechakt einzuordnen. Jesu Antwort in V. 12–13 bedient sowohl die Sachebene, indem er sein Verhalten mit einem Bildwort (V. 12cZ–12cZ) und mit seinem Auftrag begründet (V. 13eZ–13fZ), als auch die appellative Ebene, indem er den Pharisäern einen direkten Auftrag erteilt: „Geht aber hin und lernt ..." (V. 13aZ–13dZZ).

Mit einem Vorgriff auf unten erst näher thematisierte exegetische Schritte lässt sich feststellen, dass Mt hier im Gegensatz zur Vorlage aus Mk 2,13–17 den Charakter der Erzählung als Streitgespräch schärft (s. u. Kap. 13.2 mit Beispiel 61 zum synoptischen Vergleich und zuvor Kap. 10.3b zum Streitgespräch als Gattung). Ob die Pharisäer die Aufforderung aufgreifen, erzählt der Text nicht. Auch das ist gattungstypisch (s. ebenfalls unten 10.3b).

9.3 Textpragmatik

In der Textpragmatik steht die **Wirkabsicht des Textes insgesamt** im Zentrum, also: Wozu wurde der Text verfasst? In welchem Kommunikationszusammenhang steht er? Antworten darauf lassen sich deutlich leichter finden in Texten, in denen der Verfasser sich auf direkte Weise an sein Zielpublikum wendet, also z. B. bei den authentischen Paulusbriefen. Bei den Evangelien und auch der Apostelgeschichte dagegen haben wir es mit narrativen Großgattungen zu tun, in denen der Autor nicht in vergleichbarer Weise mit den Lesenden kommuniziert, sondern ein Erzähler als Instanz *innerhalb* der Erzählung sich an implizite Leser wendet, die wiederum nicht identisch mit dem realen Publikum sind (s. o. 8.1). Beachtet man diese zusätzliche Ebene, dann lassen sich aber auch Evangelien- und Apostelgeschichtstexte textpragmatisch analysieren.

Für die Untersuchung sind zuerst solche *Textsignale* relevant, die *direkte* Hinweise auf die Intention des Verfassers bzw. Erzählers in Form von *verba dicendi* oder Imperativen etc. geben.

Sehr viel seltener wissen wir dagegen etwas über *textexterne* Faktoren, die den *Äußerungskontext* (s. o. 7.2) erhellen und auf diese Weise Hinweise auf die Absicht eines Textes geben können. Das ist, wenn überhaupt, vor allem bei den Paulusbriefen der Fall. Hier ist dann mit Hilfe von Einleitungen ins Neue Testament und anderer Sekundärliteratur (s. o. Kap. 5 Hilfsmittel) die Kommunikationssituation möglichst genau zu erschließen, um daraus Schlüsse für die intendierte Wirkung des Textes zu ziehen.

In erzählenden Texten oder Textpassagen ist die textpragmatische Analyse auf indirekte Hinweise zur *Leserlenkung* angewiesen. So kann das Figurenhandeln als *Rollenangebot* fungieren oder die erzählte Geschichte ein *Modell für eine Problemlösung* anbieten.

Praktisches Vorgehen

Wie eben schon deutlich wurde, ist die Art des Textes bei der textpragmatischen Untersuchung zu beachten und das Vorgehen entsprechend unterschiedlich:

a) Neutestamentliche Brieftexte und andere (nicht narrative) Texte: Bei neutestamentlichen Brieftexten sollten Sie immer prüfen, ob Ihr Text *verba dicendi* (s. o. 9.1) enthält und was sich daraus hinsichtlich der Intention des Textes ableiten lässt. Für Brieftexte, aber auch für andere Texte, sind des Weiteren v. a. *Imperative* und vergleichbare Aussagen ausschlussreich, die auf ein bestimmtes Verhalten der Lesenden zielen. Sie können außerdem prüfen, ob der Text *Beispiele* liefert, aus denen die Lesenden Konsequenzen ableiten können (vgl. z. B. Hebr 11), oder ob *Ziele* und *Folgen* von Handlungen oder Denkbewegungen beschrieben werden („wenn ..., dann" etc.).

Q Beispiel 43

In Joh 20,30 f., dem ersten Buchschluss des Evangeliums, findet sich in V. 30 zuerst eine metatextliche Reflexion über das Geschriebene, bzw. eher über das, was das Evangelium *nicht* enthält, nämlich „noch viele weitere Zeichen" (πολλὰ ... ἄλλα σημεῖα), die Jesus tat. Daran schließt sich in V. 31 eine klare Zielformulierung an, wozu jene Zeichen, die das Evangelium tatsächlich erzählt hat, dienen sollen: „Diese aber sind geschrieben, *damit ihr glaubt (ἵνα πιστεύσητε), dass Jesus der Gesalbte (ὁ χριστός) ist, der Sohn Gottes, und damit ihr* als Glaubende Leben habt in seinem Namen." Im Hinblick auf die Textpragmatik des gesamten Evangeliums lässt sich hier also feststellen, dass es das Ziel hat, die Leserinnen und Leser zum Glauben an Jesus als den Messias und Sohn Gottes zu führen.

Beispiel 44
In **Mt 6,19–21** (s. o. Beispiel 30) wird durch die *Imperative* sehr gut deutlich, was der Text von den impliziten Lesern will. Dass sie Schätze im Himmel und nicht auf der Erde sammeln sollen, wird durch die Hinweise auf die zerstörenden Motten und Würmer und die Diebe noch zusätzlich motiviert. (Hier zeigt sich im Übrigen deutlich die Zeitgebundenheit des Textes, der heutige Leserinnen und Leser vermutlich besser mit einem Verweis auf Bankenkrisen, Inflation etc. überzeugen könnte.) Der abschließende Satz in V. 21 formuliert dann aber nicht mehr imperativisch, sondern stellt einfach eine Relation her zwischen dem Ort des Schatzes und dem Ort des „Herzens". Dass aber auch darin eine klare Handlungsorientierung erkennbar ist, konnten Sie bereits in Beispiel 30 anhand der Analyse der *Sinnlinien* sehen, die sich hier nahtlos in die pragmatische Analyse einfügen ließe.

Beispiel 45
Auch der bereits grammatisch näher analysierte Text **Mt 7,1–5** (s. o. Beispiel 23) enthält in V. 1a einen negierten Imperativ, der auf direkte Weise verdeutlicht, wie die impliziten Leser nicht handeln sollen. In V. 1b wird die Folge zuerst ebenfalls in einer negierten Aussage ausgedrückt; in V. 2 schließt sich dann eine mit γάρ („denn") eingeführte doppelte Begründung an, die die Folgen des geschilderten Handelns positiv formuliert. Die sprachlich dichte Gestaltung dieser Aussagen (*figura etymologica*, parallele Gestaltung in V. 2, aber chiastisch zu V. 1), zu der in der grammatisch-syntaktischen Analyse bereits einiges gesagt worden ist, arbeitet der Pragmatik zu und ließe sich in einer exegetischen Arbeit hier direkt mit aufgreifen und verbinden. Man kann an der Analyse dieser beiden Versen auch gut sehen, wie Textpragmatik und intratextuelle Pragmatik zusammengehen.

Unter Rückgriff auf die strukturelle Analyse oben in Beispiel 23 lässt sich stichpunktartig auch die Textpragmatik für den zweiten Teil des Textes (Mt 7,3–5) beschreiben: Die Ansprache wechselt vom „ihr" zum „du" und spricht den impliziten Leser somit noch direkter an. Er bekommt eine rhetorische Frage gestellt, die sein Handeln in einer Situation kritisiert, die vom Text als gegeben geschildert wird, so, als ereigne sie sich gerade (V. 3). Das ist zwar zweifellos nicht so, aber da die Pronomen an dieser Stelle keine andere Figur im Text als Identifikationsmöglichkeit anbieten, bleibt als „Du" der Leser angesprochen. In V. 4 wiederholt sich die gleiche Strategie mit leichten Variationen. In V. 5 schließlich folgt – immer noch im Rahmen der als real imaginierten Situation – die Beschimpfung des Lesers als „Heuchler" und eine mit einem Imperativ eingeleitete Handlungsanweisung, was er statt seines falschen Verhaltens richtigerweise zuerst und was danach zu tun habe. Dass diese, fast dreist zu nennende Strategie bei den Lesenden keine komplette Ablehnung hervorruft, liegt vermutlich an der einerseits völlig übertriebenen und somit unwahrscheinlichen Situation und an dem andererseits ganz zu Recht kritisierten Verhalten, denn mit einem „Balken" im eigenen Auge kann man zweifellos nicht genug sehen, um einen Splitter aus dem Auge des Bruders zu ziehen.

b) Erzählende Texte:
Bei narrativen Texten schauen Sie sich zuerst das *Figurenhandeln* an. Überlegen Sie, ob besonders *vorbildliche* (oder abschreckende) Figuren geschildert werden und ob im Verhalten einzelner Figuren ein *Rollenangebot* liegen könnte. Hierbei greifen Sie selbstverständlich auf Ihre Ergebnisse aus der narratologischen Figurenanalyse (s. o. 8.2c) zurück. Prüfen Sie dann, ob die Erzählung insgesamt eine *Lösung* für ein bestimmtes *Problem* anbietet, die sich modellhaft auch auf andere Situationen außerhalb des Textes übertragen ließe. Achtung: Lange nicht alle narrativen Texte bieten Rollenübernahmen an oder lösen paradigmatisch Probleme! Es kann sein, dass die textpragmatische Analyse hier zu keinen prägnanten Ergebnissen kommt.

Ganz konkret sollten Sie bei *Wundergeschichten* zurückhaltend mit der Einschätzung sein, dass es hier Rollenangebote im pragmatischen Sinne gäbe. Denn die Situation der Hilfesuchenden ist in der Regel eine sehr spezifische, die sich nicht ohne Weiteres übertragen lässt. Insbesondere gilt das aber für die Position Jesu. Dessen Kraft zu heilen und zu retten ist als etwas Besonderes wahrzunehmen. Wollten wir es als Rollenangebot in direktem Sinne verstehen, wäre das Überforderung und Anmaßung zugleich. Aber auch pragmatische Textdeutungen im Sinne ethischer Appelle an Hilfsbereitschaft und Nächstenliebe sollten kritisch überprüft werden, denn sie treffen nicht notwendig die Intention einer Wundergeschichte (s. u. 10.3a). Vielmehr ist in erster Linie damit zu rechnen, dass Wundergeschichten dazu dienen, die Figur des Wundertäters und dessen Besonderheit hervorzuheben. In neutestamentlichen Texten sind Wundergeschichten daher immer (auch) auf ihren christologischen Gehalt hin zu befragen.

Q **Beispiel 46**
Die Geschichte von der Heilung der Tochter des Jaïrus (Mk 5,21–24.35–43) beginnt schon lange, bevor Jesus überhaupt im Haus des Jaïrus angekommen ist, wo die kranke Tochter liegt. Sie spitzt sich dramatisch zu, als auf dem Weg dorthin plötzlich Leute entgegenkommen und mitteilen, dass Jaïrus' Tochter gestorben sei und Jesus nicht mehr kommen müsse (V. 35). An dieser Stelle sagt Jesus zu Jaïrus: μὴ φοβοῦ, μόνον πίστευε („Fürchte dich nicht, glaube nur!" Mk 5,36). Wichtig ist, dass man diese Aufforderung nicht aus dem Kontext loslöst, denn sie richtet sich zunächst einmal an eine Figur *innerhalb* der Erzählung, die sich in einer ganz bestimmten Situation befindet. Diese Situation ist aber *nicht* die der Leserschaft des Textes, und Jesus sagt

9. Pragmatische Analyse 143

nicht generell und an alle Lesenden gerichtet: „Fürchte dich nicht, glaube nur!", sondern er sagt das angesichts der Todesnachricht, die Jaïrus überbracht wird. Im Rahmen der *intra*textuellen Pragmatik betrachtet (s. o. 9.2), handelt es sich in erster Linie um einen Appell, aber auch um eine Nachricht auf der Beziehungsebene, auf der Jesus signalisiert: Ich bin da. Ob Jaïrus sie mehr mit dem Appell-Ohr als Aufforderung zum Vertrauen-Fassen oder mehr mit dem Beziehungs-Ohr als Trost hört, lässt sich dem Text allerdings nicht entnehmen. Tatsächlich wird Jaïrus' Tochter von Jesus wieder „auferweckt" (vgl. den Imperativ ἔγειρε in Mk 5,41), aber auch hier schildert der Text keine Reaktion der Eltern. Mit der Aufforderung Jesu, dem Mädchen zu essen zu geben, endet der Text. Auch hier erfahren wir erneut nicht, ob die Eltern und die Umstehenden diese Aufforderung umsetzen und sich wieder dem Leben zuwenden.

Deutlich tritt in der Erzählung also vor allem die Figur des Wundertäters hervor, der auch angesichts der In-Frage-Stellung durch die Menge (vgl. V. 40: καὶ κατεγέλων αὐτοῦ) machtvoll agiert und die Heilung (bzw. Auferweckung) bewirkt. Von Jaïrus werden dagegen keinerlei explizite Reaktionen auf Jesu Reden und Tun erzählt. Textpragmatisch gesehen könnte es dennoch lohnen, die Figur des Jaïrus im Hinblick auf ein *Rollenangebot* zu untersuchen – auch oder gerade wegen der offenen Stellen, die bleiben. Es verbietet sich aber, die innertextliche Aufforderung Jesu an Jaïrus zu isolieren und vom Kontext gelöst als generell gültige Anweisung zum Glauben ohne Furcht oder Zweifel zu erklären.

✂ Hilfsmittel

Für die pragmatische Analyse greifen Sie auf Ihre zuvor erstellten Analysen im Rahmen der grammatischen, semantischen und narratologischen Analyse zurück. Wieder einmal brauchen Sie vor allem eine genaue Textbeobachtung.

Weitere Informationen zur Rhetorik insgesamt und zu rhetorischen Stilfiguren finden Sie hier:

Göttert, Karl-Heinz: *Einführung in die Rhetorik. Grundbegriffe – Geschichte – Rezeption* (UTB 1599). 4., überarb. Aufl. Paderborn 2009. (auch als E-Book)

Lausberg, Helmut: *Handbuch der literarischen Rhetorik. Eine Grundlegung der Literaturwissenschaft.* 2 Bände. München 1960 (und weitere Auflagen).
– ein Klassiker hinsichtlich rhetorischer Stilfiguren

Kurze Analysen der rhetorisch-stilistischen Ausgestaltung einzelner neutestamentlicher Texte finden Sie auch bei Berger: Formen (s. u. Kap. 10 Hilfsmittel) und natürlich mehr oder weniger ausführlich in Kommentaren zu Ihrer Perikope (s. u. 16.2).

Verknüpfung mit anderen Exegeseschritten
Wichtige Verbindungen gibt es zur Gattungsanalyse (s. u. Kap. 10), da auch die Wahl der jeweiligen Gattung eines Textes etwas über die Intentionen des Textes aussagt. Die pragmatische Analyse ließe sich also auch in diesem späteren Zusammenhang gut einfügen (s. dazu auch die Einführung in Teil C).

Teil C: Der Text im Vergleich
mit anderen Texten und Vorstellungen

Den in diesem Teil versammelten Exegeseschritten ist gemeinsam, dass sie neben der zu behandelnden Perikope andere biblische und außerbiblische antike Texte und Vorstellungen intensiver in die Analyse einbeziehen. Natürlich waren auch für die Exegeseschritte, mit denen wir uns in Teil B beschäftigt haben, an vielen Stellen andere Texte und Vorstellungen wichtig. Wie sonst sollten zum Beispiel in einem Lexikon die verschiedenen Denotationen eines Lexems zusammengestellt werden, oder wie sollten wir sonst die semantischen Felder, die ein Text mit wenigen Wörtern aktivieren kann, inhaltlich füllen, wenn nicht durch Rückgriff auf Wissen, das aus zeitgenössischen Texten stammt? Die Trennung der beiden Teile ist also keine besonders scharfe. Das zeigen auch die entsprechenden Hinweise in den Abschnitten „Verknüpfung mit anderen Exegeseschritten". Während die Analysemethoden aus Teil B aber eher in der neueren Exegese ihre Ausprägung erfahren haben, greifen die folgenden drei Kapitel schon länger etablierte Exegeseschritte auf. Vielleicht wird in nicht so ferner Zukunft auch die gesamte Nomenklatur verändert und der Zuschnitt der einzelnen Schritte angepasst und partiell zusammengefasst werden – manche Methodenbücher verfahren bereits so. Mir scheint dagegen nach wie vor wichtig, dass Sie wissen, was sich hinter der Frage nach der Gattung und nach Traditionen verbirgt und was ein religionsgeschichtlicher Vergleich ist, weil Sie diesen Bezeichnungen und den dahinterstehenden Methodenschritten in der Fachliteratur nach wie vor häufig begegnen. Gerade für die Lektüre eines Kommentars (s. u. 16.2) ist es ausgesprochen hilfreich, wenn man entsprechende Signalwörter wahrnehmen und einordnen kann.

10. Gattungsanalyse – Auf welche vorgeprägten Kommunikationsmuster greift der Text zurück?

10.1 Mit Hilfe von Gattungen kommunizieren

Mit (Text-)Gattungen haben wir im Leben viel häufiger zu tun, als wir uns das üblicherweise bewusst machen. Wenn wir an einer Bushaltestelle stehen und dort auf einer Tafel lauter Zahlenreihen finden, wissen wir, dass es sich dabei nicht um eine mathematische Aufgabe handelt, sondern um Abfahrtszeiten. Selbst wenn wir im fremdsprachigen Ausland sind und sonst nicht viel verstehen, können wir mit der Logik dieser Sorte Text etwas anfangen. Wenn wir eine Einladung verschicken, wissen wir, dass mindestens Ort, Zeit und Anlass benannt sein müssen. Bei einem Kochrezept lassen sich die am Anfang aufgeführten Zutaten, die benötigt werden, als eine Art Einkaufsliste nutzen. Erst danach – auch das wissen wir – folgt die Beschreibung, was wir mit diesen Zutaten tun sollen.

Über Gattungen lässt sich aus diesen alltäglichen Beispielen lernen, dass sie konventionalisierte Muster sind, um bestimmte Inhalte effektiv und kompakt weiterzugeben. Dabei hilft die festgelegte Form. Gattungen entlasten somit die Kommunikation: Man muss nicht lange überlegen, welcher Form man sich für einen bestimmten Zweck bedient, und da sich vieles durch das Gattungsmuster von selbst erklärt, muss auch nicht alles ausführlich erläutert werden. Ein ähnliches Phänomen war uns bereits bei der Aktivierung semantischer Felder und Schemata (s. o. 7.3) begegnet. Tatsächlich könnte man Gattungen auch als eine Art Schema betrachten und hätte damit zugleich schon auf deren zeitbedingte Ausprägung hingewiesen. Außerdem spielt die Konvention eine große Rolle. Was sich als Gattung etabliert, kann niemand allein im stillen Kämmerlein festlegen. Es ist vielmehr das Ergebnis einer kulturellen und gesellschaftlichen Übereinkunft.[1]

---

[1] Immer noch instruktiv ist der Aufsatz von Wolfgang Raible: Was sind Gattungen? Eine Antwort aus semiotischer und textlinguistischer Sicht. *Poetika 12* (1980), 320–349.

Gattungen kennen und gebrauchen wir also alle, sie sind Teil unserer Enzyklopädie (s. o. 7.1). Antike Gattungen unterscheiden sich von unseren Gattungen aber in mehr oder minder starkem Maße. Wohl schreiben wir alle zum Beispiel noch ab und an Briefe, aber niemand formuliert heute Anfang und Schluss eines Briefes noch in der Weise, wie Paulus dies tut. Im Zuge der rasanten Entwicklung der elektronischen Kommunikation hat sich in kurzer Zeit außerdem vieles verändert und es sind zahlreiche neue Gattungen entstanden, die wir anstelle eines Briefes nutzen. Das zeigt, dass Gattungen keine starren, unveränderlichen Raster sind, sich auch nicht immer scharf abgrenzen lassen, sondern sich den Kommunikationsbedürfnissen anpassen und wesentlich auch im Rahmen einer kommunikativen Praxis betrachtet werden sollten. Das gilt für die neutestamentliche Zeit genauso wie für die Gegenwart.

In diesem 10. Kapitel geht es daher darum, etwas mehr über das „Funktionieren" von Gattungen zu lernen und insbesondere Gattungen, die im Neuen Testament häufiger auftreten, näher kennenzulernen. Es wird zu thematisieren sein, wie Texte einer bestimmten Gattung aufgebaut sind, was also „üblich" ist und was man wissen muss, um auch Texte aus vergangenen kommunikativen Zusammenhängen im Rahmen dieser Kontexte zu verstehen.

In der Betonung der kommunikativen Aspekte bei der Frage nach der Gattung eines Textes zeigen sich deutliche Überlappungen mit der textpragmatischen Analyse (s. o. 9.3 und auch die Einleitung in Teil C). Bei der Erforschung der biblischen Gattungen haben aber noch ganz andere Aspekte eine Rolle gespielt, und manches, was aus anderen, älteren Positionen herrührt, bestimmt auch heute noch die neutestamentliche Exegese. Es folgt daher zuerst (s. u. 10.2) ein Überblick über wichtige Forschungspositionen, bevor es praktischer orientiert weitergeht.

10.2 Die Frage nach Gattungen in der Forschungsgeschichte

In der älteren exegetischen Forschung gehört die Bestimmung der Gattung zum umfassenderen Exegeseschritt der *Formgeschichte*.

Diesen Terminus hat Martin Dibelius mit seinem Buch „Formgeschichte des Evangeliums" von 1919 in die neutestamentliche Forschung eingebracht. Dibelius griff damit auf Forschungen des Alttestamentlers Hermann Gunkel zurück,

10. Gattungsanalyse 149

der vor allem religionsgeschichtlich arbeitete und sich mit der Überlieferungsgeschichte alttestamentlicher Texte unter besonderer Berücksichtigung volkstümlicher Gattungen befasste. Die Frage nach der *Geschichte* der Gattungen ist für die ältere Forschung somit eine ganz wesentliche. Mit seiner „Geschichte der synoptischen Tradition" schuf Rudolf Bultmann dann 1921 ein Werk, das die Frage nach den Gattungen – insbesondere in den synoptischen Evangelien – lange Zeit wesentlich beeinflusste und das noch tut, wie wir anhand einiger nach wie vor gebräuchlicher Gattungseinteilungen unten (s. 10.3) sehen werden.

Von den Vertretern der Formgeschichte wird die Gattungsbestimmung eines Textes vor allem dazu genutzt, um zu einer möglichst „reinen Form" zurückzugelangen. Dazu werden gattungsatypische Elemente späteren Bearbeitern zugeschrieben. Diese späteren Bearbeiter sind vor allem die Evangelisten, die die ursprünglich einzeln (und zuallererst auch nur mündlich) kursierenden Geschichten über Jesus in größere Erzählzusammenhänge einarbeiteten und dabei zugleich an den von ihnen geschaffenen literarischen Kontext anpassten. Als Zwischenstufen werden (schriftliche) Sammlungen von Traditionsstücken angenommen, die uns aber nicht mehr erhalten sind. Ausgehend von den vorliegenden Evangelientexten steht nach einem Analyseschritt der *Trennung von Redaktion und Tradition* (also der Trennung späterer Hinzufügungen vom überlieferten älteren Text) die dann übriggebliebene „*reine Form*" für eine besonders alte Überlieferungsstufe. Sie bringt uns gemäß den Annahmen der formgeschichtlich arbeitenden Exegeten also näher an den historischen Jesus oder doch wenigstens an die ersten Zeugen in den frühen Gemeinden heran und soll es erlauben, auch Vermutungen über mündliche Vorformen der den Evangelien zugrunde liegenden Jesustraditionen aufzustellen.

In der neuen Formgeschichte (seit den 1970er Jahren) ist unter anderem diese *Annahme einer kontinuierlichen Entwicklung* von einfachen mündlichen Formen zu komplexeren schriftlichen Formen kritisiert worden, die in der älteren Formgeschichte methodisch rückwärts (vom Text zurück zu seiner „Urform") abgeschritten wird. Aktuellere exegetische Forschungen sprechen sich zwar inzwischen wieder mehr für gewisse Kontinuitäten innerhalb der Formen der Überlieferung aus, indem sie unter anderem auf gedächtnistheoretische Ansätze zurückgreifen, hinterfragt wird aber weiterhin das Postulat der älteren Formgeschichte, dass am Anfang der Überlieferung die „reine Form" gestanden habe, und ihre Zuversicht, mit methodischen Schritten, insbesondere der Trennung von Redaktion und Tradition (s. o.),[2] bis zu möglichen mündlichen Vorstufen der (Evangelien-)Texte zurückkommen.

Kritik erfuhr auch eine weitere Prämisse der älteren Formgeschichte, die einem kommunikativen Gattungsverständnis (s. o. 10.1) prinzipiell gar nicht so fern ist, nämlich die Annahme, dass jede Gattung auch einen spezifischen

---

[2] Auch die Leistung der Evangelisten wird in der älteren Formgeschichte damit unterschätzt, indem ihnen (mit Ausnahme von Joh) allein die Rolle der Sammler von Traditionen und deren Überarbeitung zugestanden wird, nicht aber die von theologisch eigenständig konzipierenden Schriftstellern.

„*Sitz im Leben*" habe. Gemeint ist damit eine wiederkehrende Situation, in der eine bestimmte Gattung ihre Verwendung findet. In der älteren Formgeschichte wurde diese Frage nach dem „Sitz im Leben" allerdings im Wesentlichen auf die „reine Form" am Anfang bezogen. Nur was in der Jesusbewegung oder in der frühen Gemeinde als ein wiederkehrender Gebrauchskontext zu identifizieren war, galt als relevanter „Sitz im Leben" der postulierten Gattungen. Diese Festlegungen (z. B. Kult, Gottesdienst, Katechese, Predigt, Auseinandersetzung mit Gegnern, Mission etc.) bleiben aber – so die Kritik der neueren Forschung – zu hypothetisch und schematisch. Auch in neueren exegetischen Untersuchungen und Kommentaren stoßen Sie aber immer wieder einmal auf den „Sitz im Leben". Es lohnt dann, genau nachzuprüfen, ob der Begriff tatsächlich im engen Sinne der älteren Formgeschichte gebraucht wird oder ob er allgemeiner auf den kommunikativen Gebrauchskontext einer Gattung oder sogar nur eines bestimmten Textes verweist.

Schließlich hat auch die Art und Weise der Einteilung der Gattungen, wie sie durch die Vertreter der älteren Formgeschichte vorgenommen wurde, Widerspruch hervorgerufen, obwohl insbesondere Bultmanns Klassifikation synoptischer Texte (s. o.) nach wie vor allgegenwärtig in der exegetischen Literatur ist (s. o. die Einführung in Teil C). Besonders Klaus Berger hat hier nicht nur Kritik geübt, sondern selbst eine Neueinteilung publiziert, die (als Überarbeitung grundlegender Beiträge aus dem Jahr 1984) unter dem Titel „Formen und Gattungen im Neuen Testament" vorliegt (s. u. Hilfsmittel). Berger bemängelt unter anderem, dass die ältere Formgeschichte in der Bestimmung von Gattungen inhaltliche und formale Kriterien vermischt, dass sie die antike Literaturgeschichte weitgehend ignoriert und nicht bei der antiken Rhetorik anknüpft. Hier setzt Berger an und basiert seinen Entwurf auf die antike Einteilung der Rede in drei Gattungen.

Tabellarisch stellen sich diese *genera dicendi* oder *genera orationis* wie folgt dar:

Gattungsbezeichnung *Lateinisch* und **Griechisch**	Intention	Ansprache von:	Zeitbezug
genus iudiciale = Gerichtsrede = **dikanische** Gattung (rechtsprechende G.)	Information, Belehrung	Verstand und Erkenntnis	Vergangenheit
genus deliberativum = Rede auf der Volksversammlung (politische Rede) = **symbuleutische** Gattung (beratende, auffordernde G.)	Appell, Beeinflussung, Aufforderung	Wille	Zukunft

Gattungsbezeichnung *Lateinisch* und **Griechisch**	Intention	Ansprache von:	Zeitbezug
genus demonstrativum = Festrede, Gesellschaftsrede = **epideiktische** Gattung (hinweisende G.)	Vergewisserung, Trost	Gefühl	Gegenwart

Die neutestamentlichen Texte sind freilich keine Reden, so dass auch dieses System an Grenzen stößt (bei Berger gibt es neben den drei Hauptteilen zu den Redegattungen z. B. auch noch einen weiteren Teil „Gemischte Gattungen"). Insgesamt hat sich Bergers Neueinteilung in der Forschung nicht als neues Paradigma durchgesetzt. Aufgrund seines konsequenten Ansatzes bei der sprachlichen Form und durch die Hervorhebung rhetorischer Stilmerkmale lohnt es sich aber in jedem Fall, den zu untersuchenden Text in den „Formen und Gattungen im Neuen Testament" nachzuschlagen, weil man hier oft wichtige Einsichten in den Aufbau des Textes und Hinweise zu vergleichbaren Texten findet. Ein eigenes Urteil über die Gattungseinordnung kann man ja aufgrund des Befundes dann immer noch fällen. Anders als bei der älteren Formgeschichte, die sich in ihrer Analyse v. a. auf Evangelientexte beschränkte (auch das ist einer der Kritikpunkte aus neuerer Zeit), finden Sie im Register bei Berger außerdem (fast) jeden neutestamentlichen Text aufgeführt.

10.3 Übersicht über einzelne wichtige Gattungen im NT

Wie oben (s. 10.2) beschrieben, beruhen übliche Gattungseinteilungen nach wie vor häufig auf Vorgaben der älteren Formgeschichte. Im Folgenden liegt der Fokus jedoch nicht auf der *diachronen* Perspektive, die diese durchgehend einnimmt, sondern stärker auf der **Beschreibung der strukturellen, inhaltlichen und kommunikativen Merkmale einer Gattung** und orientiert sich somit eher an einer *synchronen* Wahrnehmung (s. dazu oben die Einführung in Teil B).

a) Wundergeschichten

Ob ein neutestamentlicher Text eine Wundergeschichte ist, können Sie wahrscheinlich auch, ohne dass Sie hier weiterlesen, sagen. Um einen Text der *Gattung* Wundergeschichte zuzuordnen, reicht es aber nicht, dass Jesus darin ein Wunder tut. Denn diese Beschreibung bleibt völlig auf der inhaltlichen Ebene. Relevant ist daher nicht so sehr der wunderbare Charakter des erzählten Geschehens (was auch immer man mit „wunderbar" jeweils meinen mag), sondern vielmehr, dass man beim Vergleich einer Gruppe von Texten, die man (erst einmal intuitiv) als Wundergeschichten bezeichnen würde, eine Anzahl *wiederkehrender Motive* feststellt, die in allen Texte vorkommen, wenn auch in unterschiedlicher Auswahl.

Als **Motiv** werden in der Gattungsanalyse einzelne kleine Handlungszüge bezeichnet, die zwar isolierbar sind, für sich allein aber noch keine Erzählung ergeben. In der narratologischen Analyse des Handlungsgerüsts (s. o. 8.2a), die viele Ähnlichkeiten mit der Analyse eines Gattungsmusters hat, haben wir dabei von **Ereignissen** gesprochen und den missverständlichen Begriff „Motiv", der narratologisch ebenso für die Motivation einer Figur benutzt wird, vermieden. Auch in der Gattungsanalyse, in der die Rede von Motiven üblich ist, geht es nicht um die Motivation.

Tatsächlich weisen neutestamentliche Wundergeschichten ein wiederkehrendes Inventar von Motiven auf (s. u. Beispiel 47), die insbesondere Gerd Theißen intensiv erforscht hat.[3] Um den missverständlichen Bezug auf das Wunderbare zu vermeiden,[4] kann man auch sagen, dass es in diesen Geschichten um eine Mangelsituation geht, die im Laufe der Geschichte abgewendet wird.

Im Gesamtaufbau einer Wundergeschichte lassen sich vier Teile erkennen:

1. **Einleitung**: Die handelnden Personen und der Ort werden vorgestellt
2. **Exposition**: Die Notsituation und weitere Umstände werden beschrieben – der Spannungsbogen steigt an
3. **Zentrum**: Die Notsituation wird abgewendet (eventuell gibt es dazu vorbereitende Handlungen und Ortswechsel einzelner Figuren) – die Spannung ist auf dem Höhepunkt
4. **Schluss**: Die Beseitigung der Notsituation wird konstatiert und unter Umständen die Reaktion der Beteiligten darauf geschildert – der Spannungsbogen fällt wieder

---

[3] Vgl. Theißen, Gerd: *Urchristliche Wundergeschichten* (StNT 8). Gütersloh 1974. Eine Übersicht über die Motive findet sich auf S. 82 f. Sie ist wieder aufgenommen in Theißen/Merz: Historischer Jesus, 258 f. (s. u. Hilfsmittel).

[4] Hier setzt u. a. die Fundamentalkritik von Klaus Berger an der Gattung Wundergeschichte an, die aber noch einige weitere Punkte umfasst; vgl. Berger: Formen, 362–367 (s. u. Hilfsmittel).

10. Gattungsanalyse 153

Diesen vier Hauptabschnitten lassen sich wiederum einzelne Motive zuordnen. Unter Rückgriff auf die Einteilung Theißens (s. o.) gehört zur Einleitung beispielsweise das „Auftreten von Hilfsbedürftigen", zur Exposition das „Niederfallen" oder „Hilferufe", zum Zentrum die „Berührung" oder zum Schluss die „Entlassung". Keine Wundergeschichte realisiert aber alle der nach Theißen möglichen Motive (s. u. Beispiel 47). Daraus resultiert dann trotz der gemeinsamen Gattung auch die *Besonderheit* jeder einzelnen Wundererzählung: Die Schwerpunkte können sehr unterschiedlich gesetzt sein. Eine lange Exposition kann dem Wunder vorausgehen und den Spannungsbogen verstärken. Eine ausführlichere Schilderung der Reaktion der Beteiligten kann das Augenmerk auf die Wirkung des Geschehens lenken. Die Wunderhandlung selbst kann ausführlicher beschrieben sein oder fast gar nicht, Widerstände oder gegnerische Figuren können auftreten etc.

Q Beispiel 47

Nimmt man die Erzählung von der Heilung des blinden Bartimäus aus **Mk 10,46–52** und teilt sie in einzelne Handlungszüge auf, so zeigt sich die folgende Abfolge von möglichen Motiven einer Wundergeschichte:[5]

46 Und sie kommen nach Jericho.	Kommen des Wundertäters (1)
Und als er herausgeht von Jericho und seine Schüler	
und eine beträchtliche Volksmenge,	Auftreten der Menge (2)
saß der Sohn von Timaios, Bartimaios, ein blinder Bettler, am Weg.	Auftreten von Hilfsbedürftigen (3) + Charakterisierung der Not (8)
47 Und hörend, dass Jesus, der Nazarener, es ist,	
begann er zu schreien und zu sagen: Sohn Davids, Jesus, erbarme dich meiner!	Hilferufe (11)
48 Und anfuhren ihn viele, dass er schweige;	Erschwernis der Annäherung (9)
der aber schrie um vieles mehr: Sohn Davids, erbarme dich meiner!	Hilferufe (11)
49 Und stehenbleibend sprach Jesus: Ruft ihn!	Zuspruch (18)
Und sie rufen den Blinden, sagend ihm: Hab Mut, steh auf, er ruft dich!	

---

[5] Aufgegriffen sind hier die Bezeichnungen und auch die Nummerierung der Motive nach Theißen/Merz: Historischer Jesus, 258 f. (s. u. Hilfsmittel).

50 Der aber, wegwerfend sein Ge-   Szenische Vorbereitung (21)
wand, aufspringend, kam zu Jesus.
51 Und antwortend ihm, sprach Jesus:
Was willst du, soll ich dir tun?
Der Blinde aber sprach zu ihm: Rab-   Bitte (12)
buni, dass ich wieder sehe!
52 Und Jesus sprach zu ihm: Geh fort!   Entlassung (28)
Dein Glaube hat dich gerettet.
Und sofort sah er wieder,   Konstatierung des Wunders (26)
und er folgte ihm auf dem Weg.

Um diese einzelnen Gattungsmotive nun in ihrer Bedeutung für den vorliegenden Text umfassend auszuwerten (s. u. 10.4), wäre ein vergleichender Blick auf andere Heilungsgeschichten nötig. Aber auch ohne einen solchen Blick zeigen sich hier schon einige Besonderheiten der Bartimäus-Geschichte: Die Einleitung geht am Ende von V. 46 direkt in die Exposition über. Die Motive 3 und 8 sind nicht zu trennen. Besonders auffällig ist aber, dass es kaum Motive gibt, die dem Zentrum einer Wundergeschichte zuzuordnen wären. Eigentlich wird die Heilung selbst überhaupt nicht erzählt (vgl. dazu aber unten Beispiel 60). Nur V. 50 lässt sich der szenischen Vorbereitung (Motiv 21 des Zentrums) zuordnen. Dann springt die Handlung in V. 51 noch einmal zurück zu einem Motiv der Exposition, in V. 52 folgt sofort die Entlassung (28) als ein Schlussmotiv. Es schließt sich mit der Konstatierung des Wunders (26) aber noch einmal ein Motiv aus dem Zentrum an.

Wollte man eine richtig „klassische" Wundergeschichte vorführen, wäre Mk 10,46–52 also nicht unbedingt geeignet, weil weder die Beseitigung des Mangels (s. o.) sehr zentral geschildert wird, noch alles in der „richtigen" Reihenfolge abläuft. Aber die Wahl des Textes ist hier durchaus beabsichtigt, zeigt sie doch, dass Gattungsmuster eben nur Idealtypen sind und in ihrer konkreten Umsetzung sehr anpassungsfähig.

Insgesamt fällt im Vergleich der neutestamentlichen Wundergeschichten mit anderen antiken Wundergeschichten – aus der jüdischen und hellenistischen Umwelt oder auch aus später entstandenen Apostelakten und anderen Schriften der frühchristlichen Literatur – auf, dass die Erzählungen meist sehr knapp gehalten sind und die mirakulösen Elemente nicht überbetont werden.

Q **Beispiel 48**

Zum Vergleich lesen Sie hier von einer Dämonenaustreibung, die der jüdische Geschichtsschreiber **Flavius Josephus** in *Ant.* VIII 2.5 (d. h. in seinem Werk „Jüdische Altertümer", lateinisch *Antiquitates*, im 2. Kapitel des 8. Buches, Abschnitt 5) beschreibt:

„Ich habe zum Beispiel gesehen, wie einer der Unseren, Eleazar mit Namen, in Gegenwart des Vespasian, seiner Söhne, der Obersten und der

10. Gattungsanalyse

übrigen Krieger die von bösen Geistern Besessenen davon befreite. Die Heilung geschah in folgender Weise. Er hielt unter die Nase des Besessenen einen Ring, in dem eine von den Wurzeln eingeschlossen war, welche Salomon angegeben hatte, liess den Kranken daran riechen und zog so den bösen Geist durch die Nase heraus. Der Besessene fiel sogleich zusammen, und Eleazar beschwor dann den Geist, indem er den Namen Salomons und die von ihm verfassten Sprüche hersagte, nie mehr in den Menschen zurückzukehren. Um aber den Anwesenden zu beweisen, dass er wirklich solche Gewalt besitze, stellte Eleazar nicht weit davon einen mit Wasser gefüllten Becher oder ein Becken auf und befahl dem bösen Geiste, beim Ausfahren aus dem Menschen dieses umzustossen und so die Zuschauer davon zu überzeugen, dass er den Menschen verlassen habe. Das geschah auch in der Tat, und so wurde Salomons Weisheit und Einsicht kund. Ich habe hierüber sprechen zu müssen geglaubt, damit allgemein bekannt werde, wie gewaltig der Geist des Königs und wie wohlgefällig er Gott war, und damit niemand unter der Sonne des Königs ausgezeichnete Tugend verborgen bleibe."[6]

An dieser Erzählung können Sie sehr gut sehen, wie detailreich man von einem solchen Geschehen berichten kann. Insbesondere die Austreibungshandlung selbst ist sehr ausführlich gestaltet, vergleichen Sie dagegen die knappe Darstellung in Mk 1,21–28 par. Lk 4,31–37, wo der Dämon allein durch das Wort Jesu ausfährt.

Hinweis zur Zitation der Quelle: Wenn Sie Quellen (oder auch Sekundärliteratur) zitieren, müssen Sie dem dortigen Text *detailgetreu* folgen, also auch eventuelle Hervorhebungen übernehmen oder, wie im obigen Fall, die Schreibung von „liess" und „umzustossen" mit dem für uns ungewöhnlichen Doppel-S. Sie können unübliche Orthographie oder Fehler (die Sie ebenfalls mit übernehmen müssen!) auch mit einem nachgestellten [sic] (= so) kennzeichnen. Außerdem müssen Sie natürlich die Quelle angeben. Bei antiken Autoren stoßen Sie in der Literatur hier oft auf *spezifische Abkürzungen* (s. o. Ant VIII 2.5, bzw. mit zusätzlicher Autorangabe: Flav.Jos.Ant), die sich in der Forschung etabliert haben, allerdings leider nicht immer ganz identisch gebraucht werden. Sie finden diese Abkürzungen entweder in dem Buch selbst erläutert, der Sie sie entnehmen, oder können in gängigen theologischen Lexika nachschauen, z. B. in der RGG (s. u. 17.2a) oder in exegetischen Lexika (s. o. 7.2 Hilfsmittel). Sie dürfen diese Abkürzungen natürlich auch benutzen, Sie sollten aber für sich klären, was Sie da gerade zitieren. Außerdem müssen Sie die *Quelle angeben*, wo Sie diesen Text ediert gefunden haben. Idealerweise nutzen Sie eine kritische Werkausgabe (bzw. Übersetzung) des zitierten Autors. Unten (s. Kap. 11 Hilfsmittel) werden Ihnen aber auch noch spezifische Quellensammlungen für die exegetische Erschließung neutestamentlicher Texte vorgestellt, die Sie in solchen Fällen auch als *Sekundärquel-*

---

[6] Flavius Josephus: *Jüdische Altertümer*. Übersetzt und mit Einleitung und Anmerkungen versehen von Dr. Heinrich Clementz. Bd. 1.: *Buch I bis X*. Lizensierter Nachdruck der Ausgabe von 1899. Wiesbaden [14]2002, 475.

le angeben dürfen. Hätte ich das obige Zitat also nicht direkt dem Nachdruck der Übersetzung von Heinrich Clementz entnommen (s. o. Anm. 6), sondern der Quellensammlung des Neuen Wettsteins, dann hätte die Quellenangabe gelautet:

> Flavius Josephus: Antiquitates VIII 2,5. Zitiert nach: *Neuer Wettstein. Texte zum Neuen Testament aus Griechentum und Hellenismus.* Band 1, Teilband 1.2–1: *Texte zum Matthäusevangelium. Mt 1–10.* Hg. v. Udo Schnelle. Berlin 2013, 249 f.

Wenn Sie den Text im Neuen Wettstein nachschlagen, dann sehen Sie allerdings, dass die Abkürzung des Autors dort nicht Flav.Jos. (s. o.) lautet und auch die Stellenangabe leicht differiert, nämlich Jos Ant VIII 45–48. Das erklärt sich aus einer anderen Einteilung des Textes in Paragraphen, die sich von der Clementz-Übersetzung mit Kapitelangaben unterscheidet. Die Suche und korrekte Zitation von Quellen erfordert also bisweilen einige Findigkeit.

Den zitierten Josephus-Text finden Sie im Übrigen auch auf einer informativen Webseite des Instituts für Katholische Theologie der Universität Siegen: https://www.uni-siegen.de/phil/kaththeo/antiketexte/wunder/12.html?lang=de,

die Sie auch noch einmal unten unter den Hilfsmitteln aufgeführt finden.

Auch innerhalb der neutestamentlichen Überlieferung können wir jedoch schon eine Tendenz zur Verstärkung des Außergewöhnlichen bemerken: So wird aus der Heilung eines Blinden in Mk 10,46–52 die Heilung zweier Blinder in Mt 20,29–34, und während in Mk 5,21–24.35–43 parr. ein gerade verstorbenes Mädchen von Jesus auferweckt wird, erzählt Joh 11 von der Auferweckung des Lazarus, der schon vier Tage im Grab lag und zu stinken begonnen hatte (Joh 11,17.39).

Immer wieder wird die Wundertätigkeit Jesu auch in sogenannten *Sammelberichten* zusammengefasst (vgl. Mk 1,32–34 parr.; Mk 3,7–12 parr.; Mk 6,53–56 par.), die selbst aber nicht der Gattung Wundergeschichte zuzuordnen sind, sondern eine eigene Gattung darstellen.

b) Apophthegmata

Apophthegma heißt übersetzt schlicht *Ausspruch*. Als Gattung ist ein Apophthegma eine kurze Erzählung aus dem Leben einer bekannten Person, die in einen markanten Ausspruch dieser Person mündet.

Betont wird das aus dem Griechischen stammende Wort auf der zweiten Silbe, im Plural (Apophthegmata: s. Überschrift) auf der dritten Silbe.

Bei Klaus Berger heißt die gleiche Gattung **Chrie** (*die* Chrie, Plural: Chrien) und wird definiert als „veranlaßte, doch die Situation transzendierende *Rede oder Handlung im Leben einer bedeutenden Person.*"[7] Sie zeigt oft in prägnanter Weise die Schlagfertigkeit der Hauptfigur.

So berichtet Diogenes Laertios (vermutlich 3. Jh. n. Chr.) beispielsweise über Sokrates: „Oftmals sei er, wenn er bei den Disputationen zu heftig wurde, mit Fäusten traktiert oder an den Haaren gezerrt, meist jedoch verlacht und verhöhnt worden, habe aber alles geduldig ertragen. Daher habe er denn, als jemand sich über seine gelassene Reaktion auf einen Fußtritt wunderte, gesagt: ‚Hätte ich einen Esel, wenn er mich getreten, vor Gericht gezogen [...]?'"[8]

Im Neuen Testament lassen sich Apophthegmata fast ausschließlich in den Evangelien finden, und immer ist es dort Jesus, der in diesen kurzen Geschichten das letzte Wort hat.

Beispiel 49

In der Perikope **Mt 9,9-13**, die schon in mehreren anderen exegetischen Zusammenhängen Thema war (s. o. Beispiel 21 u. ö.), ist uns ein solches prägnantes Wort Jesu bereits begegnet. (Auch für die Paralleltexte in **Mk 2,13-17** und **Lk 5,27-32** trifft das in gleicher Weise zu.) Der Anlass ist in diesem Fall, dass Jesus zusammen mit Zöllnern und Sündern isst und „die" Pharisäer daran Anstoß nehmen (vgl. Mk 2,15 f. par. Mt 9,10 f.; Lk 5,29 f.). Daraufhin reagiert Jesus in Mk 2,17 par. Mt 9,12 f.; Lk 5,31 f. und geht in seiner Antwort einerseits auf die aktuelle Situation ein, sagt aber zugleich sehr viel mehr über den generellen Zweck seines Kommens. Damit ist auch das oben zitierte Merkmal der Transzendierung der Situation erfüllt.

Typisch für ein solches Apophthegma oder eine Chrie ist die prägnante Kürze, die nicht nur den Ausspruch der bekannten Person betrifft, sondern die gesamte Situationsschilderung. So erfahren wir in Mk 2,15 (par. Mt 9,11; Lk 5,19; s. o. Beispiel 49) nicht, woher „die" Pharisäer kommen (zweifellos sind es auch nur einige Vertreter und nicht „die" Pharisäer schlechthin) und wie sie von diesem Gastmahl erfahren haben. Wir erfahren auch nicht, wo das Gespräch stattfindet. Stehen die Pharisäer draußen und schauen nur ins Haus hinein?

---

[7] Berger: Formen, 142 (s. u. Hilfsmittel).

[8] Diog L II,21, zitiert nach Neuer Wettstein Bd. I/1.2, 499 f. (s. u. Kap. 11 Hilfsmittel).

Kommt Jesus zu ihnen oder redet er von drinnen? All das wird nicht erzählt, weil die Gattung straff auf den Ausspruch der Hauptfigur zuläuft und nach dieser Pointe abbricht. Ob die Pharisäer mit dieser Antwort zufrieden waren oder wie sie überhaupt reagierten, wird ebenfalls nicht erzählt.

Das muss nicht bei jedem Apophthegma so sein. In Mk 10,17–22 (s. o. Beispiel 38) erfahren wir immerhin, dass der reiche Mann, der Jesus dort befragt hatte, nach dem Gespräch traurig davon geht. Bei der Erzählung von Maria und Marta (Lk 10,38–42; s. o. Beispiel 32 bis Beispiel 34) gibt es dagegen wieder den typischen Abbruch der Handlung direkt im Anschluss an Jesu Worte.

Q **Beispiel 50**
Auch die Erzählung von der Kindersegnung **Mk 10,13–16 parr.** ist ein Apophthegma. Äußerst knapp wird erzählt, wie Kinder zu Jesus gebracht werden sollen und die Jünger dieses Ansinnen schroff zurückweisen. Auf Bildern der Cranachs aus der Luther-Zeit (und auf Darstellungen anderer Zeiten) sieht man Mütter mit Kleinkindern auf dem Arm sich um Jesus drängen. Im Text dagegen bleibt offen, wer diejenigen sind, die die Kinder bringen, damit Jesus sie „anrühre" (προσέφερον ... ἵνα αὐτῶν ἅψηται, Mk 10,13). Auch die abweisende Reaktion der Jünger wird nicht begründet. Es folgt vielmehr ein prägnantes Jesus-Wort, das weit über die konkrete Situation hinausgeht und Fragen der Teilhabe am Reich Gottes thematisiert.

Rudolf Bultmann unterteilt die Apophthegmata außerdem in *Streitgespräche, Schulgespräche* und *biographische Apophthegmata.*[9] Auch in Kommentaren und anderer Fachliteratur werden Sie auf diese Unterteilung an vielen Stellen stoßen. Trennscharf ist sie allerdings nicht in allen Fällen. Die Gruppe der biographischen Apophthegmata ist vielmehr ein Sammelbecken für alle die Texte, die nicht eindeutig Streit- oder Schulgespräch sind.

Von den gerade betrachteten Beispielen lässt sich die Auseinandersetzung um Jesu Gemeinschaft mit Zöllnern in Mk 2,15–17 parr. als typisches *Streitgespräch* im Sinne Bultmanns identifizieren: Ein bestimmtes Verhalten Jesu (und seiner Jünger) bietet den Anlass für eine Anfrage anderer, die nicht wirklich eine inhaltliche Antwort suchen, sondern eben jenes Verhalten kritisieren wollen.

---

[9] Vgl. Bultmann, Rudolf: *Die Geschichte der synoptischen Tradition. Mit einem Nachwort von Gerd Theißen* (FRLANT 12). 10., ergänzte Aufl. Göttingen 1995, 8–73.

Ein *Schulgespräch* liegt dagegen in Mk 10,17–22 parr. vor: Hier fragt ein eher positiv zu Jesus eingestellter Mensch mit einem wirklichen Interesse an der Antwort und erhält eine solche. Oft sind es auch die Jünger, die als *Schüler* (μαθηταί) Jesu ein solches Schulgespräch initiieren.

Die Erzählung von der Kindersegnung (Mk 10,13–16 parr.) und die Geschichte von Maria und Marta (Lk 10,38–42) lassen sich dagegen weder als Schul- noch als Streitgespräch einordnen, fallen also in die Gruppe der *biographischen Apophthegmata*. Da aber bereits aufgrund der Definition der Gattung (s. o.) *jedes* Apophthegma einen gewissen biographischen Bezug zum Leben der bedeutenden Person hat, die es besonders ins Licht setzt, ist die entsprechende Kritik Bergers an dieser Einteilung Bultmanns durchaus nachvollziehbar. Denn tatsächlich geht es nicht so sehr um einen *gattungstheoretisch* relevanten Aspekt, wenn Bultmann danach differenziert, ob die jeweiligen Gesprächspartner Jesu sich von ihm weiterführende Instruktion erhoffen oder ob es nur um Kritik geht. Fragen dieser Art (die für das Textverständnis durchaus relevant sind!) führen vielmehr zurück in die *Narratologie* (s. o. 8.2c) und in die *intratextuelle Pragmatik* (s. o. 9.2).

In der neueren Forschung lässt sich insgesamt eine Tendenz erkennen, Apophthegmata nicht mehr nur als Formen des *Rede*stoffs der Evangelien zu betrachten (so die Einteilung bei Bultmann), sondern sie stärker narrativ zu betrachten. Für Bultmann dagegen hat die Frage nach den Gesprächspartnern viel mit der von ihm angenommenen *geschichtlichen* Entwicklung der Gattung Apophthegma zu tun, womit wir wieder bei den forschungsgeschichtlichen Prämissen wären (s. o. 10.2).

Chrien bzw. Apophthegmata begegnen auch in Kombination mit anderen Gattungen. In Mk 2,1–12 parr. und Mk 3,1–6 parr. ist z. B. jeweils ein Streitgespräch mit einer Wundergeschichte verbunden.

c) Gleichnisse

Gleichnisse lassen sich in der Regel leicht erkennen. Oft sind sie narrativ eingebettet und mit einer Einleitung versehen, die das Signalwort παραβολή („Gleichnis/Parabel") enthält (z. B. in Lk 15,3) oder in der erwähnt wird, dass etwas verglichen werden soll, z. B. Mk 4,30: πῶς ὁμοιώσωμεν τὴν βασιλείαν τοῦ θεοῦ („Womit sollen wir das Reich Gottes vergleichen …?"). Selbst wenn eine solche Einleitung aber fehlt, lässt sich eine Binnenerzählung innerhalb der Haupterzählung unschwer als Gleichnis erkennen, weil semantisch plötzlich ein anderer Sinnbereich relevant wird. So fällt es beispielsweise auf, wenn der matthäische Jesus in Mt 18,12, mitten in der sogenannten Gemeinderede, in der es um Fragen des *menschlichen* Miteinanders geht, überraschend dazu übergeht, von einem Menschen zu sprechen, der 100 *Schafe* hat. Die semantische Spannung, die auf diese Weise entsteht, fordert dazu heraus, den Sinn des Geschilderten nicht im Wortlaut zu suchen, sondern auf einer anderen Ebene.

In der älteren Gleichnisforschung hat man es oft als Notwendigkeit beschrieben, von der „Bildhälfte" zur „Sachhälfte" wechseln zu müssen, um das Gleichnis zu verstehen. Wie später aber noch zu vertiefen sein wird, ist die Rede von „Hälften" missverständlich, denn beide Ebenen bleiben für sich gesehen „ganz", und die Besonderheit eines Gleichnisses besteht gerade in der spannungsvollen Bezogenheit dieser beiden Ebenen aufeinander, nicht in einem Wechsel von der Bild- zur Sachhälfte, mit dem der Deutungsprozess dann abgeschlossen und das Gleichnis letztlich ersetzbar wäre. Neuere Untersuchungen sprechen daher eher vom *bildspendenden und* vom *bildempfangenden Bereich* oder – in stärkerer Anknüpfung an die kognitivistische Metapherntheorie – vom *Ursprungs- und Zielbereich*. Diese Überlegungen reichen über die Frage der bloßen Gattungsanalyse aber hinaus und werden unten in Kap. 15 noch einmal aufgegriffen.

Um Gleichniserzählungen ihrer *Form* nach näher zu bestimmen, muss man etwas anders vorgehen, als in den beiden vorangegangen Fällen in den Abschnitten a und b. Formale Spezifika von Gleichnissen ergeben sich vor allem aus dem besonderen Charakter von Gleichnissen, dass sie die Hörenden und Lesenden zu einem Sinnfindungsprozess zwischen verschiedenen Sinnebenen auffordern wollen und dazu eine „doppelbödige" Geschichte erzählen. Zwar lässt sich hier (angesichts sehr vielfältig strukturierter bildspendender Bereiche) kein gemeinsames Inventar von Motiven aufstellen, wie bei den Wundergeschichten. Einige wichtige *Erzählgesetze* lassen sich aber dennoch benennen:

- Die Erzählung ist *knapp*: Nur die allernotwendigsten Personen und Sachen treten auf. Längere Prozesse werden abgekürzt erzählt. Figuren werden nur durch die nötigsten Züge charakterisiert.
- Die Erzählung ist *einsträngig*: Nie mehr als zwei Personen agieren gleichzeitig.
- Die Erzählung weist oft *Wiederholungen* auf. In diesen Fällen gilt das Gesetz des „*Achtergewichts*", d. h. dass auf der zuletzt erzählten

10. Gattungsanalyse 161

Wiederholung der Akzent liegt (zum iterativen Erzählen s. o. Beispiel 36).
- Die Erzählung *bricht nach der Pointe ab*: Ein Fortgang der Geschichte wird nicht erzählt.
- Manchmal weisen *übertriebene Züge* innerhalb des Gleichnisses darauf hin, dass die Deutung des Erzählten nicht auf der wörtlichen Ebene zu suchen ist (z. B. wenn in Mk 4,3–8 parr. der Sämann seinen Samen überall hinstreut).
- Gibt es mehrere Figuren oder Sachen im Gleichnis, treten sie häufig in ein spezifisches Verhältnis zueinander:
  a. Figuren können in *komplementären Rollen* auftreten. Diese Rollen sind nicht vertauschbar (z. B. Vater und Sohn; Herr und Verwalter).
  b. Figuren können in *kontrastiven Rollen* auftreten: Diese Rollen sind zwar oft gegensätzlich dargestellt, aber prinzipiell austauschbar (z. B. kluge und törichte Jungfrauen; verlorener Sohn und älterer Sohn, viererlei Acker). Sie repräsentieren unterschiedliche Handlungsoptionen.
  (Dieses grundsätzliche Rollenschema kann durch *vermittelnde Rollen*, z. B. Boten oder Diener, erweitert werden.)

Die Kenntnis dieser Erzählgesetze hilft, dass man sich bei der Gleichnisdeutung auf das Wesentliche konzentriert und nicht an nebensächlichen Fragestellungen „hängen bleibt".

Q Beispiel 51
So liegt die Aufmerksamkeit beim Gleichnis vom verlorenen Schaf (Lk 15,4–7 par. Mt 18,12-14) beispielsweise ganz auf der Suche nach dem einen Schaf. Was inzwischen mit den 99 anderen passiert, wird nicht erzählt, weil es für die Gleichnishandlung keine Rolle spielt. Das heißt aber, dass man auch bei der Deutung des Gleichnisses hier nicht allzu viel hineinlesen sollte. Dass der Mensch sie „in der Steppe" (ἐν τῇ ἐρήμος, Lk 15,4) bzw. „auf den Bergen" (ἐπὶ τὰ ὄρη, Mt 18,12) zurücklässt, heißt keineswegs, dass sie in Gefahr wären. Vielleicht sind weitere Hirten da oder Kinder (denken Sie z. B. an König David, der als Junge die Herde seines Vaters hütet). Im Interesse der Knappheit der Erzählung wird all das aber nicht weiter erwähnt. Steppe und Bergland sind auch keine besonders unwirtlichen Orte, sondern einfach die Bereiche, in denen in den biblischen Landstrichen (außer im Sommer) Weidewirtschaft betrieben wurde.

Einen ganz wesentlichen Forschungsbeitrag zur Untersuchung der Gleichnisse hat am Ende des 19. Jahrhunderts Adolf Jülicher geleistet, der mit seinem zweibändigen Werk zu den „Gleichnisreden Jesu"

(1888/98) die entscheidende *Abkehr* von der bis dahin gängigen *allegorischen Gleichnisauslegung* begründete.

Damit lehnte Jülicher das ab, wovon wir in Mk 4,14–20 parr. einen kleinen Eindruck bekommen, nämlich die Deutung des zuvor erzählten Gleichnisses vom vierfachen Acker in Mk 4,3–8 parr. durch die Separierung von Einzelzüge, denen jeweils eine sehr spezielle Bedeutung zugewiesen wird. Allerdings lassen sich diese Festlegungen z. B. der Vögel als Satan (vgl. V. 4 und V. 15) oder der heiß scheinenden Sonne als Bedrängnis und Verfolgung (vgl. V. 6 und V. 17) nicht aus der Gleichniserzählung oder ihrem Kontext selbst ableiten, sondern wirken wie ein Geheimcode, den man separat erhalten muss, um das Gleichnis verstehen zu können.

Jülicher betonte dagegen die Alltäglichkeit jener Begebenheiten, die Jesus in seinen Gleichniserzählungen aufgriff, und betonte ganz zu Recht, dass Jesus sich und seine Botschaft vom Reich Gottes mit Hilfe von Gleichnissen *verständlich* machen wollte und nicht kryptisch verschlüsseln. Tatsächlich findet sich in den Evangelien neben der erwähnten Passage nur noch in Mt 13,37–43 eine allegorische Auslegung. Aus der Perspektive Jülichers haben wir es dabei aber mit späteren Deutungen zu tun, die nicht auf Jesus selbst zurückgehen.

Auf Jülicher geht auch jene Unterteilung der Gleichnisse Jesu in *Gleichnisse im engeren Sinne* (i. e. S.), *Parabeln* und *Beispielgeschichten* zurück, die Sie nach wie vor in vielen Untersuchungen, aber auch in Lehrbüchern und Curricula für den Religionsunterricht finden. Meist wird dort aber nicht Jülicher selbst rezipiert, sondern die Aufnahme dieser Einteilung durch Rudolf Bultmann in seiner „Geschichte der synoptischen Tradition" (s. o. 10.2), die in manchen Textzuweisungen von Jülicher differiert.

Gleichnisse i. e. S.	Parabeln	Beispielgeschichten
alltägliche Begebenheit	außergewöhnlicher Einzelfall	besonderer, aber zugleich beispielhafter Fall (auch in negativer Weise)
vorwiegend im Präsens erzählt	im Vergangenheitstempus erzählt	im Vergangenheitstempus erzählt
häufig in Frageform: „Wer von euch wird nicht ... tun?" → zustimmen	Verwicklung der Hörenden in eine Geschichte mit Identifikationsangeboten → Urteil bilden	keine Übertragung des Erzählten auf eine andere Ebene nötig → direkt anwenden
z. B.: Mk 4,30–32 parr. Lk 15,1–7 parr.	z. B.: Lk 14,16–24 par. Lk 15,11–32	nur vier Bsp. bei Lk: Lk 10,30–37; 12,16–21; 16,19–31; 18,9–14

Einen neueren Ansatz finden Sie dagegen im „Gleichniskompendium" (hg. v. Ruben Zimmermann: s. u. Hilfsmittel). In der „Leseanleitung" schlägt Zimmermann die folgenden sechs Kriterien als leitend für die Gattungsbestimmung vor:

- narrativ
- fiktional
- realistisch
- metaphorisch
- appellativ
- ko- und kontextbezogen.

An der auf Jülicher zurückgehenden Einteilung kritisiert Zimmermann unter anderem, dass die neutestamentlichen Texte selbst keine solche Unterteilung der Gleichnisse vornehmen und sie auch von der antiken Rhetorik nicht gestützt wird und dass die formalen und inhaltlichen Kriterien weder zweifelsfreie Zuordnungen erlauben (z. B. ist bei Jülicher das Gleichnis vom verlorenen Schaf eine Parabel, bei Bultmann ein Gleichnis im engeren Sinne), noch notwendig auf die entscheidenden Aspekte für die Deutung hinführen. Insbesondere bei den Beispielgeschichten lässt sich fragen, ob diese wirklich keine Übertragungsleistung auf eine andere Ebene erfordern, wie bei den übrigen Gleichnissen und Parabeln.

Mit einer rein formalen Einordnung in eine der Gleichnisgruppen ist es auf jeden Fall nicht getan. Einen Text als „Gleichnis im weiteren Sinne" (oder der Terminologie des Gleichniskompendiums folgend: als Parabel) zu identifizieren, sollte vielmehr heißen, dass Sie den bildspendenden Bereich möglichst gut beschreiben, auf das achten, was innerhalb der Gleichniserzählung hervorgehoben wird, und ebenso auf das, was im narrativen Rahmen Thema ist. Analysieren Sie auch genau, wo die Binnenerzählung des Gleichnisses anfängt und vor allem endet, denn oft schließt sich an das Gleichnis eine Deutung (oder „*Anwendung*") an, die aber nicht mehr auf der Erzählebene des Gleichnisses liegt. All diese Punkte tangieren schon spezifische *Interpretations*fragen, die sich bei der Beschäftigung mit Gleichnissen stellen und die daher unten (s. Kap. 15) noch einmal aufzugreifen sind.

10.4 Die Gattung eines Textes bestimmen und Folgerungen daraus ziehen

Fassen wir noch einmal zusammen, was am Anfang dieses Kapitels stand (s. o. 10.1) und uns nach forschungsgeschichtlichen Exkursen (s. o. 10.2) und einzelnen Gattungserkundungen (s. o. 10.3) nun bei der eigenen Anwendung bewusst sein sollte: Eine Textgattung ist ein theoretisches Konstrukt. Sie existiert nicht als Reinform, sondern kommt immer nur in konkreten textlichen Realisierungen vor. Ein Gattungsmuster kann daher nur aus einem Vergleich von Texten gewonnen werden, die man aufgrund ihrer *ähnlichen inhaltlichen, formalen und funktionalen Merkmale* zu einer Gruppe zusammenfassen kann. Diese Zusammenstellung von Merkmalen *beschreibt* dann die Gattung, aber kein Text wird alle diese Merkmale und Motive aufweisen. Gattungen sind auch nicht hermetisch abgeschlossen, es kann Mischformen geben und natürlich Veränderungen und Weiterentwicklungen.

Bei der Gattungs*bestimmung* kommt es nicht so sehr darauf an, einen Text einer bestimmten Gattung zweifelsfrei zuzuordnen, sondern vielmehr darauf, dass Sie ermitteln, was diese Einordnung für den jeweils interessierenden Einzeltext austrägt (s. u. Schritt 3!).

Praktisches Vorgehen

Vermutlich haben Sie aufgrund Ihres Vorwissens oder der Lektüre von entsprechender Sekundärliteratur bereits eine Hypothese, zu welcher Gattung Ihr Text gehört. Falls nicht, gibt es leichte Differenzen in Schritt 2, ansonsten gleicht sich das Vorgehen.

1. *Analysieren* Sie den Aufbau Ihres Textes *im Vergleich* mit anderen, ähnlichen Texten (aus dem Neuen Testament oder auch aus dem antiken Umfeld). Stellen Sie fest, ob es einzelne Motive im Sinne eines Gattungsmusters gibt, die sich in verschiedenen Texten ähnlich wiederfinden lassen, oder ob bestimmte Abschnitte in ähnlicher Strukturierung und Funktion auch in anderen Texten begegnen (z. B. Trennung des narrativen Rahmens von der Binnenerzählung bei Gleichnissen; prägnantes Jesuswort als Abschluss der Perikope bei Apophthegmata). Greifen Sie dazu auf Ergebnisse aus den vorhergehenden Exegeseschritten zurück, in denen Sie den Aufbau Ihres Textes bereits analysiert haben!

Um vergleichbare Texte zu Ihrer Perikope zu finden, hilft zweifellos eine gute Kenntnis biblischer Texte. In den Evangelien finden Sie Texte der gleichen Gattung nicht selten zusammengruppiert (vgl. z. B. die Häufung von Wundergeschichten in Mk 1,21–3,6, die Abfolge mehrere Seligpreisungen bzw. sog. „Antithesen" in Mt 5 oder die Sammlung von Gleichnissen in Mk 4 oder Mt 13). Es lohnt also immer, im direkten textlichen Umfeld Ihrer Perikope nach vergleichbaren Texten zu suchen. Nutzen Sie dabei auch, was Sie zur Kontexteinordnung Ihres Abschnitts bereits ermittelt haben (s. o. Kap. 5). Des Weiteren können Sie sich helfen lassen durch Hinweise auf vergleichbare Texte in exegetischen Kommentaren (s. u. 16.2), in Einleitungen ins Neue Testament und der unten (s. Hilfsmittel) angeführten Spezialliteratur.

2. *Bestimmen* Sie die *Gattung* Ihres Textes bzw. *prüfen* Sie kritisch, ob die Einordnungen, die Sie in der Sekundärliteratur vorgefunden haben, im Abgleich mit den Ergebnissen aus Schritt 1 zutreffend ist.
3. Formulieren Sie den *Erkenntnisgewinn*, der sich aus der Gattungsbestimmung für Ihren speziellen Text ergibt: Welche Aspekte des Textes erweisen sich als gattungstypisch, welche machen Ihren Text im Vergleich mit anderen Vertretern der Gattung besonders? Wie erklärt die Gattungszuordnung die sprachlich-strukturelle Form des Textes? Welche Züge des Textes erklären sich besser, wenn man das Gattungsmuster kennt? Wird mit Hilfe der Gattung ein bestimmter inhaltlicher Aspekt hervorgehoben? Wird mit Hilfe der Gattung die mit dem Text vermutlich verbundene Kommunikationsabsicht gestärkt (s. o. Kap. 9)?

Q Beispiel 52

Wenn Sie die Gattung der Perikope **Mt 9,9–13** bestimmen wollen, mit der wir uns schon in mehreren Zusammenhängen näher befasst haben (s. o. Beispiel 21 u. ö.), wird Ihnen das vermutlich nur für Teile des Textes gelingen, aber nicht für den Gesamtzusammenhang. Das entspricht den Beobachtungen zur Abgrenzung der Perikope (s. o. Beispiel 18), wo bereits festzustellen war, dass man V. 9 auch separat von den folgenden Versen 10–13 betrachten könnte (und umgekehrt). Greifen wir uns also im Folgenden für das Beispiel den Vers **Mt 9,9** heraus, der von der Berufung des Zöllners Matthäus erzählt.

Schritt 1: Zwei in Mt 4 enthaltene Texte thematisieren ebenfalls Berufungen von Jüngern (Mt 4,18–20 und Mt 4,21 f.). Zu fragen wäre also, ob es eine Gattung Nachfolgegeschichte gibt, und wenn ja, welche Motive wiederkehrend auftreten und das Gattungsmuster bilden. Auch in 1 Kön 19,19–21 findet sich eine ähnliche Erzählung über den Propheten Elia, die mit hinzugezogen werden kann. Tabellarisch dargestellt, zeigt ein Vergleich der Text (nach dem MNT) tatsächlich ein wiederkehrendes Motivgerüst (s. erste Spalte) auf.

166 Teil C: Der Text im Vergleich

Motivgerüst	Mt 4,18–20	Mt 4,21 f.	Mt 9,9	1 Kön 19,19–21
erste Begegnung	Umhergehend aber entlang dem Meer der Galilaia, sah er	Und weitergehend von dort, sah er	9a Und weitergehend Jesus von dort, 9b sah er einen Menschen,	Und Elia ging von dort weg und fand Elisa,
Angaben zur familiären Bindung	zwei Brüder, Simon, den Petros genannten, und Andreas, seinen Bruder,	andere zwei Brüder, Jakobos, den des Zebedaios, und Johannes, seinen Bruder,		den Sohn Schafats,
Angaben zur beruflichen Tätigkeit	werfend ein Wurfnetz ins Meer; denn sie waren Fischer.	im Boot mit Zebedaios, ihrem Vater, zurechtbringend ihre Netze,	9c sitzend bei der Zollstelle, 9d Matthaios genannt,	der gerade mit zwölf Gespannen vor sich her pflügte. Er selbst aber war bei dem zwölften.
Ruf in die Nachfolge	19 Und er sagt ihnen: Auf, hinter mich!	und er rief sie.	9e und er sagt ihm: 9fZ Folge mir!	Und Elia ging zu ihm hin und warf seinen Mantel über ihn.
(Zusage, Verheißung)	Und machen werde ich euch zu Fischern von Menschen.			
(Abschiedswunsch und Ablehnung)				(20)
Notiz über das Verlassen	20 Die aber, sogleich lassend die Netze,	22 Die aber, sogleich lassend das Boot und ihren Vater,	9g Und aufstehend	21 Da kehrte er sich von ihm ab, nahm das Gespann Rinder und schlachtete sie, ... Dann machte er sich auf
Realisierung der Nachfolge	folgten ihm.	folgen ihm.	9h folgte er ihm.	und folgte Elia nach und diente ihm.

Schritt 2: Die Tabelle zeigt gut, dass die untersuchten Perikopen alle eine vergleichbare Struktur aufweisen, also einer gemeinsamen Gattung zugeordnet werden können. Das bestätigt auch ein Blick in einschlägige Kommentare, die zwar selten ausdrücklich von einer *Gattung* Nachfolgegeschichte reden, wohl aber eindeutig das Thema Berufung hervorheben und oft auch auf Mt 4,18–22 verweisen. Aus dem Motivkatalog lässt sich einzig eine familiäre Zuordnung in Mt 9,9 nicht finden. (Wirft man hier, dem synoptischen

10. Gattungsanalyse

Vergleich vorgreifend, aber einen Blick auf die Vorlage in Mk 2,14, dann ist dort von „Levi, *dem [Sohn] des Alphäus*" die Rede. Diese – eigentlich gattungsgemäße – Angabe zur familiären Bindung entfällt bei Mt zugleich mit der redaktionellen Änderung des Namens von Levi zu Matthäus: s. dazu unten Beispiel 61).

Schritt 3: Der Blick auf das Gattungsmuster erklärt, warum in einem sonst ausgesprochen knapp erzählten Text, der eigentlich überflüssig erscheinende Sachverhalt erwähnt wird, dass Matthäus in Mt 9,9 erst *aufsteht*, bevor er Jesus nachfolgt: Im Rahmen der Gattung wird auf diese Weise Matthäus' Bruch mit seiner beruflichen Tätigkeit markiert. Indem er *aufsteht*, beendet er sein An-der-Zollstelle-*Sitzen*. In ähnlicher Weise folgt bei Simon (Petrus) und Andreas dem Netze-*Auswerfen* das Netze-*Verlassen*. Jakobus und Johannes sind erst zusammen mit dem Vater im Boot lokalisiert, um dann beide, Boot und Vater, zu verlassen. Nähme man Mt 9,9 für sich, dann wäre nicht notwendig klar, dass Matthäus hier eine weitreichende Entscheidung trifft, im Rahmen der Gattung ist aber deutlich, dass er nicht nur für den Rest des Tages oder für das anschließende Gastmahl seine Zollstelle verlässt.

Hilfsmittel

Um Ihre Perikope einer Gattung zuzuordnen oder die Gattungszuordnung zu überprüfen, hilft meistens der Blick in einen *exegetischen Kommentar* zur Gesamtschrift (s. u. 16.2). Außerdem lohnt ein Nachschlagen bei:

Berger, Klaus: *Formen und Gattungen im Neuen Testament*. (UTB 2532) Tübingen; Basel 2005.
- Beachten Sie die Bemerkungen zu Bergers Ansatz im forschungsgeschichtlichen Überblick (s. o. 10.2).
- Vorteil: Über das Register finden Sie fast zu allen NT-Passagen eine Gattungseinordnung und außerdem Beobachtungen zur Struktur der Perikope, die man z. B. auch bei der Untersuchung der Pragmatik (s. o. Kap. 9) gut gebrauchen kann.
- Nachteil: Die Bezeichnungen der Gattungen sind nicht unbedingt geläufig. Manchmal finden Sie Ihre Perikope oder Teile davon außerdem unter verschiedenen Aspekten verschiedenen Gattungen zugeordnet. Dann müssen Sie auf den jeweiligen Textausschnitt und diejenigen Textmerkmale achten, die jeweils zu der aktuellen Einordnung führen (vgl. Sie z. B. die unterschiedlichen Einordnungen zu Lk 9,57–62).

Hilfreiche Abschnitte zu *ausgewählten* Gattungen finden Sie unter anderem in den folgenden zwei Büchern:

Böttrich, Christfried: *Themen des Neuen Testaments in der Grundschule. Ein Arbeitsbuch für Religionslehrerinnen und Religionslehrer*. Stuttgart 2001.
Theißen, Gerd; Merz, Annette: *Der historische Jesus. Ein Lehrbuch*. 4. Aufl. Göttingen 2011.

✂ Weiterführende Literatur zu Wundergeschichten:

Böttrich: Themen, 143–172 (s. o.)
Theißen/Merz: Historischer Jesus, § 10 (s. o.)
Kollmann, Bernd: *Neutestamentliche Wundergeschichten. Biblisch-theologische Zugänge und Impulse für die Praxis.* (Kohlhammer-Urban-Taschenbücher 477) 3., durchges. u. erg. Aufl. Stuttgart 2011.
Zimmermann, Ruben (Hg.): *Kompendium der frühchristlichen Wundererzählungen.* Bd. 1: *Die Wunder Jesu.* Gütersloh 2013.

Eine sehr hilfreiche Zusammenstellung von außerbiblischen Wundergeschichten finden Sie außerdem auf der Webseite des Seminars für Katholische Theologie der Universität Siegen:

Siegener Antike Texte zur Umwelt des Neuen Testaments. Hg. v. Ingo Broer u. a. 6. Aufl. 2014, Kap. III: *Antike Parallelen zu den Wundergeschichten im Neuen Testament.*
www.uni-siegen.de/phil/kaththeo/antiketexte/wunder/index.html?lang=de

Weiterführende Literatur zu Apophthegmata:

Böttrich: Themen, 176–180 (s. o.)
Berger: Formen, 140–152 (s. o.)

Weiterführende Literatur zu Gleichnissen:

Böttrich: Themen, 117–142 (s. o.)
Theißen/Merz: Historischer Jesus, § 11 (s. o.)
Peter Müller u. a. (Hg.): *Die Gleichnisse Jesu. Ein Studien- und Arbeitsbuch für den Unterricht.* 2. Aufl. Stuttgart 2008.
Zimmermann, Ruben (Hg.): *Kompendium der Gleichnisse Jesu.* 2., korrigierte und um Literatur ergänzte Aufl. Gütersloh 2015.

⌘ Verknüpfung mit anderen Exegeseschritten

Die Frage nach der Gattung kann in der Literarkritik (s. u. Kap. 12) noch einmal eine Rolle spielen, falls sich innerhalb einer Perikope unterschiedliche Gattungen oder Mischformen finden. Das muss keineswegs, kann aber ein Hinweis auf die Verarbeitung unterschiedlicher Quellenschriften sein. Häufig begegnen in den synoptischen Evangelien Texte gleicher Gattungen auch in kleineren Sammlungen, die redaktionsgeschichtlich noch näher untersucht werden können (s. u. Kap. 13).

11. Traditionsanalyse –
Welches vorgeprägte Gedankengut lässt sich im Text und seinem Umfeld ermitteln?

Kein Text entsteht im luftleeren Raum, sondern nimmt (ausdrücklich oder indirekt) Bezug auf Texte und Vorstellungskomplexe, die bereits vor ihm da waren und neben ihm weiter existieren. In neutestamentlichen Texten werden immer wieder Formulierungen, Vorstellungen und Motive verwendet, deren Bedeutungsgehalt (und zum Teil auch deren Gebrauchskontext) in spezieller Weise *vorgeprägt* ist. Bereits in der semantischen Analyse (s. o. Kap. 7) konnten Sie sehen, wie stark ein Text in semantische Netzwerke eingebunden und mit den Wissensbeständen seiner Zeit verwoben ist. Im vorliegenden Kapitel geht es nun – ohne dass man eine haarscharfe Grenze zur semantischen Analyse ziehen könnte – um Ausdrücke und Motive im Text, die auch in anderen Texten und Kontexten häufiger vorkommen und offenbar eine Bedeutung haben, die bereits durch die früheren oder zeitgleichen Verwendungen des Ausdrucks spezifisch (und zwar meistens spezifisch *religiös*) geprägt ist. In der Exegese hat sich dafür der Begriff der *Tradition* etabliert, der aber nicht trennscharf ist und daher missverständlich sein kann.

Zu unterscheiden ist der Begriff Tradition hier von dem aus der Formgeschichte stammenden Verständnis, das in einer Tradition jenen Teil des Textes sieht, der nach der „Trennung von Redaktion und Tradition" (s. o. 10.2) als dessen ältester schriftlich überlieferter Teil übrigbleibt. Auch die in der älteren Formgeschichte daran anschließende Frage nach „Überlieferungen" im Sinne mündlicher Vorstufen des Textes, ist vom hier zugrundegelegten Verständnis von Tradition abzugrenzen.

Die spezielle Prägung einer Tradition kann in deren alttestamentlichen Wurzeln begründet liegen. Dabei ist zu beachten, dass es dann nicht reicht, einfach nur den alttestamentlichen Text anzuschauen. Denn wir haben es nicht mit abgeschlossenen Vorstellungskomplexen der Vergangenheit zu tun, sondern mit lebendigen Traditionen, die innerhalb des antiken Judentums unter Umständen neue Ausprägungen und Weiterentwicklungen erfahren haben (s. u. Beispiel 53). Das antike Judentum selbst (in seiner Vielfalt!) ist zweifellos ein wichtiger „Traditions-Raum" für neutestamentliche Texte.

> ⓘ **Info: Altes Testament und Septuaginta**
> In der Zeit der Entstehung der neutestamentlichen Schriften vom Alten Testament zu sprechen, ist nicht ganz unproblematisch. Denn das, was wir als Altes (oder auch Erstes) Testament heute kennen und – je nach Sprachkenntnis – auch in der hebräischen Fassung studieren, ist nicht einfach identisch mit dem, worauf in den neutestamentlichen Texten als „Schrift" (und manchmal auch eingrenzender als „Gesetz und Propheten") rekurriert wird.
> Während der hebräische Kanon (also der Umfang der Schriften, die wir heute auch in der Biblica Hebraica finden) erst im 1. Jahrhundert n. Chr. endgültig festgelegt wurde, war zwischen dem 3. und dem 1. Jahrhundert v. Chr. innerhalb des Diasporajudentums bereits eine griechische Übersetzung entstanden, die daher in manchen Textdetails, aber auch im Umfang der aufgenommenen Schriften überhaupt, vom hebräischen Kanon abweicht. Griechisch war die im Osten des Römischen Reiches relevante Verkehrs- und Amtssprache. Auch innerhalb des frühen Christentums war Griechisch die dominante Sprache, und so greifen auch die neutestamentlichen Texte im Wesentlichen auf die Septuaginta zurück. (Auch diese Textfassung ist nicht so einheitlich, wie eine Bezugnahme auf „die" Septuaginta oft suggeriert. Für eine erste exegetische Arbeit im Studium wird das aber noch keine so große Rolle spielen müssen.)
> Alttestamentliche Zitate und Bezugnahmen sind daher sinnvollerweise über die Textfassung der Septuaginta zu erschließen. Hinweise zu Texteditionen und deutscher Übersetzung finden Sie unten (s. Hilfsmittel). Im Namen Septuaginta, der übersetzt einfach nur „Siebzig" heißt (daher auch die gängige Abkürzung als LXX), spiegelt sich die Entstehungslegende wider, über die Sie im entsprechenden Wibilex-Artikel umfassend informiert werden.
>
>

Traditionen können sich im Zusammenhang mit dem Bekenntnis zu Jesus von Nazareth als dem erwarteten Messias (Christus) aber auch relativ neu oder als eine Adaption vorhandener Vorstellungen entwickelt und etabliert haben. So greift Paulus in 1 Kor 15,3 ff. z. B. ein ihm bereits vorliegendes frühes Christus-Bekenntnis auf. Die Deutung des Todes Jesu unter Aufnahme hellenistischer Vorstellungen vom „Sterben für" andere (vgl. Röm 5,6–8: Χριστὸς ὑπὲρ ἡμῶν ἀπέθανεν) ist ein anderes Beispiel für die Übernahme einer bereits geprägten Vorstellung. Insgesamt interessiert im Exegeseschritt der Traditionsanalyse also spezifisch geprägtes Gedankengut aus alttestamentlichen Kontexten, dem vielfältigen antiken Judentum und dem religiösen und kulturellen Umfeld der hellenistischen Zeit überhaupt.

🔍 **Beispiel 53**
Oben (s. Beispiel 26) hatten wir bereits die Bezeichnung Jesu als „Sohn Davids" aus **Mk 10,47f.** aufgegriffen. Was aber verbindet sich mit dieser Betitelung, die der blinde Bartimäus in seinem Ruf um Erbarmen sicherlich nicht zufällig wählt? Oder was heißt es, wenn Jesus bei seinem Einzug in Jerusalem in **Mk 11,7–10 parr.** von der Volksmenge als „Sohn Davids" begrüßt wird?

Zum Verständnis ist hier nicht nur wichtig, was semantisch auf der Hand liegt: nämlich, dass eine familiäre Relation aufgerufen wird, die auf Wissensbestände zu David und dessen königlicher Familie rekurriert. Vielmehr steht im Hintergrund die Hoffnung auf das Kommen eines neuen Herrschers aus dem Haus Davids, die in verschiedenen Teilen des antiken Judentums zur Zeit Jesu zum Teil unterschiedlich profiliert wurde. Prominent war angesichts der drückenden Fremdherrschaft die Erwartung politischer Veränderungen, die der erwartete Gesalbte (= Messias) aus dem Haus Davids bewirken sollte (hier steht insbesondere die Nathansweissagung, 2 Sam 7,4–16, im Hintergrund). Diese Erwartung konnte sich mit Vorstellungen von einer umfassenden messianischen Friedenszeit verbinden, die ebenfalls auf alttestamentlichen Verheißungen fußt (vgl. z. B. Jes 11,1–10) und sich häufig auch mit der Erwartung des Anbruchs der Endzeit koppelte. In diesem Sinne hofft der blinde Bartimäus mit seinem Ruf nach Jesus als Sohn Davids vermutlich weniger auf einen konkreten politischen Umsturz als vielmehr auf eine messianische Zeit, die für alle Geschöpfe, auch für einen blinden Bettler, Frieden und Wohlergehen bringt (s. auch unten Beispiel 55).

Woher nun nehmen Sie Informationen dieser Art, wenn sie nicht schon zu Ihrem theologischen Grundwissen gehören (wozu sie aber im Laufe des Studiums unbedingt werden sollten)? Ausgangspunkt könnte David sein. Wenn Sie sich zu David in den empfohlenen Bibellexika (s. o. Kap. 3 Hilfsmittel) informieren, werden Sie immer auch etwas zur Weiterentwicklung der Davids-Vorstellungen innerhalb der biblischen Literatur und darüber hinaus finden. Im Calwer Bibellexikon weist sie der letzte Satz des Artikels zu David z. B. direkt auf ein nächstes relevantes Stichwort hin: „Die idealisierte Gestalt D. wurde so zu einem Urbild des erwarteten → Messias."[1] Unter dem Stichwort „Messias" finden Sie dann sehr viele weiterführende Informationen zur Entwicklung und Ausprägung der Messiasvorstellung und vor allem auch viele Texthinweise, zum Teil auch Zitate aus diesen Texten.

Die Verfasser eines Textes können die Einbeziehung von Traditionen mehr oder weniger deutlich im Text markieren. Dass Mk 10,47f. parr. mit „Sohn Davids" auf eine geprägte Vorstellung rekurriert, ist

---

[1] Schäfer, Rolf: Art. David. In: *Calwer Bibellexikon.* Hg. v. Otto Betz, Beate Ego u. Werner Grimm. 2., neubearb. Aufl. als CD-ROM, Stuttgart 2003, o. S.

beispielsweise nicht explizit markiert. Für damalige Leserinnen und Leser des Textes reichte vermutlich allein das Stichwort, und natürlich haben sie dabei nicht in so analytischer Weise, wie wir das tun, gedacht: Ah, eine Tradition, sondern einfach verstanden, worum es geht. In diesem Sinne ist natürlich auch auf Seiten der Verfasser eine unbewusste Beeinflussung des Textes durch ihnen bekannte Traditionen durchaus möglich (also eine nicht intendierte Bezugnahme). Dem entspricht auf Seiten der Rezeption eine zunehmende Offenheit, ob die im Text aufgegriffene Tradition im Rezeptionsprozess überhaupt wahrgenommen wird.

Umgang des Verfassers/der Verfasserin mit Traditionen

| markierte Bezugnahme als (direktes/indirektes) Zitat oder ohne Zitation | nicht markierte Bezugnahme | nicht bewusst intendierte Bezugnahme |

zunehmende Offenheit, ob die Bezugnahme *durch die Rezipierenden wahrgenommen* wird

---

In der Analyse ist es in der Regel leichter, direkt markierte Traditionsübernahmen im Text aufzuspüren und zu untersuchen als unmarkierte. Denn letztere setzen eine breite Kenntnis von biblischen und weiteren antiken Texten und Vorstellungen voraus, über die Studienanfängerinnen und -anfänger oft noch nicht verfügen. Sie werden hier also in stärkerem Maße als bei anderen Exegeseschritten auf Angaben in der Fachliteratur und in Lexika angewiesen sein, bevor Sie im Laufe des Studiums Ihr Wissen hier Stück für Stück vergrößern.

Praktisches Vorgehen

a) Setzen Sie bei dem Offensichtlichen an und suchen Sie zuerst nach markierten und unmarkierten *Zitaten* in Ihrem Text. Ein Zitat ist nicht immer automatisch auch schon eine Tradition. Aber es greift vorausliegende Text- und Gedankenzusammenhänge auf, die möglicherweise auf eine Tradition verweisen.

1. Klären Sie zuerst die *Herkunft* eines direkt oder indirekt zitierten Abschnitts.

    Manchmal ist das trotz expliziter Zitateinleitung leichter gesagt als getan: Mt 2,23 bietet z. B. ein klar als Prophetenwort ausgewiesenes sog. Erfüllungszitat, über dessen Herkunft Exegetinnen und Exegeten nach wie vor rätseln.

Oft helfen beim Auffinden von Zitaten (aber auch von unmarkierten Bezugnahmen) die Angaben am äußeren Rand des Nestle-Aland (s. o. 4.2 Anm. 9) oder die entsprechenden Hinweise in den Übersetzungen. Diese Angaben sind allerdings sehr unterschiedlicher Natur. Sie müssen also immer gut prüfen, was genau der jeweilige Verweis für eine Relevanz für Ihren Text und konkret die Frage nach aufgenommenen Traditionen hat.
2. Bei direkten oder indirekten Zitaten aus alttestamentlichen Schriften, müssen Sie sich klarmachen, dass hier nicht „unser" Altes Testament die Referenzgröße ist und auch nicht die Hebräische Bibel (s. o. Info: Altes Testament und Septuaginta). Prüfen Sie also diese Zitate anhand des Septuagintatextes (s. u. Hilfsmittel), klären Sie den *Kontext*, in dem das Zitat ursprünglich steht, und was es dort inhaltlich meint.
3. Prüfen Sie, ob die Verwendung in Ihrer Perikope dieser *Intention* entspricht, ob sie nur bestimmte Aspekte herausgreift und betont oder sogar gegenläufig ist. (Sie können hier auch auf einige Analysefragen aus der intratextuellen Pragmatik zurückgreifen: s. o. 9.2.)
4. Überlegen Sie, ob Sie es in der zitierten Passage mit geprägtem Gedankengut im Sinne einer *Tradition* zu tun haben. Wenn ja, dann müssen Sie nun dieser inhaltlichen Prägung noch genauer auf die Spur kommen. Das gelingt unter anderem mit Hilfe von *Bibellexika* (s. o. Beispiel 53). Sie können außerdem nach weiterführenden Informationen in *exegetischen Kommentaren* zu Ihrem Text suchen (s. u. 16.2), es gibt aber z. B. auch einen „Kommentar zum Neuen Testament aus Talmud und Midrasch" (häufig als Strack-Billerbeck bezeichnet, aber nach IATG Bill. abgekürzt, s. u. Hilfsmittel), den Sie nutzen können, um spätere Auslegungen bestimmter alttestamentlicher Passagen im rabbinischen Judentum zu erkunden. Des Weiteren stehen Ihnen *religionsgeschichtliche Textsammlungen* zur Verfügung, die Sie ebenfalls unten bei den Hilfsmitteln aufgeführt finden.

In der Regel funktionieren alle diese kommentarartigen Werke so, dass die neutestamentlichen Texte (in mehr oder weniger starker Auswahl) der biblischen Reihenfolge nach aufgeführt werden und Sie dort dann relevante Texte aus dem kultur- und religionsgeschichtlichen Umfeld der Antike zugeordnet finden. Allerdings gibt es beim Umgang mit einzelnen dieser Werke auch Besonderheiten zu beachten, auf die Sie unten bei der Übersicht über die Hilfsmittel hingewiesen werden.

Hier sei nur noch gesagt, was für den Umgang mit allen diesen Büchern gilt:
- Prüfen Sie *kritisch*, was Sie dort für Ihre Perikope an Vergleichstexten finden, und treffen Sie, wenn nötig – v. a. bei sehr umfangreichem Material, wie Sie es z. B. in den Bänden des „Neuen Wettsteins" finden (s. u. Hilfsmittel) –, eine *Auswahl* an Texten, die Sie sich näher anschauen! Behalten Sie im Hinterkopf, dass die Kriterien, die dazu geführt haben, dass ein antiker Text als Parallele zu einer neutestamentlichen Textstelle aufgeführt wird, sehr unterschiedlich sein können.
- Bilden Sie sich daher selbst eine Meinung, ob einer der Texte oder mehrere, die Ihnen in den Quellensammlungen präsentiert werden, *Traditionen* erläutern, die auch für Ihren Text wichtig sind.
- Bedenken Sie, dass Sie in den genannten Textsammlungen, obwohl diese vor allem religionsgeschichtlich ausgerichtet sind, genauso gut auf *Sachinformationen* stoßen oder Texte der gleichen *Gattung* finden können, die Sie dann sinnvollerweise auch in Ihre Ausführungen zu eben jenen Exegeseschritte integrieren. Rechnen Sie damit, dass Sie zu Ihrer Perikope vielleicht auch gar nichts finden oder nichts, das Ihnen weiterführend erscheint.
- Achten Sie bei den Texten, die Sie für eine nähere Betrachtung heranziehen wollen, unbedingt auch auf die *Datierung* dieser Texte. Gedankengut, das sich z. B. erst in Texten des 4. Jahrhunderts n. Chr. finden lässt, kann zwar durchaus schon vorher bekannt gewesen sein, es lässt sich dort aber nicht nachweisen und daher auch weniger gut als eine Tradition beschreiben, die einen neutestamentlichen Text direkt oder indirekt beeinflusst haben könnte.
- Versuchen Sie, auch jenseits von der Entstehungszeit auf die *Wahrscheinlichkeit* einer Beeinflussung zu achten und postulieren Sie nicht leichtfertig direkte Beziehungen. Wenn Sie in einer Textsammlung also z. B. ein Zitat aus einem Dialog von Platon finden, das thematisch hervorragend mit etwas aus Ihrem Text harmoniert, heißt das noch nicht, dass der Verfasser Platon gelesen hat, sondern vermutlich eher, dass vergleichbare Inhalte zu allgemeineren Wissensbestandteilen der Zeit geworden sind.

Beispiel 54

In **Mt 9,13dZZ** (s. o. Beispiel 21) greift Jesus in seiner Antwort an die Pharisäer einen Text auf, den er nicht direkt als Zitat einleitet, der sich aber als Bezug auf Hos 6,6 identifizieren lässt: „Erbarmen will ich und nicht ein Opfer" (ἔλεος θέλω καὶ οὐ θυσίαν – im Nestle-Aland sind diese Wörter kursiv gedruckt und mit einem Randverweis auf die alttestamentliche Stelle versehen.) Vergleicht man die Textformen, so zeigt sich, dass Mt 9,13dZZ exakt mit dem Wortlaut aus Hos 6,6a LXX übereinstimmt. Allerdings fehlt der zweite Teil des Satzes, V. 6b, der in Form eines Parallelismus etwas ganz Ähnliches noch einmal sagt, allerdings doch mit einem wichtigen Unterschied: καὶ ἐπίγνωσιν θεοῦ ἢ ὁλοκαυτώματα – hier geht es darum, dass der Prophet im Namen Gottes „Gotteserkenntnis *mehr als* Brandopfer" fordert. Das „und nicht" aus dem ersten Teil des Satzes lässt sich damit kaum mehr als Markierung einer strikten Alternative verstehen.

Der ursprüngliche Kontext bei Hosea ist die prophetische Kritik an den politisch-sozialen (vgl. das Stichwort „Recht" in Hos 6,5) und religiösen Zuständen in Israel. Das passt nur bedingt zum Kontext in Mt 9,9–13, wo das Zitat auch deshalb überrascht, weil weder vom „Opfer" (θυσία) in der Perikope oder im textlichen Umfeld die Rede war, noch die Pharisäer in ihrer Frömmigkeitsausrichtung ausgesprochen kultorientiert sind (wohl aber auf genaue Gesetzeseinhaltung ausgerichtet). Passend ist dagegen der kritische Impetus, der jenem in Hosea entspricht. Auch die Betonung der „Barmherzigkeit" (ἔλεος) fügt sich besser in den Kontext der Perikope. Sie lässt sich als Beschreibung des Handelns Jesu verstehen (nach dem die Pharisäer ja gefragt hatten).

Wie sich im synoptischen Vergleich noch zeigen wird (s. u. Kap. 13.2 mit Beispiel 61), hat erst Mt das Zitat aus Hos 6,6 in einen bereits bestehenden Zusammenhang eingefügt, den er aus Mk 2,17 übernimmt. Offenbar handelt es sich um ein Zitat, dem Evangelisten wichtig ist, denn es begegnet in Mt 12,7 erneut – wiederum redaktionell eingefügt.

Kommen wir von diesen Vorgriffen wieder zurück zur Traditionsanalyse, so bleibt nach dem Verhältnis von Barmherzigkeit und Opfer zu fragen – also nach jenen zwei Schlüsselbegriffen, die Mt mit dem Hosea-Zitat in den Text einbringt. Folgt man der Vorgabe aus Hosea, so geht es um eine Vorordnung der Barmherzigkeit, aber nicht um ein Entweder-Oder. Das passt, so betont es z. B. Ulrich Luz in seinem Mt-Kommentar, auch „am besten zu Mt selbst, der das Kultgesetz nicht abschaffte, sondern gegenüber dem Liebesgebot zurücktreten ließ".[2] Allerdings betont der Abschluss der Perikope in V. 13eZ dann doch wieder die Alternative – nun zwischen Gerechten und Ungerechten. Es bleibt also etwas unausgewogen, wie Mt mit dieser Tradition umgeht.

---

[2] Luz, Ulrich: Das Evangelium nach Matthäus. 2. Teilband: Mt 8–17. (EKK I/2) Zürich, Neukirchen-Vluyn 1990, 44.

b) Für das Aufspüren von Traditionen, die der Text nicht so deutlich markiert, und auch, um sich den religionsgeschichtlichen Kontext insgesamt etwas besser zu erschließen, können Ihnen ebenfalls die oben unter Punkt 4 beschriebenen und unten aufgelisteten Hilfsmittel weiterhelfen. Für eine exegetische Hausarbeit am Anfang des Studiums ist es auch ausreichend, wenn Sie antike Quellentexte, die Sie dort finden, nur nach diesem Fundort zitieren. Von einer wissenschaftlichen Qualifikationsarbeit würde man dagegen erwarten, dass Sie die Quellen auch selbst in entsprechenden wissenschaftlichen Editionen aufsuchen und prüfen.

Q **Beispiel 55**
Greifen wir noch einmal den Ruf nach Jesus als „Sohn Davids" aus **Mk 10,47 f.** auf (s. o. Beispiel 53) und suchen nach Quellentexten zu diesem Abschnitt bei Berger/Colpe: Religionsgeschichtliches Textbuch (s. u. Hilfsmittel). Sie finden in §1 „Markus und Parallelen" unter Nr. 89 unter anderem eben jenen Text aus den „Jüdischen Altertümern" des Flavius Josephus, den wir uns schon oben (s. Beispiel 48) im Zusammenhang mit der Gattung Wundergeschichte angesehen hatten. Nun begegnet er uns erneut unter der Perspektive der Frage nach vorgeprägtem Gedankengut. Im Ruf des blinden Bartimäus nach Jesus als „Sohn Davids" könnte also auch eine Tradition aufgerufen sein, die mit *Salomo*, dem direkten Sohn Davids, eine besondere Kraft zum Heilen verband. Dafür lassen sich auch andere Texte anführen, die unter Nr. 89 ebenfalls zusammengefasst oder in Auszügen zitiert sind, z. B. das „Testament Salomos" (TestSal 20,1).[3] Bezieht man diese Informationen zurück auf die Heilung des Bartimäus in Mk 10,46–52, dann muss man aber zumindest kritisch feststellen, dass Bartimäus nicht um die Austreibung eines Dämons bittet, sondern um Heilung von seiner Blindheit. Natürlich könnte Jesus auf diese Weise als erfolgreicher Exorzist bestimmt werden, der auch heilen kann. Besser passen die unter Nr. 89 im „Religionsgeschichtlichen Textbuch" angeführten Texte aber tatsächlich zu Mt 4,24. Das ist jener Text, dem der oben in Beispiel 48 ebenfalls als Sekundär-Quelle angegebene „Neue Wettstein" Jos. *Ant.* VIII 2.5 (bzw. 45–48) zuordnet und in dem in einem Sammelbericht von Dämonenaustreibungen Jesu die Rede ist.

Auch Bill. bringt im Zusammenhang mit der Bartimäusgeschichte im Übrigen keinen Verweis auf Salomo als Dämonenaustreiber, sondern vielmehr einen Hinweis auf den *messianischen* Gehalt, der in der Anrufung Jesu als „Sohn Davids" enthalten sein kann (so auch oben Beispiel 53). Allerdings findet sich das bei Bill. genau genommen nicht bei Mk 10,46–52 angeführt, denn die Textstellen sind hier der biblischen Reihenfolge nach geordnet (s. u.

---

[3] Achtung: Die Datierung, die im „Religionsgeschichtlichen Textbuch" mit „1.–2. Jh. n. Chr.?" angegeben ist, wird in neuerer Literatur (vgl. z. B. den Wibilex-Artikel zum *Testamentum Salomonis*) auf eine spätere Zeit festgelegt.

11. Traditionsanalyse

🔍 Hilfsmittel). Nachzusehen ist also bei der Mt-Parallele, Mt 20,29–34, und auch dort findet man die erwähnten Belege zur Anrufung als Sohn Davids nicht, weil in Mt 9,27–31 nämlich zuvor schon eine ganz ähnliche Blindenheilung erzählt wird. Dort wird man dann also fündig.

✂ Hilfsmittel

Textausgaben der Septuaginta:

Septuaginta Deutsch. Das griechische Alte Testament in deutscher Übersetzung. Hg. v. Wolfgang Kraus u. Martin Karrer. 2., verb. Aufl. Stuttgart 2010.
Septuaginta Deutsch. Erläuterungen und Kommentare. 2 Bde. Hg. v. Wolfgang Kraus u. Martin Karrer. Stuttgart 2011. (auch als E-Book)
Septuaginta. Hg. v. Alfred Rahlfs. 2 Bde. Stuttgart 1935.
– Einen neueren Forschungsstand als Rahlfs repräsentieren die Bände des Göttinger Septuaginta-Unternehmens, das aber noch nicht abgeschlossen ist: https://adw-goe.de/forschung/abgeschlossene-forschungsprojekte/akademienprogramm/septuaginta-unternehmen/veroeffentlichungen/septuaginta-vetus-testamentum-graecum/

Quellensammlungen, auf die Arbeit mit dem Neuen Testament zugeschnitten:

Neuer Wettstein. Texte zum Neuen Testament aus Griechentum und Hellenismus. Band 1, Teilband 1.2–1: *Texte zum Matthäusevangelium. Mt 1–10.* Hg. v. Udo Schnelle. Berlin 2013 (auch als E-Book).
Neuer Wettstein. Texte zum Neuen Testament aus Griechentum und Hellenismus. Band 1, Teilband 1.1: *Texte zum Markusevangelium.* Hg. v. Udo Schnelle. Berlin 2008 (auch als E-Book).
Neuer Wettstein. Texte zum Neuen Testament aus Griechentum und Hellenismus. Band 1, Teilband 2: *Texte zum Johannesevangelium.* Hg. v. Udo Schnelle in Zusammenarbeit mit Michael Labahn und Manfred Lang. Berlin 2001.
Neuer Wettstein. Texte zum Neuen Testament aus Griechentum und Hellenismus. Band 2, Teilbände 1 und 2: *Texte zur Briefliteratur und zur Johannesapokalypse.* Hg. v. Georg Strecker u. Udo Schnelle in Zusammenarbeit mit Gerald Seelig. Berlin 1996.
– Die Neubearbeitung des Wettsteins ist noch nicht abgeschlossen. Die Fülle der hier zu findenden Quellentexte ist manchmal erschlagend. Nicht immer ist klar, in welcher Weise eine angeführte Quelle den neutestamentlichen Text erhellen soll.
– Ausdrücklich sind auch Texte einbezogen, die zur Klärung von Sachfragen beitragen.

Berger, Klaus u. Colpe, Carsten (Hg.): *Religionsgeschichtliches Textbuch zum Neuen Testament* (NTD. Textreihe 1). Göttingen 1987.
- Achtung: Das Vergleichsmaterial ist so geordnet, dass Mt- und Lk-Texte, die eine Parallele in Mk haben, unter der *Mk-Textstelle* nachzusehen sind, aus der Logienquelle stammende Texte sind ebenfalls extra aufgeführt (die Zählung von Q folgt Lk).
- Im Buch gibt es außerdem jeweils eine Auswertung der Bedeutung einer angeführten Quelle für den neutestamentlichen Text. Diese sollten Sie kritisch prüfen und, wenn sie Ihnen nicht einleuchtend erscheint, formulieren, warum Sie Dinge anders sehen!

Strack, Hermann L. u. Billerbeck, Paul: *Kommentar zum Neuen Testament aus Talmud und Midrasch.* 6 Bde. 4. Aufl. München 1926. (IATG-Abkürzung: Bill.)
- Die relativ alte Textsammlung hat einen nach wie vor unübertroffenen Umfang, sammelt aber bisweilen auch unübersichtlich viel und mit kaum erkennbarer Gewichtung hinsichtlich der Bedeutsamkeit einzelner Belege.
- Da die Sammlung alt ist, hat sich auch die Sicht auf das rabbinische Judentum verändert. Es ist nicht so ungebrochen, wie Bill. das tut, als Informationsquelle für den Pharisäismus zur Zeit Jesu zu gebrauchen.
- Vorsicht ist bei der Datierung der Texte geboten. Die Texte des Talmuds sind alle später als das Neuen Testament schriftlich fixiert worden, enthalten aber zum Teil deutlich ältere Traditionen. Das ist nicht immer sicher nachzuweisen, jedoch anhand neuerer Sekundärliteratur im Zweifelsfall zu prüfen.
- Das Vergleichsmaterial ist nach der Reihenfolge der Texte in der Bibel geordnet. Gibt es zu Mk- oder Lk-Texten Mt-Parallelen, dann müssen Sie *unter Mt* nachsehen!
- Um sich in der verwirrenden Schriftenvielfalt der rabbinischen Literatur etwas besser zurechtzufinden, müssen Sie einerseits die Abkürzungen, die Sie im Text finden, mit Hilfe des Abkürzungsverzeichnisses am Anfang des ersten Bandes auflösen. Außerdem aber könnte es hilfreich sein, über die Entstehung und den Aufbau des Talmuds insgesamt ein wenig kundig zu machen, z. B. hier:

Krupp, Michael: *Der Talmud. Eine Einführung in die Grundschrift des Judentums mit ausgewählten Texten.* Gütersloh 1995.

online:

Siegener Antike Texte zur Umwelt des Neuen Testaments. Hg. v. Ingo Broer u. a. 6. Aufl. 2014, Kap. III: *Antike Parallelen zu den Wundergeschichten im Neuen Testament.* https://www.uni-siegen.de/phil/kaththeo/antiketexte/index.html?lang=de

11. Traditionsanalyse 179

- kleine Quellensammlung zum Neuen Testament und seiner Umwelt in Auswahl
- Originalsprache und deutsche Übersetzungen

Quellensammlungen antiker Texte allgemein, online:

Thesaurus Linguae Graecae (TLG)
http://stephanus.tlg.uci.edu/

- umfassende Textsammlung, die die gesamte Welt des antiken griechischen Schrifttums eröffnet und gute Suchfunktionen bietet
- nur mit Lizenz in seinem vollständigen Umfang verfügbar

Perseus Digital Library
https://www.perseus.tufts.edu/hopper/collections

- frei zugängliche, umfangreiche Datenbank für geisteswissenschaftliche Studien in großer Breite
- im Rahmen der Exegese ist besonders die umfangreiche Sammlung von Texten der griechisch-römischen Welt interessant (in Originalsprache und häufig auch mit englischer Übersetzung

Für eine erste exegetische Arbeit im Studium ist der Rückgriff auf diese ausgesprochen umfangreichen, aber entsprechend auch schwer überschaubaren Quellensammlungen nur bei besonderem Interesse oder sehr spezifischen Fragestellungen angezeigt.

Bibellexika: s. o. Kap. 3 Hilfsmittel

Kommentare: s. u. 16.2

Verknüpfung mit anderen Exegeseschritten

Das Aufspüren von Traditionen verbindet sich bisweilen gut mit literarkritischen Beobachtungen (s. u. Kap. 12): Wenn ein Abschnitt im Text sich durch eine besondere sprachliche Form vom Kontext abhebt oder inhaltlich auffällt, kann das immer auch ein Hinweis auf die Verarbeitung einer vorgeprägten Tradition sein. Zu prüfen ist dann redaktionsgeschichtlich (s. u. Kap. 13), ob diese Tradition im Text nachträglich in einen bereits bestehenden Zusammenhang eingefügt wurde.

Teil D: Der Text und seine Entstehungsgeschichte

In diesem Teil geht es um sogenannte *diachrone* Exegeseschritte (zur Abgrenzung von synchronen Betrachtungsweisen s. o. die Einleitung zu Teil B). In zwei gegensätzlichen und sich ergänzenden Fragerichtungen befassen sich die Literarkritik (s. u. Kap. 12) und die Redaktionsgeschichte (s. u. Kap. 13) mit dem historischen Geworden-Sein des Textes. Kapitel 14 dagegen geht – zumindest kurz – auf die historische Rückfrage nach den Geschehnissen hinter dem Text als Frage nach der *außertextlichen* Wirklichkeit ein und greift dabei Überlegungen zur Faktualität und Fiktionalität des in den Texten Erzählten wieder auf, die bereits in der narratologischen Analyse (s. o. 8.2) kurz angeschnitten wurden.

Um sich besser zu verdeutlichen, in welchem Verhältnis Literarkritik und Redaktionsgeschichte zueinander stehen, kann folgende Grafik helfen:

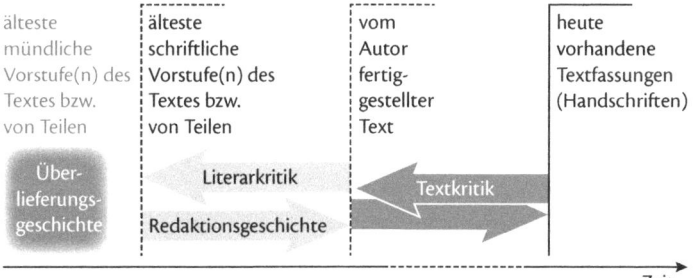

Eingetragen sind in die schematische Darstellung der Textentstehung auch der bereits behandelte Analyseschritt der Textkritik (s. o. Kap. 4) und die in Kap. 10.2 nur kurz angedeutete Frage nach der Überlieferungsgeschichte, die in diesem Buch sonst nicht weiterverfolgt wird. Wie man gut sehen kann, verhalten sich Literarkritik und Redaktionsgeschichte in gewisser Weise komplementär zueinander, nämlich was ihre Fragerichtung im Hinblick auf die Textgenese betrifft: Die Literarkritik geht von dem Text aus, den Sie mit Hilfe der Textkritik (bzw.

mit dem Rückgriff auf entsprechende Übersetzungen) als vermutlich älteste neutestamentliche Textfassung ermittelt haben, und fragt von dort *in der Zeit zurück* nach möglichen (schriftlichen) Vorformen dieses Textes. Die Redaktionsgeschichte beschreitet diesen Weg wieder in die andere Richtung *mit der Zeit* und versucht zu beschreiben, in welcher Weise der Autor des uns vorliegenden Textes die vermuteten Vorformen des Textes zusammengefügt hat, welche Veränderungen er dabei vorgenommen hat und warum. Dabei spielen in der Redaktionsgeschichte auch Überlegungen zum generellen Autorprofil eine Rolle, die in der Grafik nicht sichtbar werden (s. u. Kap. 13.1). In Kapitel 13.2 wird außerdem der Sonderfall der synoptischen Evangelien bei der literarkritischen und redaktionsgeschichtlichen Analyse betrachtet.

12. Literarkritik – Gibt es Brüche im Text, die auf vorausliegende Quellen hinweisen?

Wie gerade schon beschrieben geht die Literarkritik von der textkritisch als ursprünglich ermittelten Textform aus und sucht von dort aus nach möglichen Vorformen dieses Textes. Solche (schriftlichen) Vorformen lassen sich freilich nur erkennen, wenn ein Autor ihm vorausliegende Texte nicht dergestalt verändert und an seinen eigenen Duktus angepasst hat, dass sie maximal noch als spezifisch geprägtes Gedankengut in seinem Text feststellbar sind. (Dann hätten wir es mit einer Tradition zu tun: s. o. Kap. 11.) Ist aber noch etwas von der eigenen Textförmigkeit der verwendeten Quellen erhalten, kann die Literarkritik diese Quellen aufspüren, indem sie feststellt, dass der Text nicht „aus einem Guss" ist, sondern Spuren einer Entwicklung aufweist.

Anders ausgedrückt untersucht die Literarkritik die *literarischen Schichten*, die sich in einem Text erkennen lassen – daher auch der Name *Literar*kritik. (Achtung: Das ist etwas anderes als Literaturkritik!) Zum Aufspüren möglicher Quellenschriften, die in einem Text verarbeitet sind, ist besonders die Suche nach *Brüchen* oder *Inkohärenzen* im Text wichtig (s. o. Kap. 7.4). Auch bei einem Text, der partiell eine *geringe Textkohäsion* aufweist (s. o. Kap. 6.3), oder *verschiedene Gattungen* mischt (s. o. Kap. 10), könnte das auf die Verarbeitung von bereits vorliegenden Texten hinweisen. Eventuell hat auch die Textabgrenzung (s. o. Kap. 5) schon Hinweise auf mögliche Brüche im Text ergeben. – Sie sehen an den Verweisen auf vorausgehende Kapitel, dass Sie für die literarkritische Analyse schon an einigen Stellen der bisherigen Exegese gut vorgearbeitet haben.

Liegt Ihnen ein Text aus dem Matthäus- oder dem Lukasevangelium vor, dann können Sie aufgrund der Zweiquellentheorie unter Umständen schon etwas über die verwendete Quelle vermuten und nehmen einen **synoptischen Vergleich** vor. Da dieser Methodenschritt auch Aspekte der redaktionsgeschichtlichen Fragestellung mit einbezieht, finden Sie ihn erst im folgenden Kapitel (s. u. 13.2) beschrieben.

Für alle anderen Texte folgen Sie für die literarkritische Untersuchung dem im Folgenden beschriebenen Vorgehen.

Praktisches Vorgehen

Ermitteln Sie *zuerst*, ob Ihr Text Brüche, mangelnde Kohäsion oder Inkohärenzen aufweist. Abgesehen von dem, was Sie dazu in vorausgegangenen Exegeseschritten schon ermittelt haben (vgl. die Hinweise im Abschnitt zuvor), können Sie hier nochmals komprimiert fragen nach:

- Brüchen bzw. Unterbrechungen im Erzähl- oder Argumentationsverlauf
- merkwürdigen Doppelungen oder Wiederholungen
- stilistischen Auffälligkeiten (z. B. ein plötzlich anderer Sprachstil)
- widersprüchlichen Aussagen
- Teilen des Textes, die herausgelöst werden könnten, ohne dass das den Gesamtzusammenhang der Handlung stören würde
- Mischungen verschiedener Gattungen
- auffälliger Häufung von *hapax legomena*

ⓘ **Info:** *Hapax legomena*
Hapax legomena sind Wörter, die nur einmal innerhalb einer Schrift oder sogar innerhalb des Neuen Testaments vorkommen. Ob ein Wort dazu zählt, lässt sich über entsprechende Hinweise im Wörterbuch von Bauer oder Preuschen herausfinden (s. o. 2.1 Hilfsmittel) oder auch durch eine konkordante Suche (s. u. Kap. 18). Treten solche *hapax legomena* gehäuft auf, unterscheidet sich ein Textstück von der sonst üblichen Sprache der Schrift und es lässt sich vermuten, dass eine Übernahme aus einer Quelle vorliegt. Es kann aber auch sein, dass ein spezifisches Thema auf begrenztem Raum sehr viel Spezialvokabular benötigt, das anderswo dann nicht mehr auftaucht, aber noch kein Grund für die Annahme einer Quelle ist.

Werten Sie *dann* das Ergebnis dieser Textbefragung aus. Es gibt erst einmal zwei prinzipielle Möglichkeiten:

1. Sie stellen *keine* Brüche und Ähnliches fest. Das heißt, dass die literarkritische Untersuchung Ihres Textes keine Hinweise auf die Verarbeitung von Quellen ergeben hat. Damit sind Sie mit der literarkritischen Untersuchung bereits fertig.
2. Es *gibt* Brüche und Ähnliches. Dann müssen Sie diese Unebenheiten im Text näher untersuchen und sich ein Urteil darüber bilden, ob (a) die Spannungen vielleicht zur Textstrategie gehören oder ob

Sie es (b) mit Hinweisen auf die Verarbeitung von Quellen zu tun haben:
a. Spannungen, Wiederholungen, Satzabbrüche etc. können im Interesse des Autors liegen und somit *nicht* auf verschiedene literarische Ebenen verweisen. Sollte das in Ihrem Text so zu vermuten sein, dann greifen Sie diese Textbeobachtung in der Gesamtinterpretation des Textes (s. u. Kap. 15) wieder auf und versuchen sie in ihrer Intention zu deuten. Die literarkritische Untersuchung ist damit für Ihren Text beendet.

Q Beispiel 56

Im **Johannesevangelium** stoßen Sie hier auf ein ganz spezifisches Problem, das sich an vielen einzelnen Stellen manifestiert. Insgesamt wird in der Forschung nämlich kontrovers diskutiert, ob Brüche und Reibungen, die sich im Verlauf des Textes zweifellos immer wieder feststellen lassen, Indizien für die Existenz einer Grundschrift sind, die dann umfangreich überarbeitet wurde, oder ob sie im Interesse des Verfassers liegen (und natürlich gibt es auch Zwischenpositionen). In den Abschiedsreden Jesu in Joh 13,31–16,33 fordert Jesus z. B. mittendrin, in Joh 14,31, die Jünger zum Aufbruch auf, redet im nächsten Vers dann aber einfach weiter. Ist das ein Bruch, der auf die Zusammenstellung zweier ursprünglich nicht zusammengehörender Textteile verweist? (So sah es unter anderem Rudolf Bultmann, der in seinem für Jahrzehnte sehr einflussreichen Johanneskommentar aus literarkritischen Erwägungen heraus im ganzen Evangelium große Textumstellungen vornahm und die Überarbeitung durch eine „kirchliche Redaktion" annahm.)[1] Oder ließe sich die Aufforderung sinnvoll in den Textverlauf integrieren, indem man das, was dann folgt, als „eine große Parenthese" versteht? (So schlägt es Hartwig Thyen in seinem Johanneskommentar vor.)[2] Wie Sie an diesem Beispiel sehen, führt die Beurteilung festgestellter Spannungen im Text zu durchaus unterschiedlichen Ergebnissen. Die Literarkritik liefert keineswegs immer eindeutige Ergebnisse.

b. Brüche und Spannungen im Text können auf die Verarbeitung von schriftlichen Prätexten verweisen. Sollte das in Ihrem Text zu vermuten sein, dann versuchen Sie, die Abschnitte, die der Quelle zuzuordnen sind, möglichst genau vom Rest des Textes abzugrenzen. Beschreiben Sie, was Sie erkennen: Ist das Textstück, das Sie als Übernahme aus einem bereits vorausliegenden Text identifizieren, noch für sich genommen verständlich

---

[1] Vgl. Bultmann, Rudolf: *Das Evangelium des Johannes* (KEK). Göttingen 1941 (und Nachauflagen).
[2] Thyen, Hartwig: *Das Johannesevangelium*. (HNT 6) Tübingen 2005, 636.

und hat es einen eigenen Anfang und Abschluss? Das muss keinesfalls so sein. Es ist sogar eher wahrscheinlich, dass eine Quelle bei ihrer Übernahme in einen anderen Text an diesen angepasst wird. Dann fallen z. B. Anfang und Ende weg und Sie können nur noch das Fragment eines früheren Textes erkennen.

Q Beispiel 57

In der Geschichte von der Heilung eines Gelähmten in **Mk 2,1–12**, die sich formal als eine Wundergeschichte bestimmen lässt, findet sich in den Versen 6–10 ein Streitgespräch. Wir haben also eine Mischung von zwei Gattungen vorliegen. Inhaltlich nimmt das Streitgespräch auf die Heilung insofern Bezug, als Jesus dem Gelähmten zuerst seine Sünden vergibt (V. 5), bevor er ihn in V. 11 mit einem wunderwirkenden Wort heilt. In den Versen 6–10 wird zwischen den Schriftgelehrten und Jesus dann aber nur dessen Vollmacht zur Sündenvergebung diskutiert, wofür der Gelähmte in seiner konkreten Situation überhaupt keine Rolle spielt. Die Heilungserzählung selbst wiederum käme auch gut ohne diese Verse aus. Mk 2,6–10 lässt sich literarkritisch also gut vom restlichen Text abheben. Es ist durchaus wahrscheinlich, dass in Mk 2,1–12 zwei ursprünglich selbstständige Geschichten – eine Heilung und ein Streitgespräch – sekundär miteinander verbunden wurden. (Mit welcher Intention diese Zusammenfügung erfolgte, ist dann in der Redaktionsgeschichte zu fragen: s. u. Kap. 13.)

ⓒ Verknüpfung mit anderen Exegeseschritten

Wie aus der Einleitung in Teil D schon deutlich geworden ist, besteht ein besonders enges Verhältnis der Literarkritik zur Redaktionsgeschichte (s. u. Kap. 13). Bei der Betrachtung von Texten aus den synoptischen Evangelien werden Literarkritik und Redaktionsgeschichte im Schritt des synoptischen Vergleichs (s. u. 13.2) direkt miteinander verbunden.

13. Redaktionsgeschichte –
Wie ist der Text entstanden und wie ist er in seinen Gesamtzusammenhang eingeordnet?

Die Redaktionsgeschichte greift direkt auf die Ergebnisse der *Literarkritik* zurück: Wenn Sie dort festgestellt haben, dass Ihr Text nicht aus einem Guss ist, sondern in ihm vermutlich eine oder mehrere vorausliegende Quellen verarbeitet wurden, untersuchen Sie redaktionsgeschichtlich nun, *wie* diese Prätexte in den vorliegenden biblischen Text eingearbeitet wurden. Sie fragen also nach der *redaktionellen Arbeit*, die der Autor des vorliegenden biblischen Textes geleistet hat. Diese lässt sich v. a. für die Evangelien gut untersuchen, weil wir es dort mit Werken zu tun haben, in denen ganz klar ältere Einzelüberlieferungen aufgegriffen und in den Gesamtzusammenhang einer Darstellung der Jesusgeschichte gestellt wurden,[3] für die wiederum ein theologisches Profil erhoben werden kann.

Im Unterschied dazu können Sie zwar auch in Texten der neutestamentlichen Briefliteratur literarkritische Brüche feststellen, werden aber bei der Frage, warum beispielsweise Phil 3,2–4,3 eventuell nachträglich in einen bereits bestehenden Zusammenhang eingefügt wurde, nicht auf ein redaktionelles Gesamtkonzept stoßen, sondern sollten diese Frage vielmehr in der pragmatischen Analyse (s. o. Kap. 9) klären.

Wir werden uns im Folgenden daher v. a. auf die redaktionsgeschichtliche Untersuchung von Evangelientexten konzentrieren.

13.1 Theologisches Gesamtprofil und Einzeltext

Auch wenn Ihr Text sich als literarkritisch einheitlich erwiesen hat, müssen Sie nach seiner Einordnung in die Gesamtschrift fragen.

- Warum steht er genau an der Stelle, wo er steht? Dazu können Sie auf die Ergebnisse der Einordnung der Perikope in den Gesamtkontext (s. o. Kap. 5) zurückgreifen.

---

[3] Das verdeutlich z. B. das Proömium des Lukasevangeliums, Lk 1,1–4.

– Wie passt Ihr Text zum theologischen Gesamtprofil der jeweiligen neutestamentlichen Schrift?

Diese Fragen lassen sich selbstverständlich nicht nur für Evangelientexte stellen und werden in manchen Methodenbüchern auch unter dem Titel Kompositionskritik behandelt.

Um das theologische Gesamtprofil einer neutestamentlichen Schrift zu erheben, muss man diese sehr gut kennen und sie vor allem auf Makrotextebene hinsichtlich ihrer Intentionen (textpragmatisch) analysieren. Das ist im Rahmen einer Einzeltext-Exegese innerhalb des Studiums aber nicht leistbar. Sie müssen sich hier also durch die Sekundärliteratur helfen lassen. Bereits in Kap. 5 kamen die „Einleitungen ins Neue Testament" als wichtiger Buchtypus in den Blick. Einleitungen informieren nicht nur über Gliederung und Aufbau, sondern auch über die theologischen Grundlinien der einzelnen biblischen Schrift in komprimierter Weise. Ein weiterer wichtiger Buchtyp gibt unter dem Titel „Theologie des Neuen Testaments" noch deutlich umfassender Auskunft über die theologischen Schwerpunkte und das Gesamtprofil sowohl einzelner neutestamentlicher Schriften als auch des Neuen Testaments insgesamt (s. u. Hilfsmittel). Auch die einleitenden Kapitel eines exegetischen Kommentars (s. u. 16.2) können hier weiterhelfen.

Praktisches Vorgehen

Versuchen Sie, das theologische Gesamtprofil jener Schrift, zu der Ihre Perikope gehört, anhand ausgewählter Sekundärliteratur nachzuvollziehen, und beantworten Sie im Anschluss daran die oben gestellten Fragen nach der *Einordnung* Ihrer Perikope in den Gesamtkontext (s. auch oben Kap. 5) und danach, wie sie zum theologischen Gesamtprofil *passt*.

Q **Beispiel 58**

Wenn Sie die Geschichte vom reichen Mann und vom armen Lazarus (**Lk 16,19–31**) redaktionsgeschichtlich (oder kompositionskritisch) einordnen wollen, so wird bei der Lektüre einschlägiger Literatur zur Theologie des Lukasevangeliums schnell klar, dass der Text gut zu einer auch an anderen Stellen des Evangeliums zu findenden Reichtumskritik passt. Die Problematisierung einer zu starken Bindung an weltlichen Besitz findet sich zwar auch in anderen Evangelien (z. B. in Mk 10,17–27 parr.; s. o. Beispiel 38), ist bei Lk aber prominenter und v. a. immer wieder in Sondergut-Abschnitten enthalten (z. B. im Magnifikat in Lk 1,53; bei den Weherufen in Lk 6,24; in der

Geschichte vom reichen Kornbauern in Lk 12,16–21 und öfter). Speziell das 16. Kapitel, in das die Geschichte vom armen Lazarus gehört, thematisiert die Frage vom Umgang mit Besitztümern auf verschiedene Weise.

Hilfsmittel

Ausführliche Einsichten in das theologische Profil einzelner biblischer Schriften erhalten Sie in einer „Theologie des Neuen Testaments", z. B.:

Hahn, Ferdinand: *Theologie des Neuen Testaments* (UTB 3500). 2 Bde. 3., nochmals durchges. Aufl. Tübingen 2011. (auch als E-Book)

Knappere Überblicke über theologische Hauptthemen finden Sie in Einleitungen ins Neue Testament (s. o. Kap. 5 Hilfsmittel) und auch in den einleitenden Kapiteln exegetischer Kommentare (s. u. 16.2).

13.2 Der synoptische Vergleich als Spezialfall

Für Texte aus dem Matthäus- und aus dem Lukasevangelium gestalten sich die Literarkritik und Redaktionsgeschichte unter Umständen etwas anders als bisher geschildert. Denn mit der **Zweiquellentheorie** liegt hier eine Hypothese vor, die etwas über wichtige Prätexte dieser beiden Evangelien aussagt.

Da die Zweiquellentheorie als solche keine exegetische Methode ist, wird sie hier nicht ausführlich hergeleitet und erklärt (das ist vielmehr Aufgabe einer Einleitung ins Neue Testament).[4] Mit den folgenden zwei Grafiken und kurzen Erläuterungen sollen aber zumindest die wesentlichen Züge der Zweiquellentheorie kurz in Erinnerung gerufen werden:

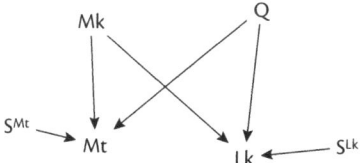

Die Zweiquellentheorie versucht durch die *Annahme zweier Hauptquellen* (daher der Name) die auffälligen Übereinstimmungen in Inhalt und Aufbau der drei synoptischen Evangelien Mt, Mk und Lk anhand einer Theorie literarischer

---

[4] Vgl. zum synoptischen Problem und zur Zweiquellentheorie (sowie auch zu alternativen Lösungsvorschlägen) z. B. Schnelle, Udo: *Einleitung in das Neue Testament.* (UTB 1830) 9., durchges. Aufl. Göttingen 2017, 205–242.

Abhängigkeiten zu erklären. Das *Markusevangelium* wird dabei selbst als eine dieser Quellen bestimmt, weil sein Stoff fast vollständig in Lk und Mt enthalten ist und es zugleich auch den erzählerischen Ablauf vorzugeben scheint. Mt und Lk werden also als literarisch abhängig von Mk betrachtet.

Keine direkte Abhängigkeit gibt es laut Zweiquellentheorie dagegen zwischen Mt und Lk. Jener Stoff, der sich bei beiden gleichermaßen findet, aber *nicht* bei Mk, wird vielmehr einer weiteren Quelle (abgekürzt: Q) zugerechnet, die aber in antiken Handschriften nicht erhalten ist, sondern nur aus einem Vergleich von Lk und Mt *rekonstruiert* werden kann. Ihre moderne Bezeichnung als *Logienquelle* bezieht sich auf den Inhalt, der vermutlich v. a. aus Redestoff (Logien) bestand und kaum Erzählungen enthielt.

Weil Mt und Lk außerdem noch Textabschnitte enthalten, die *keinerlei Parallelen* in einem der anderen Evangelien aufweisen, wird davon ausgegangen, dass beide noch sogenanntes *Sondergut* benutzen. Mit S^{Mt} und S^{Lk} sind aber keine einheitlichen Quellenschriften bezeichnet, sondern Prätexte *unterschiedlicher* Herkunft gemeint. (Ebenso nennt man auch die sehr wenigen Texte, die *nur* im Markusevangelium enthalten sind, aber nicht bei Mt oder Lk, Markus-Sondergut. Auch hier verweist die Bezeichnung als Sondergut nicht auf eine bestimmte Quelle.)

Weitere Beobachtungen zeigen nun aber, dass die einfache Zweiquellentheorie, wie sie oben im Schema erscheint, modifiziert werden muss. Dazu gehört unter anderem die Feststellung sogenannter *minor agreements*. Das sind jene Fälle „kleinerer Übereinstimmungen", die Mt und Lk in manchen Texten *gegen* Mk aufweisen, auch wenn sie gemäß der Zweiquellentheorie dort eigentlich der Quelle Markus folgen und sich gegenseitig nicht kennen. Hier soll die Annahme eine Erklärung bieten, dass Mt und Lk nicht jene Mk-Version benutzt haben, die wir als Mk kennen, sondern eine etwas spätere, leicht veränderte (den sog. *Deuteromarkus*). Analog wird auch für die rekonstruierte Quelle Q angenommen, dass sie Mt und Lk bereits in zwei leicht divergierenden Fassungen vorlag:

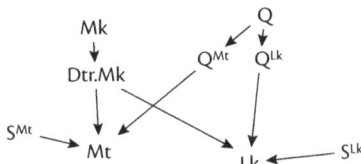

Da uns die Textfassung von Deuteromarkus aber nicht in Form von Handschriften erhalten ist und Q sowieso schon eine rekonstruierte Quelle darstellt, von der man nun auch noch verschiedene Entwicklungsstufen annimmt, bewegen wir uns hier auf stark hypothetischem Terrain. Es wird im synoptischen Vergleich daher wichtig sein, entsprechende Vermutungen über differierende Quellenstadien gut zu begründen und außerdem keine allzu weitreichenden Folgerungen auf Hypothesen zu gründen. Insgesamt sollten Sie im Hinterkopf behalten, dass es sich bei der Zweiquellentheorie, wie der Name es schon sagt, um eine *Theorie* handelt. Sie kann vieles im Hinblick auf das Verhältnis der Synoptiker zueinander sehr plausibel erklären, es gibt aber auch Fälle, in denen das nicht so leicht ist. (Auch andere Theorien zur Beschreibung der literarischen Beziehungen zwischen den synoptischen Evangelien, die es durchaus gab und gibt,[5] haben aber ihre jeweiligen Grenzen.)

ⓘ **Info: Das Thomasevangelium**
Neben den kanonischen Schriften gibt es noch weitere, apokryphe (also: nicht in den neutestamentlichen Kanon aufgenommene) Texte, unter anderem weitere Evangelien. Im Zusammenhang mit der synoptischen Frage findet in der Forschung vor allem das **Thomasevangelium** Beachtung (abgekürzt EvThom; s. u. Beispiel 64), denn es geht in Teilen vermutlich auf ähnliche alte Traditionen zurück wie die Synoptiker. Es ist aber nicht leicht, diese älteren Inhalte eindeutig von späteren Überarbeitungen zu unterscheiden. Auch hinsichtlich der Gattung des Thomasevangelium gibt es in der Forschung unterschiedliche Positionen. Wenn Sie – was unbedingt empfehlenswert ist – einmal in den Text hineinschauen (s. u. Hilfsmittel), dann wird Ihnen sofort auffallen, dass das Thomasevangelium keinen durchlaufenden Erzählrahmen hat. Es endet auch nicht mit Passion und Auferstehung Jesu. Vielmehr finden Sie einzelne Abschnitte, die in der Regel als Logien (also Aussprüche) bezeichnet werden und die oft scheinbar unverbunden nebeneinanderstehen. Vollständig ist das Thomasevangelium nur als Übersetzung in koptischer Sprache erhalten, und zwar als Teil des Handschriftenfundes von Nag Hammadi (s. u. Hilfsmittel). Einige griechische Fragmente finden sich in den Oxyrhynchus-Papyri.

Auf die *literarkritische* Frage, ob ein Text vorausliegende Quellen genutzt hat, und wenn ja, welche, gibt die Zweiquellentheorie also für eine Vielzahl von Mt- und Lk-Texten eine recht deutliche Antwort. *Redaktionsgeschichtlich* ist daran anschließend zu untersuchen, wie der Autor diese Quellen in seinen Text und diesen wiederum in sein Gesamtkonzept eingearbeitet hat. Dieses Zusammenspiel der beiden Methodenschritte ist wichtig. Es kommt nicht nur darauf an, bestimmte Textteile bestimmten Quellen zuzuordnen, sondern vielmehr, auf dieser Grundlage wieder auf die vorliegende Perikope zu schauen und deren Gesamtanlage durch den Evangelisten zu beschreiben.

---

[5] Eine der prominenteren Theorien, die besonders im englischsprachigen Raum stärkere Zustimmung erfährt, ist die „Mark-without-Q-Hypothesis", wie sie v. a. Michael D. Goulder vertritt (*Luke. A New Paradigm* [JSNT.S 20]. 2 vols. Sheffield 1989).

Manchmal begegnet in exegetischen Hausarbeiten der Fehler, dass alles, was sich *innerhalb einer Perikope* keiner der beiden Quellen Markus oder Q zuordnen lässt, als Sondergut bezeichnet wird, oder dass sogar einzelne Abweichungen in der Formulierung auf den Einfluss von Sondergut zurückgeführt werden. In einem solchen Vorgehen zeigt sich aber ein inkorrektes Verständnis von Sondergut und überhaupt eine falsche Anwendung der Zweiquellentheorie. Denn ein synoptischer Text ist kein Puzzle, bei dem man alle Teile auseinandernehmen und bestimmten Quellen zuordnen kann, sondern zeigt vielmehr auch eine redaktionelle Bearbeitung dieser Quellen auf, die ebenso beachtet werden muss.

Praktisches Vorgehen

Auf folgende **Fälle** können Sie stoßen, wenn Sie einen Mt- oder Lk-Text untersuchen:

1. Hat ein Text keine Parallele in einem der anderen synoptischen Evangelien, wird er als **Sondergut** betrachtet. → Sie gehen dann in der literarkritischen und redaktionsgeschichtlichen Analyse so vor, wie oben (s. Kap. 12 und 13.1) beschrieben.
2. Hat ein Mt- oder Lk-Text Parallelen bei Lk bzw. Mt *und* Mk liegt in der Regel der Fall der sogenannten **Markuspriorität** vor. Der Text wird dann als von Mk abhängig betrachtet. → Das weitere praktische Vorgehen wird unten beschrieben.
3. Hat ein Mt-Text nur eine Lk-Parallele bzw. umgekehrt, aber *keine* Mk-Parallele, entstammt er gemäß der Zweiquellentheorie der **Logienquelle**. → Auch hier wird das weitere praktische Vorgehen unten beschrieben.

Unter Umständen können einzelne Abschnitte innerhalb einer Perikope auch unterschiedlichen Fällen zuzuordnen sein (dann ist aber eventuell auch die Abgrenzung der Perikope [s. o. Kap. 5] noch einmal zu überdenken). Es kommt auch vor, aber eher selten, dass einem Text in Mt und/oder Lk *sowohl* eine Mk- *als auch* eine Q-Fassung zugrunde liegen. Wird so etwas angenommen, muss es dafür aber gute Gründe geben, wie in Beispiel 59 beschrieben.

Q Beispiel 59

Beim Senfkorngleichnis (**Mk 4,30–32 parr.**) haben wir es vermutlich mit dem Fall zu tun, dass Mt und Lk zusätzlich zum Mk-Text auch eine Q-Fassung des Gleichnisses vorlag. Das lässt sich unter anderem aus deutlichen Übereinstimmungen von Mt und Lk gegen Mk ableiten (also aufgrund von auffällig vielen *minor agreements*, die sich unter Annahme einer Doppelüberlieferung aber durch die Benutzung von Q erklären ließen) und auch aus der Tatsache, dass Mt und Lk das Senfkorngleichnis zusammen mit dem Sauerteiggleichnis überliefern, letzteres aber nicht in Mk zu finden ist. In der

Forschung wird daher zumeist angenommen, dass bereits in Q beide Gleichnisse als Doppelgleichnis enthalten waren. Mk überliefert (kennt?) dagegen nur das Senfkorngleichnis.

ⓘ Info: Die Zitation von Q
Wie verweist man auf Texte, die einer Quelle entstammen, die nur rekonstruiert vorhanden ist? Für die Logienquelle erweist sich hier deren Rezeption durch Lk als wesentlich. Da in der Forschung angenommen wird, dass Lk wegen seiner „Blocktechnik"[6] die Reihenfolge der aus Q stammenden Perikopen besser gewahrt hat als Mt, zitiert man Texte, die vermutlich aus Q stammen, nach Lk. In manchen Texten in der Sekundärliteratur finden Sie sogar Lk durch Q ersetzt. Der Verweis auf Q 13,20f. meint aber nichts anderes als das Sauerteiggleichnis, das Sie in Lk 13,20f. finden (und für das es eine Parallele in Mt 13,33 gibt). Manchmal wird der Hinweis auf die Quelle auch durch ein nachgestelltes (Q) markiert: Lk 13,20f. (Q).

Nutzen Sie für den synoptischen Vergleich auf jeden Fall eine *Synopse*, also eine „zusammenschauende" Darstellung der zu vergleichenden Texte in tabellarischer Form (s. u. Beispiel 60). Ob Sie diese selbst erstellen, eine gedruckte Version (s. u. Hilfsmittel) oder die synoptische Darstellung aus einem Bibelsoftware-Programm nutzen, bleibt Ihnen überlassen. Als hilfreich erweist es sich auf jeden Fall, die Texte farbig zu bearbeiten und Übereinstimmungen und Abweichungen entsprechend zu markieren. Konzentrieren Sie sich dabei auf das Wesentliche. Normalerweise reichen drei verschiedene Farben aus, z. B.:
- gelb für Übereinstimmungen von Mt und Lk mit Mk
- grün für Passagen, die Q zuzurechnen sind (also Übereinstimmungen zwischen Mt und Lk ohne Entsprechung bei Mk)
- rot für die Wörter und Abschnitte, die jeweils nur in einem Evangelium vorkommen

Q Beispiel 60
Im Folgenden finden Sie eine synoptische Darstellung von **Mk 10,46–52 parr.**, die anhand der Übersetzung des MNT erstellt ist. Die eben vorgeschlagene farbliche Markierung lässt sich im Buch nicht wiedergeben, an ausgewählten Stellen sind aber durch Fettdruck Besonderheiten markiert, die in jeweils nur einem der drei Texte auftreten. Kursiv und fett hervorgehoben sind Stellen, an denen es *minor agreements* gibt. Unterstreichungen weisen auf noch andere Auffälligkeiten hin. Alle werden unten in der weiteren

---

[6] Damit ist das Vorgehen des Verfassers des Lukasevangeliums gemeint, Texte aus einer bestimmten Quelle eher blockweise und nicht mit Texten aus einer anderen Quelle gemischt zu präsentieren.

194 Teil D: Der Text und seine Entstehungsgeschichte

🔍 Beschreibung des praktischen Vorgehens beim synoptischen Vergleich als Beispiele wieder aufgegriffen und erläutert. Das Beispiel 60 erstreckt sich somit also auch noch über die nächsten Abschnitte hinweg.

Mt 20,29–34	Mk 10,46–52	Lk 18,35–43
	46 Und sie <u>kommen nach Jericho</u>.	35 Es geschah aber bei seinem <u>Nahekommen nach Jericho</u>:
29 Und als sie <u>herausgingen von Jericho</u>, folgte ihm viel Volk.	Und als er <u>herausgeht von Jericho</u> und seine Schüler und eine beträchtliche Volksmenge, saß der ***Sohn von Timaios, Bartimaios***,	
30 Und siehe, **zwei** Blinde sitzend am Weg,	ein blinder Bettler, am Weg.	Ein Blinder saß am Weg, bettelnd.
hörend, dass Jesus vorbeigeht,	47 Und hörend, dass Jesus, der Nazarener, (es) ist,	36 Hörend aber (die) durchziehende Volksmenge, erkundigte sich, was dies sei. 37 Sie aber meldeten ihm: Jesus, der Nazoraier, geht vorbei.
schrien, sagend: Erbarme dich unser, [**Herr**], Sohn Davids!	begann er zu schreien und zu sagen: Sohn Davids, Jesus, erbarme dich meiner!	38 Und er rief, sagend: Jesus, Sohn Davids, erbarme dich meiner!
31 Die Volksmenge aber anfuhr sie, dass sie schweigen; die aber schrien mehr, sagend: Erbarme dich unser, **Herr**, Sohn Davids!	48 Und anfuhren ihn viele, dass er schweige; der aber schrie um vieles mehr: Sohn Davids, erbarme dich meiner!	39 Und die Vorangehenden anfuhren ihn, dass er schweige, er aber schrie um vieles mehr: Sohn Davids, erbarme dich meiner!
32 Und stehenbleibend rief Jesus sie	49 Und stehenbleibend sprach Jesus: Ruft ihn! Und sie rufen den Blinden, sagend ihm: Hab Mut, steh auf, er ruft dich!	40 Stehengeblieben aber befahl Jesus, dass er geführt werde zu ihm.
	50 Der aber, wegwerfend sein Gewand, aufspringend, kam zu Jesus.	Als er aber nahekam,
und sprach:	51 Und antwortend ihm, sprach Jesus:	befragte er ihn:
Was wollt ihr, soll ich euch tun? 33 Sie sagen ihm:	Was willst du, soll ich dir tun? Der Blinde aber sprach zu ihm:	41 Was willst du, soll ich dir tun? Der aber sprach:
Herr, dass sich öffnen unsere Augen.	Rabbuni, dass ich wieder sehe!	***Herr***, dass ich wieder sehe!

13. Redaktionsgeschichte

Mt 20,29–34	Mk 10,46–52	Lk 18,35–43
34 Ergriffen aber **berührte Jesus ihre Augen,**	52 Und Jesus sprach zu ihm: Geh fort! Dein Glaube hat dich gerettet.	42 Und Jesus **sprach zu ihm: Sieh wieder!** Dein Glaube hat dich gerettet.
und sogleich sahen sie wieder, und sie folgten ihm.	Und sofort sah er wieder, und er folgte ihm auf dem Weg.	43 Und auf der Stelle sah er wieder, und er folgte ihm, verherrlichend Gott. Und das ganze Volk, sehend (es), gab Gott Lob.

Haben Sie die synoptische Darstellung auf Übereinstimmung und Differenzen untersucht und diese entsprechend markiert, dann ist das weitere Vorgehen vom jeweils zutreffenden Fall abhängig (s. u. a und b), greift aber auf allgemein geltende Beobachtungen zur redaktionellen Bearbeitung von Quellen zurück, denen wir uns hier zuerst zuwenden.

Die **redaktionelle Bearbeitung von Quellen** manifestiert sich häufig durch:

- Veränderungen am *Anfang* und am *Ende*, um die Quelle in den neuen Kontext einzupassen (z. B. die situative Rahmung von Gleichnissen)

Beispiel 60 – Fortsetzung

In Mk 10,46–52 parr. ändern sowohl Mt als auch Lk den Anfang der Perikope ab: Beiden erscheint die merkwürde Angabe in Mk 10,46, dass Jesus nach Jericho kommt und gleich wieder hinausgeht, offenbar korrekturbedürftig (s. auch oben Beispiel 15 zu textkritischen Veränderungen des Mk-Textes an dieser Stelle). Mt reduziert die Aussage daher auf das Hinausgehen aus Jericho. Bei Lk ereignet sich die Heilung vielmehr noch vor Jesu Ankunft in der Nähe von Jericho. Das erklärt sich dadurch, dass die bei Lk folgende Perikope vom Zöllner Zachäus (Lukassondergut) *in* Jericho spielt.

- *stilistische* Verbesserungen und/oder Anpassungen

Stilistische Verbesserungen lassen sich in der deutschen Übersetzung nicht immer gut wahrnehmen. Im Fall der Verarbeitung von Mk 10,46–52 durch Mt und Lk lässt allerdings auch der griechische Text keine rein stilistischen Veränderungen erkennen (s. aber unten Beispiel 61).

- *Straffungen* des Textes

Die ausführliche Schilderung, wie Bartimäus, nachdem Jesus ihn rufen ließ, von der Menge bestärkt wird, seinen Mantel abwirft und zu Jesus kommt (Mk 10,49 f.), wird sowohl von Mt als auch von Lk stark gekürzt.

- *Auslassungen* von Teilen der Quelle, z. B. wenn sie unverständlich oder überflüssig erscheinen

  Weder Mt noch Lk überliefern den Namen des blinden Bettlers. Vermutlich ist er ihnen und ihrem Publikum nicht (mehr) bekannt. Für den weiteren Verlauf der Erzählung bis hin zur Passion spielt er keine Rolle. Außerdem sind Namensnennungen in Wundergeschichten eher unüblich.

- *Klärungen* missverständlicher Passagen durch erläuternde *Zusätze, Kommentare* oder *weiterführende Informationen*

  Die Wunderhandlung selbst, von der in Mk 10,52 nicht wirklich erzählt wird (s. o. Beispiel 47), ergänzen Mt und Lk in je unterschiedlicher Weise: Mt schildert eine heilende Berührung (Mt 20,34), Lk ein wunderwirkendes Wort (Lk 18,42) und fügt zum Schluss außerdem noch ein großes Gotteslob an. Beide machen aus dem vorliegenden Mk-Text somit auf ihre Art eine typischere Wundergeschichte (s. o. 10.3a zu wiederkehrenden Motiven von Wundergeschichten).

- *inhaltlich-theologische Veränderungen*

  An der Mt-Version fällt auf, dass Mt nicht nur von einem, sondern von zwei Blinden erzählt, die geheilt werden. Auch an anderen Stellen verdoppelt Mt die Zahl der Hilfesuchenden (vgl. Mt 8,28: zwei besessene Gadarener, und Mt 9,27: zwei Blinde). Auf diese Weise wird das rettende Handeln Jesu noch stärker betont und kommt noch mehr Menschen zugute. Außerdem lässt Mt die Blinden Jesus als *Kyrios* („Herr") anreden und tilgt zugleich die christologisch weniger eindeutige Anrede Rabbuni aus Mk 10,51.

Besonders aus der letzten Erläuterung wird deutlich, dass es für die Einschätzung der redaktionellen Arbeit eines Autors wichtig ist, etwas über seine generelle theologische Ausrichtung und die Intention seiner Schrift zu wissen. Wie oben (s. 13.1) brauchen Sie also auch für den synoptischen Vergleich eine *Orientierung hinsichtlich des theologischen Gesamtprofils*, die Sie z. B. aus Einleitungen ins Neue Testament und Theologien des Neuen Testaments gewinnen können (s. o. 13.1 Hilfsmittel).

Q Beispiel 61

Auf mehrere der eben erwähnten Punkte, anhand derer die redaktionelle Arbeit des Evangelisten deutlich wird, sind wir bei Textbeobachtungen zu **Mt 9,9–13** (s. o. Beispiel 21 u. ö.) schon im Zusammenhang mit anderen Exegeseschritten gestoßen: So schärft Mt in den Versen 9,13aZ–cZ mit der Hinzufügung „Hingehend aber lernt, was es heißt ..." den Charakter des Streitgesprächs (s. o. Beispiel 42 im Rahmen der intratextuellen Pragmatik). Er fügt anschließend das Zitat aus Hos 6,6 hinzu (s. o. Beispiel 54 für die Traditionsanalyse), das allerdings nicht in allen Punkten gut zum Kontext passt, aber offenbar ein „Lieblingszitat" von Mt ist, denn auch in Mt 12,7 begegnet es noch einmal als redaktionelle Einfügung.

Auffällig ist im synoptischen Vergleich außerdem die Namensänderung von Levi zu Matthäus (Mt 9,9d), mit der auch die Angabe zur familiären Herkunft wegfällt (vgl. Mk 2,14: Levi, *der [Sohn] des Alphäus*). Diese ist für die Gattung der Nachfolgegeschichte zwar eigentlich typisch (s. o. Beispiel 52 im Rahmen der Gattungsanalyse), aber Mt ist es offenbar wichtiger, von einem später noch als Mitglied des Zwölferkreises genannten Jünger eine Berufungsgeschichte zu erzählen, anstatt von einem zwar mit Vatersnamen genannten, aber ansonsten unbekannt bleibenden Levi. Ausdrücklich wird in Mt 10,3 dann auch nicht nur der Name Matthäus als einer der Zwölf genannt, sondern dieser mit dem Zusatz „der Zöllner" versehen. Der synoptische Vergleich zeigt, dass Mk 3,18 par. Lk 6,15 diesen Zusatz nicht kennen. Auch in Mt 10,3 (in Verbindung mit Mt 9,9) könnte er also rein redaktionell sein und auf die Geschichte in Mt 9,9 zurückverweisen. In der Forschung wird aber auch diskutiert, ob Matthäus hier spezielle Informationen verarbeitet.

Schließlich verbessert Mt die Mk-Vorlag in Mt 9,11cZ stilistisch. Während die Pharisäer ihre Frage nach dem Verhalten Jesu in Mk 2,16 als Satzfrage formulieren, die eher in mündlicher Sprache begegnet: μετὰ τῶν τελωνῶν καὶ ἁμαρτωλῶν ἐσθίει; („Mit den Zöllnern und Sündern isst er?"), leitet Mt die Frage mit einem „ordentlichen" Fragepronomen ein: διὰ τί ... („Warum ...?", vgl. auch Lk 5,30).

Für die Feststellung redaktioneller Tätigkeit kann schließlich auch die Arbeit mit einer Konkordanz (s. o. 7.2 Hilfsmittel) wichtig werden, um herauszufinden, ob ein Evangelist bestimmte Wörter besonders häufig (eventuell auch in bestimmten Kombinationen) gebraucht und sie daher ein Hinweis auf redaktionelle Bearbeitung sein könnten (s. u. Beispiel 62).

Beispiel 62

Oben, in Beispiel 2, war im Rahmen des Übersetzungsvergleichs zur Sturmstillungsperikope in Mt 8,23–27 aufgefallen, dass σεισμός in **Mt 8,24** unterschiedlich als „Sturm" oder „Beben" übersetzt wurde. „Sturm" passt besser zur Situation auf dem See, es könnte mit „Beben" aber auch auf ein seismisches Ereignis hingewiesen sein, das zu hohen Wellen auf dem See führte. Allein anhand des Übersetzungsvergleichs war diese Frage oben nicht zu klären gewesen. Wir können sie hier nun aber redaktionsgeschichtlich angehen:

Überprüft man dazu die Vorkommen für σεισμός bei den Synoptikern (mit Hilfe einer Konkordanz oder mit der Suchfunktion von Bibelsoftware), dann fällt zuerst auf, dass nur Mt dieses Wort hier wählt, während Mk das im NT seltene Wort λαῖλαψ für „Sturm" gebraucht (vgl. Mk 4,37), das auch Lk übernimmt (vgl. Lk 8,23). Außerdem erzählt Mt noch an zwei weiteren Stellen von einem Erdbeben, die ebenfalls keine Vorlage bei Mk oder Q haben: in Mt 27,54 und Mt 28,2. Sowohl der Tod Jesu als auch seine Auferstehung sind somit von kosmischen Erschütterungen begleitet, die dem Geschehen einen endzeitlichen Charakter verleihen. (In der sog. synoptischen Apokalypse in Mk 13 par. kommt σεισμός im Übrigen auch das einzige Mal bei Mk und Lk vor, Spitzenreiter innerhalb des Neuen Testaments ist bezeichnenderweise die Offenbarung des Johannes mit sieben Belegen für das Wort.) Zweifellos ist dieser Bezug in Mt 8,24 also bewusst redaktionell gestaltet (so z. B. auch Luz, Mt Bd. 2 S. 27, s. o. Kap. 11 Anm. 2). Wo sich bei Mt ein Beben ereignet, bleibt es nicht nur äußerlich bedrohlich, sondern beschreibt tiefe existenzielle Erschütterung: Jesus ist tot (Mt 27,54), nicht mehr da (Mt 28,2 mit 28,6) oder schläft, statt einzugreifen (Mt 8,24).

Diese Hinweise auf die redaktionelle Tätigkeit von Mt oder Lk untersuchen Sie aber nun nicht für sich genommen, sondern im Zusammenhang mit dem Blick auf die vermutlich benutzte Quelle. Je nachdem, ob das Mk oder Q ist, unterscheidet sich das Vorgehen:

a. Untersuchung eines Textes bei **Markuspriorität** (s. o. Fall 2):
   – Werten Sie zuerst das Verhältnis Ihres Textes zu Mk aus und achten Sie auf das, was vom Mk-Text übernommen wird, und wo es Abweichungen gibt.
   – Vergleichen Sie nun jene Stellen, an denen Ihr Text von Mk abweicht mit den entsprechenden Stellen bei dem anderen Synoptiker (also mit Mt oder Lk), falls es dort auch eine Parallele gibt. Können Sie *minor agreements* feststellen?
   – Betrachten Sie die Ergebnisse beider Analyseschritte und überlegen Sie, ob die von Ihnen festgestellten Abweichungen Ihrer Perikope vom Mk-Text (unter besonderer Berücksichtigung der *minor agreements*) dergestalt sind, dass sich die Annahme einer Deuteromarkus-Fassung, die von „unserem" Mk abweicht, nahelegt. Beachten Sie dabei unbedingt, dass manche *minor agreements* sich auch als voneinander unabhängige redaktionelle Veränderungen durch Mt und Lk erklären lassen.
   – Beschreiben Sie die redaktionelle Arbeit: Wie haben Mt bzw. Lk die Perikope bearbeitet? Welche stilistischen und theologischen Veränderungen lassen sich erkennen?
   – Betrachten Sie abschließend auch die kontextuelle Stellung der Perikope! Steht sie an vergleichbarer Stelle wie im Markusevangelium? Sind eventuell andere Perikopen dazwischengeschoben, die aus Q oder dem Sondergut stammen, so dass insgesamt der Markus-Erzählfaden aber gewahrt bleibt? Oder ist die Plat-

zierung im Text deutlich abweichend von Mk? Wenn ja, warum könnte das so sein? Wie wirkt sich das inhaltlich auf die Perikope aus?

Q **Beispiel 63**
Ohne die Ergebnisse, die oben in dem mehrteiligen Beispiel 60 zu **Mk 10,46–52 parr.** schon formuliert wurden, unnötig zu doppeln, soll hier ganz knapp zusammengefasst werden, was der synoptische Vergleich erbringt, wenn man von **Mt 20,29–34** als dem zu untersuchenden Text ausgeht: Mt hat den Mk-Text stark gestrafft, dabei die Blinden in für Mt typischer Weise verdoppelt und die Erzählung durch die Hinzufügung der heilenden Berührung und die Weglassung des Namens Bartimäus zu einer klassischeren Wundergeschichte umgestaltet. Die zweimalige (bzw. dreimalige) Hinzufügung der Anrede κύριε schärft das christologische Profil der Erzählung. Ein echtes *minor agreement* gibt es – abgesehen von vielen mit Lk vergleichbaren Kürzungen des Mk-Textes – in Mt 20,33 par. Lk 18,41, indem beide Evangelisten „Rabbuni" aus Mk 10,51 durch „Herr" ersetzen. Das muss jedoch nicht auf eine beiden vorliegende andere Mk-Fassung deuten, sondern könnte unabhängig voneinander geschehen sein: Die aramäische Anrede Rabbuni („mein Lehrer") passte bei Mt, der auch zuvor ja schon „Herr" einfügt, vermutlich nicht in den christologischen Duktus. Lk könnte – davon unabhängig – Rabbuni im Hinblick auf sein eher nicht aus dem Judentum stammendes Publikum durch das verständlichere κύριε ersetzt haben.

Die Positionierung der Perikope entspricht bei Mt (aber auch bei Lk weitestgehend) dem Erzählfaden bei Mk: Die Blindenheilung bei Jericho ist die letzte Station vor Jerusalem. Die geheilten Blinden folgen Jesus also ins *Leiden*, so wie es insbesondere die erste Leidensankündigung bereits prinzipiell angekündigt hatte (vgl. Mt 16,24 par. Mk 8,34).

b. Untersuchung eines Textes, der auf die Nutzung der **Logienquelle** zurückgeht (s. o. Fall 3):
   – Werten Sie zunächst die markierten Übereinstimmungen zwischen Mt und Lk aus: Ergibt sich aus ihnen bereits ein annähernd vollständiger Text oder gibt es größere Abweichungen?
   – Überlegen Sie für die abweichenden Textpassagen, ob redaktionelle Eingriffe der Evangelisten dafür verantwortlich sein könnten: Lässt sich eine der beiden Varianten als vermutlich ursprünglicher (= weniger redaktionell bearbeitet) charakterisieren?
   – Führen Sie all diese Überlegungen zusammen und versuchen Sie, den Text von Q zu rekonstruieren oder beschreiben Sie zumindest, was Sie als Teile der Quelle relativ sicher ausmachen können und was eher nicht.

Gleichen Sie Ihre Ergebnisse dann mit einer wissenschaftlichen Ausgabe der Logienquelle (s. u. Hilfsmittel) oder mit entsprechenden Informationen aus einem Kommentar ab. Welche redaktionellen Tendenzen können Sie – bei aller Vorsicht angesichts möglicher Zirkelschlüsse – bei Ihrem Text im Vergleich mit dem Paralleltext entdecken?
- Achten Sie abschließend auch auf die Stellung des Textes im jeweiligen Kontext des Evangeliums: Ist die Positionierung bei Mt und Lk vergleichbar oder begegnet der Text an unterschiedlichen Stellen?

Q **Beispiel 64**

Der Text **Mt 7,1–5**, den wir bereits intensiver grammatisch analysiert haben (s. o. Beispiel 19 und Beispiel 23) erweist sich im Hinblick auf seine Quellen zumindest für die Verse 3–5 als abhängig von Q. Für die Verse 1–2 ist die Lage ähnlich, aber etwas komplexer. Wir schauen uns daher zuerst kurz die Situation von Mt 7,3–5 par. Lk 6,41–42 anhand des griechischen Textes an, danach etwas ausführlicher die vorausgehenden Verse Mt 7,1–2 mit ihrer Lk-Parallele anhand der Übersetzung des MNT.

Auch ohne Griechischkenntnisse sieht man anhand der folgenden synoptischen Darstellung leicht, wie sehr sich die Texte in Mt 7,3–5 und Lk 6,41–42 entsprechen (abweichende Wörter sind fett markiert, Umstellungen im Satzbau kursiv):

Mt 7	Lk 6
3 Τί δὲ βλέπεις τὸ κάρφος τὸ ἐν τῷ ὀφθαλμῷ τοῦ ἀδελφοῦ σου, τὴν δὲ ἐν τῷ **σῷ** ὀφθαλμῷ *δοκὸν* οὐ κατανοεῖς; 4 ἢ πῶς ἐρεῖς τῷ ἀδελφῷ σου· ἄφες ἐκβάλω τὸ κάρφος **ἐκ τοῦ** ὀφθαλμοῦ σου, **καὶ ἰδοὺ** ἡ δοκὸς ἐν τῷ ὀφθαλμῷ σοῦ; 5 ὑποκριτά, ἔκβαλε πρῶτον ἐκ τοῦ ὀφθαλμοῦ σοῦ τὴν δοκόν, καὶ τότε διαβλέψεις *ἐκβαλεῖν* τὸ κάρφος **ἐκ τοῦ** ὀφθαλμοῦ τοῦ ἀδελφοῦ σου.	41 Τί δὲ βλέπεις τὸ κάρφος τὸ ἐν τῷ ὀφθαλμῷ τοῦ ἀδελφοῦ σου, τὴν δὲ *δοκὸν τὴν* ἐν τῷ **ἰδίῳ** ὀφθαλμῷ οὐ κατανοεῖς; 42 πῶς **δύνασαι λέγειν** τῷ ἀδελφῷ σου· **ἀδελφέ**, ἄφες ἐκβάλω τὸ κάρφος **τὸ ἐν τῷ** ὀφθαλμῷ σου, **αὐτὸς** τὴν ἐν τῷ ὀφθαλμῷ σου δοκὸν **οὐ βλέπων**; ὑποκριτά, ἔκβαλε πρῶτον *τὴν δοκὸν* ἐκ τοῦ ὀφθαλμοῦ σοῦ, καὶ τότε διαβλέψεις τὸ κάρφος **τὸ ἐν τῷ** ὀφθαλμῷ τοῦ ἀδελφοῦ σου *ἐκβαλεῖν*.

Die wenigen Abweichungen, die sich feststellen lassen, haben keine großen inhaltlichen Auswirkungen. Sie erklären sich vermutlich v. a. aus stilistischen Änderungen am Text, sind aber zu unspezifisch, als dass man entscheiden könnte, welcher der Evangelisten jeweils in den vermutlich vorliegenden Q-Text eingegriffen hat. Ähnlich wird das auch in der Studienausgabe von Q beurteilt,[7] wo die gewählte Formulierung an den fraglichen Stellen entweder durch doppelte eckige Klammern als unsicher markiert ist oder gar keine Entscheidung vorliegt, sondern nur drei Punkte auf vorhandenen, aber nicht mehr sicher rekonstruierbaren Text in Q hinweisen.

Erwähnenswert ist schließlich, dass in der Q-Edition auch ein Logion aus dem koptischen Thomasevangelium (s. o. Info: Thomasevangelium) zum Vergleich mit aufgenommen ist. Es lautet in der Übersetzung des Berliner Arbeitskreises für Koptisch-Gnostische Schriften (s. u. Hilfsmittel):

(1) Jesus spricht: „Den Splitter, der im Auge deines Bruders ist, siehst du, den Balken aber, der in deinem Auge ist, siehst du nicht. (2) Wenn du den Balken aus deinem Auge herausziehst, dann wirst du deutlich (genug) sehen, um den Splitter aus dem Auge deines Bruders herauszuziehen." (EvThom 26 [NHC II,2, p.38,12–17])

Auch hier sind inhaltliche Übereinstimmungen mit Mt 7,3–5 par. Lk 6,41– 42 sehr deutlich (Doppelüberlieferung).

Für die Verse Mt 7,1–2 weist die Lk-Parallele in Lk 6,37–38 dagegen deutlich mehr Abweichungen auf:

Mt 7	Lk 6
1 Richtet nicht, **damit** ihr nicht gerichtet werdet!	37 **Und** richtet nicht, **und** nicht werdet ihr gerichtet; und verurteilt nicht, und nicht werdet ihr verurteilt. Befreit, und ihr werdet befreit werden; 38 gebt, und gegeben werden wird euch; ein rechtes Maß, ein gedrücktes, geschütteltes, überfließendes, wird man geben in euren Schoß:
2 Denn **mit welchem Richtspruch ihr richtet, werdet ihr gerichtet werden, und**	Denn
mit welchem Maß ihr messt, gemessen werden wird euch.	mit welchem Maß ihr messt, **wieder**gemessen werden wird euch.

Die Unterschiede zwischen beiden Texten werden noch auffälliger, wenn man beachtet, dass es zu Lk 6,39–40 Entsprechungen an völlig anderen Stellen in Mt gibt, bevor beide Texte in den oben gerade analysierten Versen Mt 7,3–5 par. Lk 6,41–42 wieder zusammenlaufen:

---

[7] Hoffmann/Heil: Spruchquelle, 44 f. (s. u. Hilfsmittel).

Mt 7	Lk 6
V. 1–2	V. 37–38
(vgl. Mt 15,14)	39 Er sprach aber auch ein Gleichnis zu ihnen: Kann etwa ein Blinder einen Blinden führen? Werden nicht beide in eine Grube hineinfallen?
(vgl. Mt 10,24 f.)	40 Nicht ist ein Schüler über dem Lehrer; ausgebildet aber, jeder wird sein wie sein Lehrer.
V. 3–5	V. 41–42

Genau an diesem Übergang zwischen Mt 7,1–2 und 3–5 hatte die grammatische Analyse für den Matthäustext bereits eine mangelnde textliche Kohäsion festgestellt (s. o. Beispiel 23), die sich nun als Auslassung von Textteilen aus Q erklären könnte. Allerdings ist auch zwischen Lk 6,37 f., Lk 6,39, Lk 6,40 und Lk 4,41 f. kein starker inhaltlicher Zusammenhalt zu erkennen. Ebenso könnte also Lk hier Inhalte eingefügt haben, auch wenn man gemäß der oben erwähnten Blocktechnik bei Lk in der Forschung davon ausgeht, dass Lk die ursprüngliche Q-Reihenfolge vermutlich eher gewahrt hat als Mt.

Rekonstruierbar erscheint die Q-Fassung nur im Anfangsteil von Lk 6,37 par. Mt 7,1 und dem Schlussteil von Lk 6,38 par. Mt 7,2. Verkomplizierend kommt zur Quellenlage hinzu, dass auch Mk 4,24 einen partiell ähnlichen Satz überliefert: „Und er sagte ihnen: Seht (zu), was ihr hört! Mit welchem Maß ihr messt, gemessen werden wird euch und hinzugelegt werden wird euch." Angesichts dieser unübersichtlichen Lage ist es sinnvoll, sich in wenigstens zwei verschiedenen Kommentaren über mögliche Erklärungshypothesen zu informieren. Bei Matthias Konradt finden Sie eine quellenkritische Analyse des Abschnitts mit einer eher zurückhaltenden Deutung:

> „In 7,1–5 nimmt Matthäus den in 5,48 liegen gelassenen Q-Faden der Grundrede (Q 6,20–49) genau an der Stelle, an der er ihn verlassen hat, wieder auf (vgl. Lk 6,37 f.41 f). Zum Spruch vom Messen in V. 2b liegt ferner eine Parallele in Mk 4,24 vor, die Matthäus in der Gleichnisrede übergeht. Die Logien in Lk 6,39.40 begegnen bei Matthäus in anderen Textzusammenhängen (Mt 10,24 f; 15,14). Ob Matthäus die Logien versetzt oder in diesem Fall Lukas sie sekundär in die Grundrede eingefügt hat, lässt sich nicht mit Sicherheit entscheiden. Man kann nur auf der synchronen Ebene sagen, dass das Bildwort vom Splitter und Balken in Mt 7,3–5 thematisch gut an 7,1 f anschließt."[8]

Eduard Schweizer liefert in seinem Kommentar eine ähnliche Analyse, bietet aber zugleich konkretere Lösungsvorschläge, so z. B. zur Frage nach Mk 4,24:

---

[8] Konradt, Matthias: *Das Matthäusevangelium* (NTD 1). Göttingen 2015, 118.

„Der schon im Judentum bekannte Grundsatz ‚Maß um Maß' findet sich auch Mk.4,24. Er ist also wohl einmal für sich bekannt gewesen und dann verschieden angewendet worden."⁹

Auch bei der Frage nach der ursprünglichen Reihenfolge in Q legt Schweizer sich deutlich fest:

„Das sich Lk.6,39 findende Gleichnis durchbricht dort den Zusammenhang formal und sachlich. Das Bild vom Splitter und Balken muß also auch in der Redequelle die unmittelbare Fortsetzung der Warnung vor dem Richten mit dem angefügten Hinweis auf den Grundsatz ‚Maß um Maß' gewesen sein."¹⁰

Sie sehen hier gut, warum es sinnvoll ist, wenigstens zwei Kommentare miteinander zu vergleichen (s. mehr dazu unten 16.2).

Hilfsmittel

Rekonstruktionen der Logienquelle:

Robinson, James M.; Hoffmann, Paul; Kloppenborg, John S. (eds.): *The Critical Edition of Q. Synopsis Including the Gospels of Matthew and Luke, Mark and Thomas with English, German, and French Translations of Q and Thomas* (Hermeneia). Minneapolis 2000.

- Die „Kurzfassung" der großen Edition reicht für die Belange einer exegetischen Hausarbeit in der Regel aus:

Hoffmann, Paul; Heil, Christoph (Hg.): *Die Spruchquelle Q. Studienausgabe Griechisch und Deutsch.* 3., überarb. u. erw. Aufl. Darmstadt 2009 (4. Aufl. 2013 ist ein unveränderter Nachdruck).

- Achtung: Auch wenn Q in beiden genannten Werken praktisch schriftlich greifbar ist, bleibt es dennoch eine *rekonstruierte* Quelle!

Synopsen:

Synopsis Quattuor Evangeliorum. Locis parallelis evangeliorum apocryphorum et patrum adhibitis. Hg. v. Kurt Aland. 15., rev. Aufl. Stuttgart 1996.
- Anhang I enthält das Thomasevangelium (s. u.)
- Achtung: Text und Apparat beruhen noch auf der 26. Auflage des Nestle-Aland.

---

⁹ Schweizer, Eduard: *Das Evangelium nach Matthäus* (NTD 1). Göttingen 1973, 106. Im Vergleich zur Literaturangabe in Anm. 8 sehen Sie, dass beide Kommentare in der gleichen Reihe erschienen sind und in NTD also parallel nebeneinander verschiedene Bearbeitung zum gleichen biblischen Buch vorliegen (s. dazu ausführlicher unten 16.2).

¹⁰ Schweizer: Matthäus, 107 (wie Anm. 9). Da ein direktes Zitat den Ausgangstext unverändert wiedergeben muss, ist hier weder die Schreibweise von „muß" mit ß geändert, noch die Angabe der Bibelstelle in jene Form gebracht, die unten (s. u. 17.2a) beschrieben wird.

- *Synopse zum Münchener Neuen Testament.* Für das Collegium Biblicum München e. V. hg. v. Josef Hainz. 2., durchg. u. neu bearb. Aufl. Düsseldorf, 1998.

Thomasevangelium:

Eine Textfassung von EvThom in seiner koptischen Fassung, den griechischen Fragmenten aus Oxyrhynchus, einer Rückübersetzung ins Griechische und einer deutschen und einer englischen Übersetzung ist in der Synopse von Aland am Ende als Anhang zu finden. Vgl. außerdem:

Plisch, Uwe-Karsten: *Das Thomasevangelium. Originaltext mit Kommentar.* 2., verb. Aufl. Stuttgart 2016.

Überblick über apokryphe Evangelien insgesamt:

Schröter, Jens: *Die apokryphen Evangelien. Jesusüberlieferungen außerhalb der Bibel* (C. H. Beck Wissen 2906). München 2020.

14. Historische Rückfrage –
Ist das alles „wirklich" passiert?

Die historische Rückfrage, insbesondere die historische Rückfrage nach *Jesus*, hat die exegetische Forschung zu verschiedenen Zeiten immer wieder neu auf intensive Weise beschäftigt. Hier ist nicht der Ort für einen Abriss dieser Geschichte.[1] Die historische Rückfrage ist auch nicht notwendig Bestandteil einer exegetischen Untersuchung. Sie soll hier daher auch nicht im Sinne einer methodischen Anleitung aufgegriffen werden, sondern vielmehr im Hinblick auf eine Klärung: Dazu gilt es zuerst einmal festzuhalten, dass sich mit den in diesem Buch beschriebenen Exegeseschritten *nicht* feststellen lässt, ob das, was in den Texten erzählt oder auf andere Weise verhandelt wird, „wirklich" geschehen ist. Das ist kein Manko dieser Methoden, sondern einfach nicht ihr Ziel. Dieses besteht vielmehr in der Analyse der *Texte*.

In der narratologischen Analyse wurde bereits kurz thematisiert, dass es für die Untersuchung der Texte keine entscheidende Rolle spielt, ob das Geschehen, das hinter der Erzählung steht, faktual oder fiktional ist (oder eine Mischung aus beidem). In der Literarkritik und der Redaktionsgeschichte hatten wir gesehen, dass biblische Texte – besonders jene aus den Evangelien – auf ältere Texte zurückgreifen und diese verarbeiten, verändern und in neue Kontexte einpassen. Auch das heißt aber weder, dass hier plagiiert und gefälscht wurde, noch dass die älteren Vorstufen prinzipiell „historischer" wären – wenn es einen solchen Komparativ denn überhaupt gäbe. Kurz gesagt, ist die exegetische Erschließung eines Textes zwar zweifellos hilfreich für die weiterführende historische Rückfrage (weil sie z. B. wiederkehrende Gattungsmuster deutlich macht und auf die Nutzung gemeinantiker Wissensbestände und Schemata sowie auf die geprägten Inhalte von Traditionen hinweist), sie *ist* aber noch nicht die historische Rückfrage.

In der Forschung sind vielmehr speziell für die historische Rückfrage nach Jesus *Kriterien* entwickelt worden, um mit ihrer Hilfe die

---

[1] Vgl. dazu Strotmann, Angelika: *Der historische Jesus. Eine Einführung* (UTB 3553). 2., akt. Aufl. Paderborn 2015, 21–34.

Textinhalte hinsichtlich ihrer Historizität zu beurteilen. Allerdings unterscheiden sich diese Kriterien in den verschiedenen Phasen der Jesusforschung (s. o.), und auch die Ergebnisse bei der Rekonstruktion des historischen Jesus differieren. Das heißt nicht, dass man die Suche nach dem, was man von Jesu Lehre, seinen Taten und seinen Lebensstationen mit hoher historischer Sicherheit ermitteln kann, aufgeben sollte. Es ist aber wichtig, sich dabei klarzumachen, dass wir damit nur einen *Rahmen* des Lebens Jesu mit bestimmten Eckpunkten erhalten. Innerhalb dieses Rahmens treten *in Umrissen* bestimmte Themen seiner Lehre hervor (z. B. die Verkündigung vom Reich Gottes und die Rede in Gleichnissen), sein Wirken als Krankenheiler und Exorzist, die Sammlung einer Anhängerschar, aber auch innerjüdische Konfliktlinien und eine zu seinem Tod führende politische Anstößigkeit – Themen und Sachverhalte also, die sich wiederum *in Texten konkretisieren*, die wir *nicht* überall auf einen historischen Kern zurückführen können, und die deswegen dennoch nicht „unwahr" sind.

Als Hintergrund für die Erstellung einer exegetischen Arbeit zu einem Evangelientext empfiehlt es sich daher sehr, ein „Jesus-Buch" zu lesen, das in diese Fragestellungen tiefer einführt.[2] So lässt sich der jeweils untersuchte Text zumindest in den genannten Rahmen der Jesusbiographie einordnen. Für die Heilung des blinden Bartimäus (Mk 10,46–52 parr.) kann demgemäß z. B. immerhin gesagt werden, dass es historisch plausibel ist, *dass* Jesus Menschen geheilt hat (das lässt sich unter anderem aus unabhängigen Überlieferungen zu Jesu Heilungstätigkeit in verschiedenen Gattungen ableiten). *Wie* genau er nun aber Bartimäus von seiner Blindheit befreit hat und ob das auf dem Weg nach Jericho hinein oder hinaus geschah etc. lässt sich in historischer Hinsicht aus dem Text nicht entnehmen – und zwar deshalb nicht, weil der Text selbst an dieser Art von historischer Berichterstattung nicht interessiert ist, sondern etwas über die Bedeutung dieses Jesus erzählen will, der in der Tradition des „Sohnes Davids" Menschen heilt und zur Nachfolge bewegt. Es ist also wichtig, die Gesamtintention (s. o. Kap. 9) eines Textes zu beachten, damit man auf jene Fragen stößt, die vom Text auch beantwortet werden wollen. Die Frage: „Hat sich das wirklich genau so ereignet?" ist eher selten die entscheidende.

---

[2] Neben dem bereits erwähnten Titel von Strotmann (s. o. Anm. 68) z. B. Schröter, Jens: *Jesus von Nazaret. Jude aus Galiläa – Retter der Welt* (Biblische Gestalten 15). 6., vollst. überarb. u. akt. Aufl. Leipzig 2017.

Teil E: Der Text und seine Wirkung

Wie eben schon für die historische Rückfrage angemerkt (s. o. Kap. 14), gehört auch die Frage nach der Wirkungsgeschichte eines biblischen Textes nicht notwendig in eine Exegese. Wohl aber sollten Sie Ihre exegetischen Beobachtungen zu all den einzelnen Schritten am Ende zusammenfassen (s. u. Kap. 15). Damit werden Sie selbst mit ihrer Darstellung zu einem kleinen Stück Wirkungsgeschichte des Textes, denn jede Auslegung des Textes gehört dazu. Daher ist unten in Kap. 16 auch nicht nur auf Aufnahmen und Weiterverarbeitungen biblischer Texte in Literatur, Musik, darstellender Kunst etc. zu verweisen (s. u. 16.1), sondern auch auf die reiche theologische Wirkungsgeschichte der biblischen Texte, unter anderem in Form von Kommentierungen. Kap. 16.2 (s. u.) ist daher ein guter Ort, um in das Arbeiten mit exegetischen Kommentaren im Rahmen der Exegese einzuführen (s. u. 16.2).

15. Interpretation des Textes in seinem ursprünglichen Kontext

Die Gesamtinterpretation des Textes ist kein eigener Methodenschritt, sondern fasst vielmehr sämtliche Ergebnisse zusammen, die Sie bei der Untersuchung des Textes ermittelt haben. Dass es hier dafür dennoch ein eigenes – wenn auch kurzes – Kapitel gibt, hat damit zu tun, dass die ausführliche Beschreibung der einzelnen Exegeseschritte, die Sie in einem Anleitungsbuch wie diesem finden, schnell zu einer vereinzelten Wahrnehmung der Schritte führen kann. Das soll so aber nicht sein. Alle methodischen Schritte dienen letztlich gemeinsam der Deutung des ganzen Textes. Damit Sie genau wissen, was Sie in jedem einzelnen Exegeseschritt zu tun haben, müssen diese aber jeweils ausführlich dargestellt werden und Sie sollten sie alle wenigstens einmal in ihrer theologischen Ausbildung an einem Text „durchexerziert" haben. Dass die einzelnen Methoden einander dabei durchaus zuarbeiten und es manchmal fast schwierig ist, sie je für sich zu behandeln, haben Sie in den vorausgehenden Kapiteln durch vielfältige Verweise innerhalb der Beispiele und auch jeweils am Ende der Kapitel anhand des Abschnitts „Verknüpfung mit anderen Exegeseschritten" bereits wahrnehmen können.

Was bleibt für die Gesamtinterpretation also zu beachten? Am wichtigsten ist: Wiederholen Sie nicht einfach die bereits erzielten Ergebnisse! Bringen Sie sie vielmehr in einen *Zusammenhang* miteinander. Sie müssen nicht noch einmal erklären, wie Sie zu bestimmten Ergebnissen gekommen sind, sondern dürfen diese jetzt voraussetzen und mit ihnen weiterarbeiten, um zu einer schlüssigen Gesamtdarstellung zu kommen. „Schlüssig" meint dabei nicht notwendig den Inhalt, sondern die Darstellungsebene. Denn inhaltlich können Texte natürlich auch sperrig und in sich widersprüchlich bleiben, v. a. dann, wenn bestimmte Exegeseschritte genau das ergeben haben.

Manchmal bietet es sich an, bei der Gesamtinterpretation den Text Vers für Vers zu deuten (vgl. das Vorgehen vieler Kommentare). Wiederholen Sie aber auch hier nicht einfach die vorausliegenden Ergebnisse, sondern betrachten Sie sie vielmehr gemeinsam.

Insgesamt gilt es zu beachten, dass Sie bei der Gesamtauslegung (vorerst) auf der zeitlichen Ebene der Entstehungszeit des Textes und seiner *ursprünglichen Kommunikationssituation* bleiben. Beachten Sie bei der Zusammenfassung also immer auch die folgenden Fragen:

- Was war die Intention des Textes damals? (Nutzen Sie dazu besonders die Ergebnisse der pragmatischen Analyse, s. o. Kap. 9.)
- Und: Wie haben die damaligen Leserinnen und Leser den Text vermutlich verstanden? (Dafür ist unter anderem die Frage nach den vorauszusetzenden Wissensbeständen bzw. der Enzyklopädie wichtig, wie sie in der Einleitung zu Teil B beschrieben wurde.)

Nehmen Sie sich abschließend noch einmal Ihre persönliche Annäherung (s. o. 1.4) vor. Prüfen Sie einerseits, ob es Ihnen wirklich gelungen ist, möglichst frei von Vorannahmen und eigenen Prägungen auf den Text zu schauen. Machen Sie sich andererseits deutlich, welchen Wissens- und Verständniszuwachs Sie sich durch die Exegese erarbeitet haben, inwiefern sich Ihr erstes, vorläufiges Textverständnis verändert und vertieft hat und welche neuen Themenbereiche Sie entdecken konnten, die Sie im Laufe Ihres Studiums vielleicht noch intensiver verfolgen wollen.

Am Ende der Exegese kann auch eine gegenwartsbezogene Auslegung des Textes stehen. Vor allem die semantische Untersuchung des Textes (s. o. Kap. 7), aber auch die übrigen Exegeseschritte sollten Sie dafür sensibilisiert haben, dass nicht jedes Wort im Text oder jeder Vorstellungsbereich im damaligen Kontext das Gleiche meint wie in unserer Gegenwartsprache (denken Sie nur an den Beruf des Zöllners, das Konzept von Familie oder die rechtliche Verfassung einer Ehe). Seien Sie also immer sorgsam mit Übertragungen in die Gegenwart. *Ob* eine solche Übertragung der Auslegungsergebnisse auf gegenwärtige Lebenszusammenhänge überhaupt Teil Ihrer Exegese sein soll, entscheiden Sie entweder selbst oder klären das im Rahmen der Lehrveranstaltung ab, für die Sie die Exegese verfassen.

Zweifellos wird es in Ihrer theologischen Praxis später so sein, dass Sie biblische Texte nicht (oder doch eher selten) zum Selbstzweck auslegen, sondern dass sich bestimmte Anwendungen damit verbinden. Achten Sie dabei immer darauf, die Texte *nicht zu verzwecken*. Hier wird Ihnen eine Predigt oder ein Bibelgespräch in der Regel mehr Offenheit lassen als z. B. eine Unterrichtseinheit, in der ein Text meistens bereits einem bestimmten Thema zugeordnet ist. Aber auch hier gilt, dass man Textaussagen nicht isolieren oder den Text gar gegen seine eigene Intention gebrauchen darf. Genau deshalb haben Sie ja die exegetischen Methoden erlernt, nämlich: um dem *Text* und seiner Bedeutung auf die Spur zu kommen. Mit einer konstruktivistischen Theorie im Hintergrund wird man zwar sagen können, dass Bedeutung im Wesentlichen erst in der Begegnung des Textes mit seinen Leserinnen und Lesern entsteht. Dennoch haben wir in verschiedenen Exegeseschritten gesehen, wie die Struktur des Textes und bestimmte zeitgeschichtliche Voraussetzungen zu dieser Bedeutungsfindung beitragen. *Sie* sind in diesen Anwendungssituationen die Anwältinnen und Anwälte des Textes (s. o. 1.2 und Einführung in Teil B), weil Sie mit Ihrem erworbenen Spezialwissen die entsprechenden Voraussetzungen schaffen können, dass ein Text gut und seinen Eigenheiten gemäß auch von anderen verstanden werden kann. Damit meine ich keine Festlegung, sondern vielmehr die Erschließung eines Raumes, innerhalb dessen – auch und gerade im Unterricht – eine Begegnung zwischen Menschen unserer Zeit und dem Text stattfinden kann. Eine Textsorte, für die ein solcher Interpretations- und Resonanzraum ganz besonders wichtig ist, sind Gleichnisse. Auf ihre Auslegung soll hier zum Schluss daher noch in einem kleinen Exkurs eingegangen werden.

Gleichnisse (s. o. 10.3c) fordern ihre Leserinnen und Leser in besonderer Weise heraus, indem sie nicht direkt sagen, worum es ihnen geht. Viele neutestamentlichen Gleichnisse haben zwar eine Einleitung, die häufig davon spricht, dass das Folgende ein Gleichnis für das Gottesreich sei. Auch damit ist aber noch nicht geklärt, inwiefern ein Same, Unkraut, Fische im Netz oder ein Sauerteig, den eine Frau im Mehl „verbarg" (ἐνέκρυψεν), etwas über das Gottesreich sagen. Genau das gilt es herauszufinden, aber *nicht*, indem man, wie es die ältere Forschung häufig anregte, die erzählte „Bildhälfte" des Gleichnisses in eine eigentlich gemeinte „Sachhälfte" überführt. Lassen Sie sich von der Aufgabe, ein Gleichnis auszulegen, nicht dazu verleiten, es (oder noch schlimmer: seine Einzelzüge) auf etwas ganz Bestimmtes festzulegen, als sei es ein zu lösendes Rätsel!

Gleichnisse wollen ihre Hörerinnen und Hörer vielmehr in einen *Prozess* der Deutungsfindung einbeziehen, der selbst ein Teil der Deutung ist. Ihre Aufgabe besteht also v. a. darin, die Gleichnis*erzählung* mit den gelernten Methoden gut wahrzunehmen, spezifische Wissensbestände zu klären (s. etwa oben in Beispiel 4 die Suche nach der Bedeutung von Lolch) und dann die *gesamte* Erzählung als Gleichnis wahrzunehmen, die in ihrer Dynamik in der Regel immer verschiedene Ansatzmöglichkeiten für Deutungen bietet. Dabei kann es sehr hilfreich sein, die Gleichniserzählung selbst zuerst einmal getrennt von ihrem situativen Rahmen in den Evangelien wahrzunehmen. Denn diese Rahmung ist häufig redaktionell (s. o. 13.2). Das zeigt sich beispielsweise beim Gleichnis vom verlorenen Schaf (Lk 15,4–6 par. Mt 18,12 f.). Sie finden es in Lk 15,1–3 und Mt 18,1–10 in einer jeweils unterschiedlichen Situierung, die dann auch zu unterschiedlichen „Anwendungen" in Lk 15,7 und Mt 18,14 führt.

Anhand dieser beiden Gleichnisfassungen können Sie sich gut verdeutlichen, wie es vielleicht auch bei anderen Gleichnissen sein könnte, wenn Sie dort die Einleitung und auch die häufig vorhandene „Anwendung" am Schluss einmal weglassen und auf diese Weise über eine Deutung nachdenken. Natürlich sollen Sie am Ende auch *den* Text interpretieren, der ihnen in der Fassung des jeweiligen Evangeliums vorliegt. Gerade bei Gleichnissen lohnt aber ein eigener Blick auf mögliche Vorfassungen in eventuell anderen, offeneren Kontexten.

16. Wirkungsgeschichte –
Wie wurde und wird der Text in anderen Kontexten und Medien aufgegriffen und interpretiert?

16.1 Weiterwirkungen des Textes in Literatur, Kunst, Theologie etc.

Auch die Fragen dieses Kapitels sind ein Zusatz und kein Muss. Wenn man sich jedoch so intensiv mit einer biblischen Perikope befasst hat, wie bei einer Exegese, mag es am Ende interessant sein zu sehen, wo und wie der Text außerhalb der Bibel noch aufgegriffen wurde. Die Möglichkeiten sind hier schier grenzenlos. Natürlich kann man zuerst im engeren theologischen Rahmen verbleiben und nach Auslegungen des Textes in Schriften der ersten Jahrhunderte suchen oder in Predigten über alle Jahrhunderte hinweg etc. Manche Texte spielen theologiegeschichtlich eine große Rolle, wie etwa Röm 1,16 f. als wesentlicher Auslöser für Luthers reformatorische Erkenntnis. Man kann Spuren von Texten und ganze Nachdichtungen in Gesangbuchliedern finden usw.

Der Rahmen lässt sich aber auch viel weiter spannen: Sie können Darstellungen eines Textes in der *bildenden Kunst* durch die Jahrhunderte verfolgen oder sich auf die Rezeption in einem bestimmten Werk konzentrieren. Von vielen Texten gibt es *Vertonungen* aus den unterschiedlichsten Musikepochen. Interessant ist es auch, die Aufnahme biblischer Stoffe in *literarischen Werken* zu untersuchen. Beim Blick auf *Filme* reicht das Spektrum vom historisierenden Jesusfilm, über Disney-Trickfilme bis zum biblisch inspirierten Weltuntergangs- oder Weltrettungsszenario. Sie werden dabei manchmal ganze Erzählungen und biblische Bücher aufgenommen finden, aber ebenso auch nur kleinere thematische Anspielungen.

In der Rückbindung an die Exegese wird es interessant sein zu schauen, welche Aspekte eines Textes aufgenommen werden und welche Deutungen ein Text oder Teile von ihm in den verschiedenen anderen Formen und Medien erhalten. Zugleich präsentieren sich hier bereits Bereiche für die mögliche Anwendung exegetischer Erkenntnisse und Methoden weit über die Bibelwissenschaft hinaus (s. u. 17.3). Eventuell haben Sie auch bereits ganz am Anfang der Exegese in der persönlichen Annäherung an den Text (s. o. 1.4) die eine oder andere wirkungsgeschichtliche Spur Ihres Textes aufgegriffen, auf die Sie nun abschließend noch einmal zurückkommen können.

16.2 Exegetische Kommentare

Exegetische Kommentare zu neutestamentlichen Texten gibt es bereits seit der frühchristlichen Zeit, auch wenn sich die Betrachtungsweisen und Methoden natürlich verändert haben. Generell gilt, dass ein Kommentar ein ganzes biblisches Buch Abschnitt für Abschnitt exegetisch analysiert und auslegt (s. schon oben 1.3). Im Folgenden geht es – eher praktisch orientiert – um einen knappen Überblick über gängige *moderne* Kommentarreihen und darum, wie Sie die Inhalte eines Kommentars gut für die eigene Exegese erschließen und nutzen können. Insbesondere in der Reihe EKK (s. u.) finden Sie aber als Teil der Auslegung auch immer wieder umfangreiche Hinweise auf die Wirkungsgeschichte neutestamentlicher Texte in der Exegese und Theologie aus verschiedenen Zeiten. Schließlich gibt es auch eine ganz eigene Reihe, die sich als *Novum Testamentum Patristicum (NTP)* ganz der Rezeption und Auslegung des Neuen Testaments in der antiken christlichen Literatur widmet.

Eine Kurzeinführung in das gesamte Vorhaben und eine Übersicht über bereits erfolgte und geplante Publikationen bietet die Homepage des Projekts: https://www.uni-regensburg.de/theology/novum-testamentum-patristicum/home/index.html

In Ihrer exegetischen Untersuchung werden Sie aber nicht in erster Linie die Auslegungsgeschichte für Ihren Text betrachten, sondern zur Unterstützung der Analyse auf möglichst *aktuelle* Kommentare zurückgreifen, die den gegenwärtigen Stand der Forschung repräsentieren. Diese erscheinen meistens in *Kommentarreihen*, die mehr oder weniger umfangreiche Auslegungen enthalten, auf bestimmte Aspekte der Exegese einen Schwerpunkt legen und sich auch hinsichtlich des Zielpublikums unterscheiden, so dass es gut ist, hier eine grobe Orientierung zu haben, bevor Sie zu einem bestimmten Band greifen. Abgesehen davon, dass nicht in jeder Bibliothek alle Kommentarreihen vorhanden sind, werden Sie beim Griff ins Regal oder dem Blick in den Bibliothekskatalog aber auch feststellen, dass nicht in allen Reihen schon Kommentare zu jeder neutestamentlichen Schrift erschienen sind und manche Bände wiederum schon sehr alt sind.

In der folgenden Auflistung finden Sie einige wichtige Kommentarreihen mit ihren gebräuchlichen Abkürzungen (leider weichen diese zum Teil leicht von jenen ab, die im IATG angegeben sind) und kurzen Hinweisen zum Profil. Diese beziehen sich immer auf die ganze Reihe. Das Profil kann sich in Einzelbänden unter Umständen aber auch weniger deutlich ausprägen. Bei schon länger existierenden, traditionsreichen Kommentarwerken ist außerdem immer zu beachten, dass nebeneinander ältere Auflagen und neuere Bearbeitungen zum gleichen biblischen Buch existieren! Hier empfiehlt sich in der Regel zuerst der Blick in die aktuellere Publikation.

EKK = Evangelisch-Katholischer Kommentar
ökumenisches Kommentarwerk, ausführliche Exegese, besonders reiche Hinweise zur Wirkungsgeschichte der Texte

ThHK = Theologischer Handkommentar zum Neuen Testament
traditionsreiches evangelisches Kommentarwerk, komprimierte Exegese, Herausarbeitung von Textaussage und Textzusammenhang besonders fokussiert

HThKNT = Herders Theologischer Kommentar
führendes katholisches Kommentarwerk, ausführliche Exegese

ThKNT = Theologischer Kommentar zum Neuen Testament
relativ neues Kommentarwerk, besonders Themen aus dem jüdisch-christlichen Dialog und sozialgeschichtlichen sowie feministisch-theologischen Ansätzen verpflichtet, griechische Wörter werden nur in Umschrift aufgeführt und in der Regel erläutert

KEK = Kritisch-exegetischer Kommentar über das Neue Testament
traditionsreiches Kommentarwerk, komprimierte Exegese, sehr viele ältere, „klassische" Bände (z. B. Bultmanns Johanneskommentar mit vielen Textumstellungen: s. o. Kap. 12 Anm. 1), aber auch neuere Publikationen

HNT = Handbuch zum Neuen Testament
traditionsreiches Kommentarwerk, komprimierte Exegese, besonders an religions- und geistesgeschichtlichen Zusammenhängen interessiert

ZBK = Zürcher Bibelkommentare
allgemeinverständliche Auslegung, die auch für Nichttheologinnen und Nichttheologen verständlich sein soll, keine Griechischkenntnisse vorausgesetzt, in der Regel eher knapper Umfang der Exegese, keine explizite Diskussion divergierender Forschungspositionen

ÖTK = Ökumenischer Taschenbuchkommentar zum Neuen Testament
kleinerer Kommentar in Taschenbuchformat, Allgemeinverständlichkeit intendiert, ohne Griechisch als Voraussetzung, keine explizite Diskussion divergierender Forschungspositionen
spezielle Hinweise:
Joh (Jürgen Becker): basiert auf der Theorie der „Unordnung" des Joh, die sich (in Bultmann-Nachfolge: s. o. KEK) durch umfangreiche Textumstellungen im Kommentar niederschlägt (s. o. Beispiel 56)
Mk (Walter Schmithals): Sondermeinung einer Grundschrift wird vertreten

NTD = Das Neue Testament Deutsch
evangelisches Kommentarwerk, allgemeinverständliche Exegese und Anwendbarkeit für die kirchliche Praxis (Predigt) angestrebt, ohne Griechisch als Voraussetzung, keine explizite Diskussion divergierender Forschungspositionen

RNT = Regensburger Neues Testament
katholisches Kommentarwerk, in der Regel allgemeinverständlich formuliert (ohne Griechisch als Voraussetzung), zum Teil sehr stark auf eine (katholische) pastorale Praxis ausgerichtet und dadurch manchmal etwas knapp in der Exegese, keine explizite Diskussion divergierender Forschungspositionen

AncB = The Anchor Bible
weites theologisches Spektrum, kleinteilige Textanalyse, allgemeinverständliche Auslegung angestrebt, Griechisch nur in Umschrift, Schwerpunkt auf historischem und kulturellem Kontext unter Einbeziehung neuerer Methoden, keine explizite Diskussion divergierender Forschungspositionen

ICC = The International Critical Commentary
traditionsreiches Kommentarwerk, umfassende Exegese, unterschiedliche Schwerpunktsetzungen je nach Autor bzw. Autorin

Für die Angabe im Literaturverzeichnis werden Kommentare als Monographien behandelt und unter Nennung des jeweiligen Verfassers bzw. der Verfasserin des Einzelbandes angeführt. Wichtig ist, dass Sie auch die Reihe (als Abkürzung) und die Nummer innerhalb der Reihe angeben, in der der Kommentar erschienen ist (aber *nicht* die Herausgeber der Reihe!). Beispiele für solche Angaben, an denen Sie sich orientieren können, finden Sie oben in den Kap. 11 Anm. 2; Kap. 12 Anm. 1 u. 2; Kap. 13.2 Anm. 8 und 9.

Hat man einen oder mehrere Kommentare für die eigene Exegese herausgesucht, stellt sich nun die Frage: **Wie liest man einen Kommentar?** Was gibt es zu beachten und was erleichtert das sinnerschließende Lesen? In jedem Fall lohnt es sich, am Anfang des Buches nach Hinweisen zur Benutzung zu suchen. Manche Kommentare folgen in der Auslegung der Einzeltexte zum Beispiel immer dem gleichen Muster, das am Anfang erklärt wird, im Kommentartext selbst dann aber manchmal nur durch Zahlen markiert ist. Auch ein Blick ins *Inhaltsverzeichnis* ist immer sinnvoll. Manche gewichtigen Themen werden nämlich nicht oder nicht nur im Zusammenhang mit ihrem konkreten Auftreten im Text verhandelt, sondern in *Exkursen* komprimiert betrachtet. Prüfen Sie also, ob es solche Exkurse zu bestimmten Themen oder Begriffen gibt, die auch in Ihren Text begegnen. Schließlich bieten die meisten Kommentare *einleitende Kapitel* zur Gesamtschrift, in denen die Einleitungsfragen behandelt werden (s. o. Kap. 5), aber in der Regel auch die (relativ zum Erscheinungsjahr des Kommentars!) aktuelle Forschungslage aufgegriffen wird.

Sind Sie dann schließlich bei der Lektüre des Abschnitts angelangt, in dem Ihr Text analysiert wird, ist es wichtig, dass Sie das dort Dargestellte als Positionen des Autors bzw. der Autorin des Kommentars wahrnehmen. In der Kürze der Darstellung, zu der ein Kommentar oft nötigt, wird hier Manches als unhintergehbarer Sachverhalt dargestellt, was doch eigentlich eine Schlussfolgerung aus methodengeleiteten Textbeobachtungen ist, die man unter Umständen auch anders deuten und auswerten kann. In der Regel stellt ein Kommentator oder eine Kommentatorin das eigene Ergebnis aber als gültig hin und kann aus Platzgründen weder die exegetische Beweisführung umfangreich dokumentieren, noch immer in eine Diskussion mit möglichen anderen Positionen treten (s. dazu oben die Bemerkungen zu den einzelnen Kommentarreihen). Für Neulinge in der Exegese ist es dann manchmal schwer, sich anhand eigener Textanalysen, die in eine andere Richtung weisen, auch (begründet) gegen eine solche Position zu stellen. Hier kann es schon helfen, wenn man *mindestens zwei Kommentare* zur gleichen biblischen Perikope miteinander *vergleicht* (s. u. 17.1).

Wichtig für das sinnerschließende Lesen ist es auch, dass Sie auf *Schlüsselwörter* im Text achten, die Hinweise auf jene exegetischen

Methodenschritte geben, die jeweils hinter den getroffenen Aussagen liegen und zu den dargestellten Ergebnissen geführt haben (s. u. Beispiel 65).

Q **Beispiel 65**

Um den Umgang mit einem Kommentartext zu üben, finden Sie im Folgenden einen Auszug aus dem Kommentar von Matthias Konradt zu der schon in verschiedenen Zusammenhängen betrachteten Blindenheilung Mt 20,29–34 (s. o. besonders Beispiel 60 und Beispiel 63). Der Text ist im Interesse der Verdeutlichung in Abschnitte eingeteilt, die im Original nicht enthalten sind. Außerdem sind Zeilennummern hinzugefügt, auf die sich die Erklärung im Anschluss an den Kommentarabschnitt bezieht, und relevante Schlüsselwörter durch graue Hinterlegung hervorgehoben:

1 „Die Exposition hat Matthäus – wie gewohnt – gestrafft.
2 Aus dem blinden Bettler Bartimäus (Mk 10,46) sind wie in 9,27 zwei
3 (vgl. auch 8,28) anonyme Bettler geworden –
4 vielleicht um den paradigmatischen Charakter der Erzählung
5 herauszustellen.
6 Noch einmal wird Jesus als Davidsohn um Erbarmen angerufen
7 (V. 30, vgl. 9,27; 15,22).
8 Der Versuch des Volkes, die blinden Bettler zum Schweigen zu
9 bringen (vgl. 19,13), dient hier zum einen als Kontrasthintergrund,
10 durch den die barmherzige Zuwendung Jesu umso klarer hervortritt
11 (vgl. zu V. 34): Jesus ist gekommen, um (den am Rande Stehenden)
12 zu dienen (vgl. 20,28). Zum anderen bietet sich durch diese
13 Intervention erzählerisch die Möglichkeit, die Beharrlichkeit der
14 Blinden darzustellen und, vor allem, ihren Erbarmensruf noch einmal
15 aufzunehmen;
16 Matthäus hätte es im Zuge seiner Straffungstendenz ja auch bei der
17 Notiz belassen können, dass sie umso lauter schrien. [...]
18 Das Intermezzo in Mk 10,49b.50 f hat Matthäus als überflüssige
19 narrative Digression weggelassen. Bei ihm ruft Jesus die Blinden
20 selbst zu sich, um sie nach ihrem Anliegen zu fragen. [...]
21 Die Bitte der Blinden hat Matthäus neu formuliert: Die das mk
22 ‚Rabbuni' ersetzende Anrede Jesu mit ‚Herr' (vgl. 8,2.6; 9,28; 17,15)
23 ergänzte bereits in V. 30 (textkritisch unsicher) und V. 31 (ebenfalls
24 redaktionell) den Davidsohntitel (vgl. 15,22);
25 ferner spielt Matthäus wie in 9,30 mit der Formulierung, dass die
26 Augen der Blinden geöffnet werden, auf Jes 35,5(LXX) an (vgl. auch
27 Jes 42,7).
28 Neu gestaltet ist schließlich auch der Schluss in V. 34."[1]

---

[1] Konradt, Matthias: *Das Matthäusevangelium* (NTD 1). Göttingen 2015, 318 f. (Abschnitte, Markierungen und Zeilennummern hinzugefügt).

Q Der Text beginnt mit einer Angabe zu Redaktionsgeschichte (Z. 1–3). Die Zeilen 4–5 spielen knapp auf die Gattung der Wundergeschichte an. Es folgt eine Einordnung in den Kontext (Z. 6–7), dann ein längerer Abschnitt zu narratologischen Strategien des Textes (Z. 8–15), der erneut mit einem Hinweis auf die Redaktion endet (Z. 16–17). Nach einem Abschnitt, den ich in der Wiedergabe ausgelassen habe, geht es im Kommentartext ebenfalls mit Angaben zur Redaktion weiter (Z. 18–24), eingeschlossen ist in Z. 23 ein kurzer Hinweis auf ein textkritisches Problem. Die Zeilen 25–27 weisen auf eine Tradition hin. Zeile 28 thematisiert wiederum die matthäische Redaktion.

Teil F: Weitere praktische Hinweise

17. Wie verfasse ich eine exegetische Hausarbeit?

17.1 Von der Analyse zum Hausarbeitstext

Mit einer exegetischen Hausarbeit (meist im Rahmen eines Proseminars oder einer vergleichbaren Veranstaltung zur Einführung in die neutestamentliche Exegese) stellen Sie Ihre Methodenkenntnis durch die Anwendung auf einen konkreten Text unter Beweis. Sie erarbeiten eine eigenständige Analyse und Interpretation des gewählten Textes und legen diese in Auseinandersetzung mit der Sekundärliteratur zum Text und unter Nutzung entsprechender Hilfsmittel in Ihrer Arbeit dar. Die Hausarbeit ist dabei *zielorientiert*. Sie beschreiben also nicht den Weg der Erarbeitung, sondern formulieren die *Ergebnisse* und begründen diese.

Auch die *Reihenfolge* in Ihrer schriftlichen Darstellung entspricht nicht notwendig der Reihenfolge, in der Sie die Schritte erarbeitet haben. Bei der exegetischen Untersuchung Ihres Textes sollten Sie sowieso gewisse „Schleifen" einbauen. Das ergibt sich schon aus den oben immer wieder vermerkten Bezügen zwischen den einzelnen Exegeseschritten, die es nahelegen, auf schon Erarbeitetes in späteren Schritten zurückzugreifen, aber auch, zuvor fixierte Ergebnisse im Licht der späteren Analysen noch einmal zu überprüfen und vor allem in der Darstellung zu schärfen.

Da nicht jeder Methodenschritt für jeden Text ertragreich ist, besteht eine Ihrer wichtigen Aufgaben bei der exegetischen Hausarbeit auch darin, dass Sie herausfinden, welcher Text welche Fragen aufwirft und welche Methodenschritte daher eine intensivere Behandlung brauchen als andere. Was nicht ertragreich für den vorliegenden Text scheint, kann sehr kurz behandelt werden.

Sie müssen die einzelnen Exegeseschritte in Ihrer Arbeit im Übrigen nicht noch einmal erklären, sondern einfach „nur" anwenden. Es ist auch nicht nötig, in der Einleitung die Gliederung der Arbeit zu beschreiben, denn diese ist bei einer Exegese durch die Aufgabenstellung bereits relativ klar. Eine Auflistung, die im Prinzip nur das Inhaltsverzeichnis in ganze Sätze kleidet, ist daher überflüssig.

Bei der Erarbeitung sollten Sie nicht sofort eine oder mehrere Auslegungen zum Text lesen (z. B. in einem Kommentar), sondern eigene Fragen, Beobachtungen am Text und Ideen zum Ausgangspunkt machen (s. o. 1.4). Dennoch wird von Ihnen natürlich erwartet, dass Sie die *relevante Fachliteratur und die entsprechenden Hilfsmittel* bei der Exegese heranziehen. Das werden für die ersten Schritte der Exegese aber erst einmal eher Lexika, Grammatiken und Einleitungen ins Neue Testament sein (s. o. die Angabe zu Hilfsmitteln in den entsprechenden Kapiteln). Achten Sie darauf, möglichst aktuelle Publikationen zu benutzen und bei Büchern, die in mehreren Auflagen erschienen sind, die neueste (auffindbare) zu verwenden.

Hier sind die Zusätze zu den bloßen Nummern der Auflagen von Interesse: In einer verbesserten Neuauflage wurden manchmal nur Druckfehler korrigiert und wenige Literaturangaben aktualisiert. Eine grundlegend überarbeitete Auflage dagegen kann auch konzeptionelle und inhaltlich tiefergreifende Veränderungen beinhalten und sollte daher unbedingt anstelle einer älteren des gleichen Buches verwendet werden. Allerdings ist die Literaturbeschaffung natürlich auch praktischen Zwängen unterworfen: Nicht alle Bibliotheken schaffen von jedem Buch auch sofort jede Neuauflage an.

Exegetische Kommentare sollen Sie für Ihre Arbeit natürlich auch heranziehen. Mein Vorschlag wäre aber, dass Sie mit einer ersten exegetischen Analyse Ihres Textes bereits bei den Schritten aus Teil B sein sollten, bevor Sie anfangen, auch Kommentare zu Ihrem Text zu lesen (s. o. 16.2). Sonst kann es passieren, dass Sie sich zu schnell auf die dort verhandelten Problemstellungen des Textes und vorgeschlagenen Lösungen festlegen lassen und gar keinen offenen Blick mehr für weitere Beobachtungen haben. Kommentare bieten aber (schon aus Platzgründen: s. o. 16.2) in der Regel nur eine Auswahl der aus Sicht des Verfassers oder der Verfasserin wichtigsten Aspekte des Textes. Wenn Sie zwei oder mehr Kommentare zu einem Text lesen, werden Sie außerdem merken, dass es trotz aller methodisch fundierten Auslegung dennoch unterschiedliche Positionen zu einem Text und seinen Fragestellungen geben kann (s. dazu oben das Ende von Beispiel 64.) Beziehen Sie daher *mindestens zwei* wissenschaftlich-exegetische Kommentare in Ihre Exegese mit ein und setzen Sie sich (im besten Sinne des Wortes) kritisch mit dem auseinander, was Sie im Kommentar lesen. Greifen Sie in Ihre Exegese dann (in Auswahl) einerseits das auf, was Ihnen weiterhilft bzw. Ihre eigenen Beobachtungen stützt, aber grenzen Sie sich andererseits auch von Positionen ab, die Sie nicht nachvollziehen können oder am Text nicht bestätigt finden.

Wichtig ist, dass diese Auseinandersetzung mit Kommentaren, aber auch mit anderer Sekundärliteratur *begründet* geschieht.

In manchen Kommentaren finden Sie auch Hinweise zu Spezialliteratur in den Fußnoten (s. o. 16.2 die Übersicht über Kommentarreihen), die Sie für eine exegetische Proseminararbeit in der Regel aber nicht in umfänglicher Weise brauchen. Insgesamt müssen Sie *exemplarisch* und mit einem Blick für das Wesentliche an Ihrem Text arbeiten. Sie sollten also nicht alle Unterschiede im Übersetzungsvergleich behandeln, nicht jedes Wort semantisch analysieren, nicht jede Figur genau charakterisieren etc.

17.2 Hinweise zu Formalia

Je nachdem, in welchem Kontext Sie eine Exegese anfertigen, wird es von Seiten derer, die das Seminar geleitet haben, bestimmte allgemeine Vorgaben geben, die Sie einhalten müssen. Einige wenige Hinweise finden Sie hier aber zu Formalia, die für die exegetische Arbeit in der Regel überall gelten.

a) Angabe von Bibelstellen und weitere Abkürzungen

Biblische Schriften kürzen Sie am besten nach der Übersicht ab, die Sie in der Lutherbibel oder auch im Abkürzungsverzeichnis des renommierten theologischen Lexikons „Religion in Geschichte und Gegenwart" (RGG) in seiner 4. Auflage finden:

Betz, Hans Dieter u. a. (Hg.): *Religion in Geschichte und Gegenwart. Handwörterbuch für Theologie und Religionswissenschaft.* 8 Bde. und Registerband. 4., völlig neu bearb. Aufl. Tübingen 1998–2007.

Bei der Angabe von Kapitelzahl und Verszahlen einer Bibelstelle setzen Sie *keine* Leerzeichen, außer natürlich zwischen der Abkürzung des Buches und der Kapitelzahl: Richtig ist also Mt 5,17, aber nicht Mt5,17 und auch nicht Mt 5, 17.

Im englischsprachigen Bereich ist es dagegen üblich, mit Doppelpunkten zu arbeiten. Mt 5,17 wird dort also Matt. 5:17 abgekürzt. Das würden Sie allerdings nur innerhalb eines Zitates auch so übernehmen und ansonsten an die bei uns übliche Praxis anpassen.

Falls Sie neben den biblischen Texten weitere antike Schriften anführen oder zitieren (s. o. Beispiel 48), richten Sie sich auch hier am besten nach dem Abkürzungsverzeichnis der RGG 4. Auflage (s. o.).

Allgemeine Abkürzungen, wie z. B. (aber eben nicht z. Bsp.), etc., u. a., können Sie dem Duden entnehmen und müssen diese nicht eigens in einem Verzeichnis erläutern. Weitere allgemeine Abkürzungen finden Sie ebenfalls im Abkürzungsverzeichnis der RGG. Eigene Abkürzungen sollten Sie nur in sehr begründeten Einzelfällen erfinden (und müssen Sie dann natürlich erläutern).

Für Abkürzungen von Kommentar- und anderen Reihen oder auch von Zeitschriftentiteln folgen Sie dem IATG (s. o. 1.3).

b) Verweis auf Parallelstellen (par. und parr.)

Wenn ein Text aus den Evangelien zitiert wird, der auch Parallele(n) in den anderen Evangelien hat, dann kann auf diese anderen Paralleltexte abgekürzt (d. h. ohne eine präzise Nennung der Parallelstellen) mit einem der Stellenangabe folgenden par. oder parr. verwiesen werden. Dabei bedeutet par., dass es *eine* weitere Parallele gibt, parr. dagegen, dass es mehr als einen Paralleltext gibt.

Im Fall des Brotvermehrungswunders in Mk 6,30–44 verweist die Angabe Mk 6,30–44 parr. also auf *drei* weitere Texte, nämlich Mt 14,13–21; Lk 9,10–17 und Joh 6,1–15. Zu Mk 7,24–30 (die Heilung der Tochter der Syrophönizierin) gibt es dagegen nur eine Parallele im Matthäusevangelium. Wenn Sie also auf die Angabe Mk 7,24–30 par. stoßen, dann können Sie sich durch einen Blick in eine Bibelausgabe oder Synopse erschließen, dass in dieser verkürzten Schreibweise neben dem genannten Mk-Text auch noch auf Mt 15,21–28 verwiesen wird. Manchmal finden Sie in einem solchen Fall auch die präzisere Angabe Mk 7,24–30 par. Mt 15,21–28. Was das heißt, können Sie sich jetzt unschwer selbst erschließen.

c) Literaturverzeichnis

Das Literaturverzeichnis muss *alle* benutzte Literatur aufführen. *Wie* Sie die Angaben im Einzelnen machen, welches Satzzeichen also z. B. nach der Nennung des Autors folgt, kann unterschiedlich festgelegt werden. (Klären Sie auf jeden Fall, ob es bestimmte Regeln gibt, die an Ihrer Ausbildungsstätte gelten oder in Ihrem Seminar bekanntgegeben wurden.) Wichtig ist, dass Sie (1.) *einheitlich* verfahren und (2.) *alle nötigen Informationen* liefern, damit eine andere Person das Buch bzw. den Aufsatz oder Lexikonartikel anhand Ihrer Angaben präzise identifizieren (und, wenn nötig, selbst finden und konsultieren) kann.

Sie sollten das Literaturverzeichnis außerdem *gliedern*, und zwar mindestens in Quellen und Sekundärliteratur:

Zu den *Quellen* zählen alle Textausgaben, die Sie benutzt haben, d. h. Bibelausgaben (deutsch und griechisch), Synopsen und weitere antike Quellen (falls Sie solche direkt in wissenschaftlichen Ausgaben, bzw. in entsprechenden Quellensammlungen [s. o. Kap. 11 Hilfsmittel] aufgesucht haben).

Alles Übrige gehört zur *Sekundärliteratur*. Da inzwischen nicht wenige Ressourcen und Lexika online zur Verfügung stehen, ist ein eigener Abschnitt zu *Internetquellen* m. E. nicht mehr sinnvoll. Versuchen Sie vielmehr, diese Quellen möglichst präzise zu bibliografieren. Bei WiBiLex-Artikeln ist z. B. recht genau auf der Internetseite selbst erklärt, wie man die namentlich gekennzeichneten Artikel aus dem Online-Lexikon zitiert (s. o. Beispiel 4). Versuchen Sie ansonsten herauszubekommen, wer die Internetseite betreibt. Das ist häufig in einem Impressum vermerkt (meist ganz oben oder ganz unten auf der Startseite verlinkt) und kann z. B. eine Institution sein, wie etwa Ihre Universität oder die Deutsche Bibelgesellschaft etc., aber auch eine Einzelperson. Diese Angabe tritt dann an die Stelle, wo sonst bei einer Literaturangabe der Verfasser bzw. die Verfasserin steht. Generell gilt, dass Sie bei einer Internetquelle die Web-Adresse angeben müssen, unter der Sie Ihre Informationen gefunden haben, außerdem das Datum Ihres Zugriffs. (Die Suche nach den nötigen Angaben zu einer Internetseite kann im Übrigen auch sehr hilfreich dafür sein, die wissenschaftliche Seriosität der Seite zu beurteilen.)

Zur Zitation von Bibelsoftware und Teilen daraus: s. u. Kap. 18.

17.3 Weitere Einsatzbereiche exegetischer Untersuchungen

Wenn Sie das exegetische Proseminar oder eine vergleichbare Einführungsveranstaltung in die neutestamentliche Exegese erst einmal hinter sich gebracht (und/oder dieses Buch gelesen) haben und wenn Sie dann vielleicht auch noch erfolgreiche eine Hausarbeit zu einem bestimmten Text verfasst haben, scheint das große Projekt Exegese erst einmal abgeschlossen zu sein. Eigentlich geht es jetzt aber erst richtig los. Das, was Sie hier in vielen, zum Teil mühsamen Einzelschritten gelernt haben, sollte möglichst nicht einfach in den hintersten Schubladen Ihrer Erinnerung verschwinden! Sie sollten es idealerweise vielmehr immer dann aktivieren und anwenden, wenn Sie im weiteren Verlauf des Studiums in anderen biblisch-theologischen Zusammenhängen, aber auch in anderen theologischen Fächern mit biblischen Texten zu tun haben. Denn auch die systematische Theologie ist zum Beispiel darauf angewiesen, dass sie für ihre Aussagen (nicht nur, aber auch) auf biblische Texte zurückgreift, die dafür natürlich wissenschaftlich zuverlässig ausgelegt werden müssen. In der Kirchengeschichte werden Sie auf Auslegungen und Wirkungen von biblischen Texten treffen, die danach fragen lassen, wie (und mit welchen methodischen Vorentscheidungen) dort Texte gedeutet wurden. Eine Predigt über einen biblischen Text sollte nicht ohne einen exegetisch geschulten Blick auf eben diesen die Perspektive auf die gegenwärtige Gemeinde lenken. Vergleichbares gilt für den Einsatz von biblischen Texten im Unterricht.

Natürlich werden Sie vor einer Predigt oder einer Unterrichtsstunde keine zwei Wochen lang den zugrunde liegenden Text analysieren können. Aber Sie sollten gelernt haben, was für Fragen sich an einen Text stellen lassen und welche Fragen der Text stellt. Sie sollten sich daran erinnern, dass bestimmte antike Vorstellungen und Konzepte sich nur auf sehr umsichtige Weise in gegenwärtige Zeiten übertragen lassen. Und Sie sollten vor allem gelernt haben, mit welchen exegetischen Methoden (und zugehörigen Hilfsmitteln) Sie bestimmte Aspekte des Textes erhellen können. Insgesamt aber hoffe ich, dass Sie mit Hilfe einer guten Einführung und Einübung in die neutestamentliche Exegese entdeckt haben, wie spannend es sein kann, in die Welt eines Textes einzutreten, diese Welt kennenzulernen und von dort aus wiederum einen (veränderten?) Blick auf die eigene Welt zu werfen.

18. Welche Vorteile bringt die Arbeit mit Bibelsoftware?

Abschließend soll noch einmal der mediale Bereich eigens fokussiert werden, denn hier gibt es rasante Veränderungen und viele neue Möglichkeiten, die für die exegetische Praxis und vor allem für den Einsatz in der universitären Lehre allerdings erst langsam erschlossen werden. Auf die immens verbesserte Zugänglichkeit von biblischen Handschriften ist oben (s. Kap. 4 Hilfsmittel) schon verwiesen worden. Das gilt auch für die Erschließung und Edition anderer antiker Quellen, die für ein exegetisches Erstlingswerk allerdings noch von keiner so großen Relevanz sind (s. o. Kap. 11 Hilfsmittel). Hilfreich ist aber auch – und das gerade für die Anfängerinnen und Anfänger in der Exegese – die Arbeit mit Bibelsoftware, um die es im Folgenden gehen soll.

Der Markt für Bibelsoftware ist in ständiger Bewegung. Noch vor wenigen Jahren war das umfangreiche und leistungsstarke Programm *Bibleworks* weitverbreitet, für das es auch an einigen Universitäten Campuslizenzen gab. Inzwischen ist der Support für dieses Programm aber eingestellt worden, ebenso auch für die *Stuttgarter Elektronische Studienbibel (SESB)*. Nutzen kann man beide Programme zwar noch, wenn man sie bereits besitzt, erwerben kann man sie jedoch nicht mehr und auch keine neueren Datensätze mehr hinzufügen. Aktuell sind auf dem Markt die beiden Programme *Accordance* und *Logos* mit ebenfalls vielseitigen Möglichkeiten der Recherche und Verknüpfung von Ressourcen verfügbar. Einen hilfreichen und immer wieder aktualisierten Überblick über diese und noch weitere Programme und elektronische Hilfsmittel bietet die Fakultät 01 für Katholische Theologie und Evangelische Theologie der Johannes Gutenberg-Universität Mainz auf ihrer Homepage:

https://bibelsoftware.theologie.uni-mainz.de/

Im Folgenden soll es aber nicht um bestimmte Programme gehen, sondern um einige generelle Anmerkungen zu den Chancen, die das Arbeiten mit Bibelsoftware bietet, und um Dinge, die man dabei beachten sollte. Nur an ganz wenigen Punkten ist ein konkretes Eingehen auf Logos und Accordance angezeigt.[1]

Sofort auf der Hand liegt der Vorteil des *komfortablen Nachschlagens* von Bibeltexten und der direkten *Verlinkung* von Wörterbüchern und weiterer Literatur. Hier bieten auch die noch nicht so umfangreichen Einsteigermodule von Bibelsoftware bereits so viele Ressourcen, dass es leicht unübersichtlich werden kann. Auf welche der gebotenen Möglichkeiten sollte man sich also anfangs konzentrieren?

Wichtig und hilfreich ist zuallererst die Zugriffsmöglichkeit auf verschiedene *Bibeltexte in Originalsprache und Übersetzungen* und deren lemmatisierte Aufarbeitung. Insbesondere ohne Altsprachenkenntnisse ist das eine kaum zu überschätzende Hilfe, wenn man mehr will, als nur mit Bibelübersetzungen zu arbeiten oder sich über die Interlinearübersetzung an die Originalsprache heranzuarbeiten (s. o. 2.2 Hilfsmittel). Auch die Bibelsoftware bietet *Interlineardatensätze* zu verschiedenen deutschen Übersetzungen. Zusätzlich können Sie hier verschiedene Zeilen anwählen, die Ihnen neben der direkten Übersetzung z. B. auch das griechische Grundwort angeben und eine Umschrift. Außerdem ist der Text natürlich *mit einem griechisch-deutschen Lexikon verlinkt*, so dass Sie sich direkt auch die möglichen Bedeutungen eines Lemmas (s. o. 7.2) anzeigen lassen können. Gegenüber der Arbeit mit der Interlinearübersetzung in gedruckter Form ist das eine große Erleichterung bzw. ermöglicht in vielen Fällen auch überhaupt erst die Arbeit am Originaltext. Denn allein über die dem deutschen Wort zugeordnete griechische Wortform in der gedruckten Interlinearübersetzung finden Sie noch nicht notwendig die griechische Grundform, nach der Sie in einem Lexikon im nächsten Schritt dann suchen müssten.

Die Verlinkung mit einem griechisch-deutschen Lexikon funktioniert aber natürlich auch für den griechischen Text. Dort kann ein Bibelprogramm auch die *jeweilige Flexionsform bestimmen*. Sie können diese Möglichkeit also gut für Ihre eigene Übersetzung nutzen.

---

[1] Die Anschaffungskosten sind je nach gewählter Version unterschiedlich. Darüber können Sie sich auf den jeweiligen Homepages informieren. Sowohl von Accordance als auch von Logos gibt es kostenlose Basisversionen, die allerdings wirklich nur für einen ersten Eindruck reichen und anhand derer man das oben Beschriebene nicht umsetzen kann.

Aber lassen Sie sich vom Programm nicht zu viel vom eigenen Denken abnehmen. Denn aus den grammatisch korrekt analysierten Einzelwörtern müssen immer noch Sie selbst einen Text erstellen, und dazu müssen Sie die grammatischen Zusammenhänge im Text verstehen und in Sprache umsetzen. Das kann Ihnen kein Programm abnehmen.

Vom Wort im Text aus können Sie über das ermittelte Lemma mit der Bibelsoftware bequem auch eine *Suche nach anderen Vorkommen dieses Lemmas* starten. Äußerst bequem bekommen Sie die betreffenden Texte dann in einer Liste präsentiert und können von dort wiederum die Volltexte aufrufen und den jeweiligen Vers im Zusammenhang und in einer Textfassung Ihrer Wahl anschauen. Das ist insbesondere für wortsemantische Klärungen wichtig (s. o. 7.2), aber auch für die Suche nach ähnlichen Texten (s. o. Kap. 10) oder Traditionen (s. o. Kap. 11). Um diese Art von Lemmasuche zielgerichtet durchführen zu können, muss man sich etwas in die Gegebenheiten des jeweiligen Programms einarbeiten, aber diese Zeitinvestition lohnt sich. Sie sollten auf jeden Fall herausfinden, wie Sie die Suche auf bestimmte biblische Texte einschränken können, denn oft wollen Sie – beispielsweise ausgehend von Mt 7,1–5 – gar nicht alle neutestamentlichen Vorkommen von κρίνω („richten") aufgelistet bekommen, sondern vielleicht nur jene bei Mt oder bei den Synoptikern. Eventuell wollen Sie auch nicht nach einem Lemma, sondern tatsächlich nur nach einer bestimmten Flexionsform eines Wortes suchen – dann müssen Sie herausfinden, wie das geht.

Noch einen Schritt weiter führt es und kann sehr hilfreich sein, wenn Sie lernen, wie Sie nach mehreren Wörtern in unmittelbarer Nähe zueinander suchen. Hier ist Bibelsoftware der Arbeit mit einer klassischen gedruckten Konkordanz um Vieles voraus. Aber Sie müssen dafür zumindest Grundlagen der Arbeit mit logischen Operatoren lernen, die das Programm voraussetzt (wofür Sie aber immer auch Anleitungen schriftlich oder als Videotutorial finden). Sie können dann nicht nur nach dem Verb κρίνω suchen, sondern beispielsweise nach allen Versen, in denen auch ἀδελφός („Bruder") vorkommt. Die entsprechende Ergebnisliste ist mit sechs Treffern sehr viel überschaubarer, als wenn Sie dafür alle Vorkommen von κρίνω durchsehen müssten. Und: Sie können eine solche Suche mit etwas Geschick auch durchführen, wenn Sie kein Griechisch gelernt haben, denn die Bibelsoftware versetzt Sie in die Lage, die entsprechenden griechischen Lemmata auch anhand des deutschen Textes zu ermitteln, diese zu kopieren, dann eine entsprechende Suche zu starten und sich die Ergebnisverse dann wieder in einer deutschen Übersetzung anzeigen zu lassen. Dieser etwas kompliziertere Weg ist nötig, weil Sie mit einer vergleichbaren Suche nach den Lemmata „richten" und „Bruder" anhand der Lutherübersetzung z. B. nur vier Ergebnisse erhalten. Zwei (Apg 23,6 und Jak 5,9) entgehen Ihnen dagegen, weil einmal κρίνω nicht als „richten", sondern als „verurteilen" übersetzt wird, und einmal einfach nur die Anrede „ihr" statt „Brüder" im Luthertext vorkommt.

All die Ergebnisse der Suchläufe lassen sich natürlich auch *speichern, mit weiteren Notizen versehen, drucken, in andere Dokumente einfügen* etc. Je nach Umfang der Ressourcen in Ihrer Bibelsoftware können Sie auch Begriffe oder Themen *in anderen Textkorpora suchen*, z. B. im Thomasevangelium (s. o. 13.2 Info: Thomasevangelium) oder anderen apokryphen Texten, in den Qumran-Schriften, bei den Kirchenvätern etc.

Abgesehen von diesen direkt textbezogenen Analysemöglichkeiten bietet Bibelsoftware aber noch viele weitere Optionen und Verlinkungen. Sie erhalten bereits in einem Einsteigerpaket meistens *diverse Lexika und andere Bücher* als Teil des Pakets. Auch diese sind z. T. verlinkt mit den Bibeltexten oder lassen sich über andere Suchfunktionen erschließen. Hier ist an einigen Stellen aber kritische Vorsicht angesagt. Insbesondere bei Logos und in geringerem Maße auch bei Accordance sind Texte Teil Ihres Pakets, die sehr alt sind (und daher ohne Lizenz veröffentlicht werden können) oder in eine eher evangelikale Auslegungstradition gehören. Zum Beispiel finden Sie bei Logos das Calwer Bibellexikon als Ressource. Aber bei genauem Hinsehen (nämlich, wenn Sie ganz an den Anfang des Textes scrollen) entdecken Sie, dass es sich um die dritte Auflage des Lexikons (genauer des Vorläufers des heutigen Calwer Bibellexikons) von 1912 handelt. Gleiches gilt für einige exegetische Kommentare, die Ihnen mitgeliefert werden und die zum Teil aus dem 19. Jahrhundert stammen. Ebenso entpuppt sich beispielsweise das von Accordance mitgelieferte Easton's Bible Dictionary als „published by Thomas Nelson, 1897". Ein kritischer Blick auf die Erscheinungsdaten kann also schon viel klären.

Zugleich ist die Möglichkeit, das Bibelsoftwareprogramm auch *als theologische Bibliothek zu nutzen*, eine sehr attraktive und zukunftsweisende. Sie können manche der oben (s. 16.2) aufgelisteten Kommentarreihen in das Programm integrieren. Der Kostenpunkt ist allerdings nicht ganz unerheblich, die elektronische Verfügbarkeit,

Durchsuchbarkeit und Verlinkung aber auch ein deutliches Plus. Auf die Möglichkeit, weitere Quellensammlungen zu integrieren, wurde oben schon kurz verwiesen. Manche sind auch Teil von bestimmten Programmpaketen und im Rahmen dieser dann insgesamt günstiger zu erwerben. Insgesamt ist der modulare Aufbau von Accordance und Logos sehr gut ausgerichtet auf eine sukzessive Erweiterung nach individuellen Maßgaben.

Damit ist ganz sicher nicht erschöpfend über die Möglichkeiten von Bibelsoftware Auskunft gegeben, aber vielleicht wenigstens ein kleiner Eindruck entstanden. Angesichts einer im digitalen Bereich schnell voranschreitenden Welt sollten Sie auf jeden Fall darüber nachdenken, ob die Entscheidung für Bibelsoftware nicht eine gute Option ist – v. a. am Anfang des Studiums, bevor man sich andere Bücher, Grammatiken, Lexika etc. in Buchform anschafft und dafür auch einiges investieren muss – aber sicher nicht nur dann.

Zum Schluss noch ein Wort zum Zitieren der Bibelsoftware. Dazu gibt es bisher keine verbindlichen Regelungen in der Theologie. Sinnvoll erscheint es aber, einerseits die Bibelsoftware als solche im Literaturverzeichnis anzugeben, so wie man zum Beispiel auch eine Konkordanz als Buch aufführen würde, wenn man Sie zur Wortsuche benutzt hätte. Außerdem lassen sich zu den einzelnen Werken innerhalb der Bibelsoftware, also zu Bibelausgaben, Quellensammlungen, Lexika und anderer Literatur, immer auch Quellenangaben finden (entweder ganz am Anfang des jeweiligen Werkes auf dessen Titelseiten oder bei Accordance auch über das Zahnradsymbol in der oberen Leiste über dem Text). Diese Angaben lassen sich dann wie andere Monographien oder Lexika etc. im Literaturverzeichnis aufführen und mit dem Hinweis „(Zugriff über die xy-Software)" versehen.

Register

Bibelstellen

Die fettgedruckten Seitenzahlen verweisen auf ausführlichere Thematisierungen des jeweiligen Textabschnitts im Rahmen von Beispielen.

Josua		6,19–21	107 f., 141
2	95	7,1–5	60, **68–71, 72,** **73, 84–86,** 141 f.,
2. Samuelbuch			**200–203,** 231
7,4–16	171	7,2	**83**
		7,6	**60**
1. Königebuch		7,7–11	**138**
19,19–21	**165–167**	7,12	**83**
		8,2–4	35
Jesaja		8,23–27	197
11,1–10	171	8,24	**19 f., 197 f.**
35,5	218	8,25	20
42,7	218	8,28	196
		9,9–13	**62 f., 75–77, 79 f.,**
Hosea			105, 139, 157, 165,
6,5 f.	175		175, **196 f.**
		9,9	115, **116, 165–167**
Matthäusevangelium		9,13	175
1,1–9.12.14–20	39	9,14–17	62
1,1–17	61	9,23–26	**132**
1,18.20	123	9,27	196
1,18 ff.	61	9,27–31	177
1,19	121	9,35	35
1,22 f.	112	10,1	62
2,23	172	10,2–4	63
4,18–22	62, **165–167**	10,3	116, 197
4,23	35	10,24	**202**
4,24	176	11,8	16 f.
5–7	62	11,19	63
5	165	12,7	175, 197
5,1–2	85	12,46 f.	52
5,3–11	84	13	62, 165
5,14–16	**103 f.**	13,24–30	**24 f.**
5,17–20	**83**	13,33	**23 f.,** 193
5,22.28.32.34.39.44	73	13,37–42	162

14,13–21	226	4	165
15,14	**202**	4,3–8	161 f.
15,19	108	4,14–20	162
15,21–28	119, 226	4,24	202 f.
15,22	94	4,30–32	162, **192 f.**
16,24	199	4,30	159
18,1–10	212	4,35–41	121
18,12	160, 212	4,37	197
18,12–14	**161**	5	62
18,14	212	5,21–24.35–43	**131 f., 142 f.**, 156
20,1–16	**127**	5,25–34	**126**
20,29–34	54, 156, 177, **194–196, 199, 218 f.**	6,17–29	128
		6,30–44	226
23	23	6,53–56	156
24,8	20	7,24–30	226
25,1–13	122	8,34	199
26,60	121	9,1 f.	**60**
27,34	121	10,13–16	**158 f.**
27,54	198	10,17–27	188
28,2.6	198	10,17–22	**130**, 158, **159**
28,3	122	10,46	53 f., 195, 218
		10,46–52	53 f., **153 f.**, 156, 176, **193–196, 199**, 206
Markusevangelium			
1,1	**30 f.**		
1,9–11	**130**	10,47 f.	**101 f., 171, 176**
1,10 f.	130	11,7–10	**171**
1,21–3,6	165	13	198
1,21–28	155	13,8	20
1,32–34	156	14,10	128
1,39–45	**33 f.**, 35	14,32–42	121
1,39	**36, 37 f., 45 f.**, 47, 51	14,36	121
		15,34	121
1,40–45	35	16,7	128
2,1–12	159, **186**	16,8	44, 128
2,6–10	186	16,9–20	128
2,12	131		
2,13–17	139, 157	*Lukasevangelium*	
2,14	167, 197	1,46	**82**
2,15–17	158	1,53	188
2,16	197	4,31–37	155
2,17	175	4,39	98
3,1–6	159	4,44	35, 51
3,7–12	156	5,12–16	35
3,13–19	**128**	5,19	157
3,18	197	5,27–32	**157**
3,21	122	6,15	197

Bibelstellen **239**

6,20–22	**84**	14,31	**185**
6,24	188	18,31–33.37	47
6,37–42	**200–203**	20,28	55
8,3	98	20,30f.	**140f.**
8,23	197		
9,10–17	226	*Apostelgeschichte*	
9,57–62	167	1,17–25	97
10,30–35	122	1,19	52
10,30–37	162	9,1–31	127
10,38–42	**95, 97f., 117f.,**	19	90
	120, 124–126,	22,5–16	127
	158f.	23,6	232
12,16–21	162, 189	26,12–20	127
12,37	98		
13,20f.	193	*Römerbrief*	
13,21	**23f.**	1,16f.	213
14,16–24	162	1,29–31	84
15,1–7	162	1,31	**84**
15,1–3.7	115	5,6–8	170
15,1–3	119, 212	6	48
15,3	159	6,5	**47f.**
15,4–6	115, 119, 212	11	61
15,4–7	**161**	12	61
15,7	212		
15,11–32	162	*1. Korintherbrief*	
16,19–31	162, **188**	1,4	136
17,8	98	8,1	13
18,9–14	162	14,20	**83**
18,35–43	**194f.**	15,3ff.	170
18,41	199		
18,42	196	*Galaterbrief*	
21,6	**83**	4,6	52
21,11	20		
22,26f.	98	*Philipperbrief*	
		3,2–4,3	187
Johannesevangelium			
1,14	55	*Hebräerbrief*	
1,18	**18**, 31, **54–56**	11	140
1,31–34	130	11,31	95
4,11	74		
4,54	112	*1. Timotheusbrief*	
6,1–15	226	3,16	**40**
11	156		
11,17.39	156	*Jakobusbrief*	
11–12	124	1,9f.	**82**
13,31–16,33	185	2,25	95

4,6	**83**	*1. Petrusbrief*	
5,9	232	5,1	136
		5,5	**83**

Sachregister

Begriffe, die über deren Nennung in einer Kapitelüberschrift umfassend erschließbar sind, werden im Register nicht eigens aufgeführt.
Die fett gedruckten Seitenzahlen verweisen auf Definitionen, nähere Erläuterungen oder spezifische Literaturhinweise.

alexandrinischer Text 50 f.
Alliteration 84
Altlateinisch s. Lateinisch
Anachronie 128
Anakoluth 83
Analepse 114 f., 127 f., 132
Anapher 84
Apokryphen, apokryphe Schriften 191, 204, 232
Äußerungskontext 91 f., 94–97, 101, 140
Autor/in 112, 130, 139, 181–183, 185, 187, 191, 196

BDR (= Blass/Debrunner/Rehkopf: Grammatik) 14, 37, 70, 74, 82–84, 130
befreiungstheologische Perspektive 10
Berufungsgeschichte (s. auch Nachfolgegeschichte) 197
Bibellexika 23 f., **26**, 105, 171, 173, 232
Bibelkunde 63
Biblia Hebraica s. hebräische Bibel
Bilingue 42
Bodmer-Papyri (s. auch Papyrus) 39
byzantinischer (Koine-)Text 43, 51, 56

Charakterisierung 119, **121–126**, 130
Chester-Beatty-Papyri (s. auch Papyrus) 39
Chiasmus, chiastisch 82 f., 86, 141
Codex 42
- ~ Alexandrinus 42, 46, 48, 50 f., 55
- ~ Bezae Cantabrigiensis 42 f., 46, 50, 57

- ~ Claromontanus 42 f.
- ~ Ephraemi rescriptus 42, 46, 55
- ~ Leningradensis (Petropolitanus) 31
- ~ Sinaiticus 41 f., 46, 48, 50 f., 54 f., 57
- ~ Vaticanus 42, 46, 50 f., 54 f., 57

D-Text 42, 50 f.
Dämonenaustreibung 38, 154 f., 176
Denotation 91 f., 94, 96 f., 101, 145
Deuteromarkus 190, 198
Diachronie, diachrone Analyse 65 f., 151, 181
dikanisch (s. Redegattungen)
Dittographie 52
Doppelüberlieferung 193, 201

Einleitung ins Neue Testament 63 f., 96, 189, 217
Enzyklopädie (s. auch Weltwissen) 89 f., 148, 210
epideiktisch s. Redegattungen
Erzähler, Erzählinstanz, Erzählstimme 112, 115, 119, 121 f., 127–132, 139 f.
Ereignis (narratologisch) 114–120, 127–129, 132, 152
Eusebianische Kanontafeln 59
event (s. Ereignis)
extradiegetisch 115

Faktualität, faktual 111, 113, 126, 181, 205

feministisch 10, 215
figura etymologica **83**, 141
Fiktionalität, fiktional 111, 113, 126, 163, 181, 205
Flavius Josephus 154–156, 176
Fokalisierung 128–130, 132
frame **117 f.**

Gender 10
genera dicendi/orationis **150 f.**
Geschehen **111–113**, 117, 123, 126, 128, 131 f., 138, 155, 205

Hapax legomena **184**
Haplographie **52**
hebräische Bibel 31, 170, 173
heterodiegetisch **112**, 115, 127
historisch-kritische Auslegung/ Methode **2–4**, 65
homodiegetisch **112**
Homoioarkton **52**
Homoioteleuton **52**, 84
Homophon **52**

IATG (= Internationales Abkürzungsverzeichnis für Theologie und Grenzgebiete) **8**, 215, 226
impliziter Leser 5, **112**, 139, 141
inclusio **83**
Inkohärenz (s. auch Kohärenz) 183 f.
Interlinearübersetzung **15 f.**, 17, 19, **20 f.**, 96 f., **230**
intradiegetisch 115, 119, 127

Josephus s. Flavius ~
Judentum (antikes) 169–171, 173, 178, 199, 203

Kanon 3 f., 170, 191
Kanontafeln s. Eusebianische ~
Kohärenz (s. auch Inkohärenz) 65, **81**, 87, **103**, **106**, 109
Kohäsion 65, 73, **81**, 86 f., 183 f., 202
Koine-Text s. byzantinischer Text
Kommentar, exegetischer 7, 17, 24, 57, 64, 72, 92, 143, 145, 150, 158, 165–167, 173, 188 f., 200, 202 f., 209, **214–219**, **224–226**, 232
Kommunikationssituation 92, 96, 136, 139 f., 210
Kompositionskritik 188
Konkordanz, konkordant 16, 70, 96, 98, **100 f.**, 184, 197, 231, 233
Konzept, mentales/kognitives 99, 104 f., 210, 228
Koptisch 29, 44, 46, 191, 201, 204
Kriterien, äußere/innere (Textkritik) 30, 33, **48–55**, 57

Lateinisch 29, 42, 44, 46 f., 51, 55
Lebenswelt (s. auch Weltwissen) 17, 24, 138
Lektionar 43, 46, 51, 58
Lemma 25, 94, 230–232
Leser s. impliziter ~
Leserlenkung 140
Lexem **91 f.**, 97, 145
Logienquelle (Q) 178, **190**, 192 f., **199 f.**, 203
Logion, Logien **190 f.**, 202
LXX s. Septuaginta

Majuskel **41**, 43, 45–48, 50–52, 55, 58
Märchen 89, 113
Markuspriorität 192, **198**
Mehrheitstext **43 f.**, 46, 50, 55 f.
minor agreements 190, 192 f., 198 f.
Minuskel 41, **43**, 45 f., 50 f., 54–56, 58
MNT (= Münchener Neues Testament) **16**, **21**, 67–68, 70, 74–75, 77
Motiv 64, 114, 152–154, 160, 164–166, 169, 196
Motivation (narratologisch) 114, 123–124, 152
mündliche Vorstufen (eines Textes) 149, 169, 181

Nachfolgegeschichte 116, **165 f.**, 197
negativer Apparat 37–38, **46–47**
nomen sacrum **39 f.**
Novum Testamentum Graece **11**, **13**, 30, 56

Sachregister

Opposition s. semantische ~
Oxyrhynchus-Papyri (s. auch Papyrus) 191, 204

p) (= Paralleleinfluss) 35-37, 45, 51 f., 58
𝔓⁵² (= Papyrus 52) 29, 47
Papyrus, Papyri 29, 38 f., 41-43, 45-48, 50, 58
- Bodmer-Papyri 39
- Chester-Beatty-Papyri 39
- Oxyrhynchus-Papyri 191, 204
- Papyrus 52 (𝔓⁵²) 29, 47
Paradigma, paradigmatisch 93-96, 101 f., 104-106
Parallelismus 82 f., 175
Paulus(briefe) 42 f., 48, 61, 92, 127, 136, 139 f., 148, 170
positiver Apparat 37, 46
Pro-Formen 81 f., 87, 106 f.
Prolepse 114 f., 127 f., 132

Q s. Logienquelle
Quellensprache 15 f., 68
Qumran 232

Redegattungen, antike 150 f.
Referenz (semantisch) 91 f., 96, 108
rhetorische Stilmittel 81-84, 138, 143, 151
Rolle (einer Figur) 95, 122, 125, **161**
- Rollenangebot 140, 142 f.

Sammelbericht 156, 176
Schema s. semantisches ~
Schulgespräch 158 f.
script 117 f.
scriptio continua 39
semantisches Feld 27, 94, 100 f., **102-108**, 145, 147
semantische Opposition **106 f.**
semantisches Schema 27, **103-105**, 108 f., 147, 205
Septuaginta (LXX) 170, 173, **177**
Sitz im Leben 150
Sondergut 188, **190**, 192, 195, 198

sozialgeschichtlich 10, 26, 95, 215
Sprechakt 115, 118, **135-139**
Spruchquelle s. Logienquelle
ständige Zeugen **46-48**
Stemma 49
Stilmittel s. rhetorische Stilmittel
Streitgespräch 122, 139, **158 f.**,186, 196
symbuleutisch s. Redegattungen
Synchronie, synchrone Analyse **65**, 89, 91, 151, 181, 202
Synopse **193**, **203 f.**, 226 f.
Syntagma, syntagmatisch 86 f., **93-96**, 101
syntaktische Einheit 74, 78, 85
Syrisch 29, 44, 46, 55

Talmud 173, 178
Thomasevangelium **191**, 201, **204**, 232

Überlieferungsgeschichte 149, 181
Übersetzungstyp **15-17**, **21**, 67, 70

verba dicendi **135 f.**, 140
Version (Textkritik) 44, 46
Vorverständnis 10
Vulgata (s. auch Lateinisch) 55

Weltwissen (s. auch Enzyklopädie) 3, **89 f.**, 102, 104 f., 108, 117, 123
westlicher Text s. D-Text
WiBiLex **25 f.**, 227
Wikipedia **24 f.**, 39
wörtliche Rede s. Zitat
Wundergeschichte 62, 142, **151-156**, 159 f., 165, **168**, 176, 178, 186, 196, 199, 219

Zeitgeschichte, neutestamentliche 23, 26, 92, 104, 211
Zielsprache **15-20**, 67 f.
Zitat, wörtliche Rede 79 f., 85, 115
- alttestamentliches ~ **170-173**, 175, 196
- Kirchenväterzitat 29, **44**, 46, 51
Zweiquellentheorie 183, **189-192**